국내총생산(GDP), 국제수지(BOP)의 이해와 경제분석

황상필 · 최정태

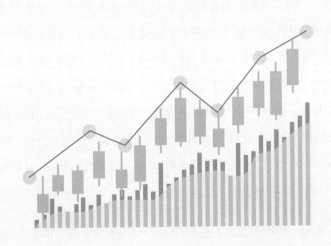

박영사

들어가면서

유럽을 창조한 율리우스 카이사르(B.C. 100~B.C. 44)는 『내전기』에서 이렇게 말했다고 한다. "누구나 모든 현실을 볼 수 있는 것은 아니다. 대부분의 사람들은 자기가 보고 싶어하는 것밖에 보지 않는다." 카이사르가 이야기한 것이 맞다면, 그리고 그가 말한 대부분의 사람들에 포함되고 싶지 않다면 다양한 통계를 살펴보라고 권하고 싶다. 세상에는 세 가지 거짓말이 있다고 한다. 하나는 거짓말이고, 둘째는 새빨간 거짓말이며, 셋째는 통계라고 한다(There are three kinds of lies: lies, dammed lies, and statistics.). 마크 트웨인(Mark Twain, 1835~1910)에 의하여 유명해진 말이다. 마크 트웨인이 통계에 대해 비우호적인 느낌으로 이야기하긴 했지만, 통계에는 우리가 간과했던 실재에 대한 모습이 상당히 반영되어 있다.[1] 카이사르가 전시뿐만 아니라 평시에 이루었던 많은 성과는 통계 정보를 잘 활용한 데도 크게 기인한다.

이 책에서는 GDP(Gross Domestic Product, 국내총생산)와 BOP(Balance of Payment, 국제수지)를 보다 잘 이해하고자 할 때 필요한 배경지식을 차근차근 살펴보고자 한다. GDP와 BOP는 우리 경제를 가늠함에 있어 가장 먼저 찾게 되는 두 통계이다. 이 두 정보와 친숙해진다면 적어도 경제문제에 있어서는 현실을 정확히 파악하고 합리적인 의사결정을 내리는 데 저 위대한 카이사르가 그랬던 것처럼 功이 過를 훨씬 넘어설 것이다. 물론 경제는 보는 시각에 따라 다른 해석이 나올 수 있겠지만 과녁에서 어이없게 크게 벗어나는 사태는 발생하지 않을 것이다. 이때에도 카이사르는 그와 다른 견해가 있다면 다음과 같이 명쾌하게 이야기하였을 것이다. "내가 무엇보다도 나 자신에게 요구하는 것은 내 생각에 충실하게 사는 것이오. 따라서 남들도 자기 생각에 충실하게 사는 것이 당연하다고 생각하오."[2]

---

1 마크 트웨인은 통계를 풍자하지 않았다. 통계모델링의 어려움에 대해 이야기하였다. Figures often beguile me, partciularly when I have the arranging of them myself; in which case the remark attributed to Disraeli would often apply with justice and force: "There are three kinds of lies: lies, dammed lies, and statistics."(Chapters from My Autobiography, 1907)

2 시오노 나나미의 『로마인 이야기』에서 인용하였다. 카이사르가 자신의 적인 폼페이우스 편에 섰던 키케로에게 보낸 편지의 한 대목이다.

한국은행에서는 각종 경제지표에 대한 국민들의 이해를 돕기 위하여 『알기 쉬운 경제지표해설』, 『우리나라의 국민계정체계』, 『우리나라 국제수지통계의 이해』 등 여러 책자를 발간하여 다양한 통계를 소개하고 있다. 이 책은 저자들의 오랜 업무경험과 축적된 배경지식을 토대로 GDP와 BOP 통계를 소개하는 한편 두 통계를 중심으로 국민계정상 각 통계 간 관계, 통계의 활용 등 다양한 관심사를 풍부하게 설명하기 위한 강의자료 작성 목적으로 시작한 것이다. 그렇지만 원고가 완성되고 보니 관심 있는 여러 분들과 이를 공유하는 것도 좋을 것으로 생각되어 이렇게 책자로 발간하게 되었다.

論語에 "溫故而知新, 可以爲師矣"라는 구절이 있다. "옛것을 온양하여 새것을 만들어 낼 줄 알면 남의 스승이 될 만하다."는 말이다. 이 책으로 새것을 곧바로 만들어 낼 수 있을지는 모르겠으나 옛것을 온양하는 데는 큰 도움이 되리라 믿는다. 물론 새것이 만들어진다면 그보다 더 큰 기쁨이 없겠다.

이 책의 구성은 다음과 같다. 먼저 제1장에서 GDP와 BOP의 기본 개념과 각 통계의 구성, 여타 국민계정과의 관계를 살펴보며, 제2장에서 우리 경제의 현황, 통계 읽는 방법 등에 대해 알아본다. 제3장에서는 GDP 및 BOP와 밀접한 관련이 있는 경제분석 주제에 대해 정리해 본다.

이 책을 작성하는 데에는 많은 분들의 도움이 있었다. 저자들은 한국은행의 여러 부서에서 근무하면서 다양한 분야의 지식을 습득하고 실무를 경험하였으며, 이는 이 책을 작성하는 데 소중한 자산이 되었다. 풍부한 업무 경험과 관련 지식을 차곡차곡 전수해 주시고 여러 측면에서 陰으로 陽으로 도움을 아끼지 않으신 선후배님들, 동료들, 관련 전문가님들에게 깊은 감사를 전한다. 또한 책의 구성과 내용 전달이 더욱 알차게 되도록 유익한 조언을 해주신 상명대학교 이동진 교수님에게 특별한 고마움을 남긴다. 그럼에도 불구하고 책 구성이나 내용 면에서의 부족함, 혹시라도 남아 있을 수 있는 오류 등은 물론 저자들의 책임이다.

모쪼록 이 책이 개인의 의사결정뿐만 아니라 장·단기 경제현상 분석, 미·거시 경제문제 해결방안 마련에 조금이나마 도움이 되기를 희망해 본다.

I

GDP와 BOP란 무엇인가?

II

우리나라의 GDP, BOP 현황과 통계표 읽는 방법

III

국민계정과 경제분석

I

GDP와 BOP란 무엇인가?

I

GDP와 BOP란 무엇인가?

1 GDP의 정의

경제분석 관련 글이나 교과서 등 서적, 언론에서 자주 언급되는 경제용어 가운데 가장 대표적인 것이 GDP(Gross Domestic Product, 국내총생산)이다. 한 나라의 경제력이나 경제활동 상황, 국민의 생활수준을 여러 가지 지표를 이용하여 파악할 수 있으나 국민경제의 전체 모습을 표준화되고 비교 가능한 방식으로 보여주는 데 GDP만한 지표가 없다. 따라서 경제분석이나 경제정책을 수립하기 위해서는 먼저 GDP를 자세히 들여다 보게 된다.

2023년 우리나라의 명목 GDP는 2,236조원이며, 2023년 우리 경제는 실질기준으로 1.4% 성장하였다.[1] GDP 성장률로 대표되는 경제성장률이 여타 OECD 국가들에 비해 크게 낮아지면서 우리 경제의 미래에 대한 우려가 커지고 있다.

GDP는 한 나라 안에서 일정 기간 새롭게 생산된 재화와 서비스의 시장가치를 합산한 것이다(한국은행(2023)).

---

[1] 한국은행 보도자료 『2023년 4/4분기 및 연간 국민소득(잠정)』(2024.3.5.) 기준이다. GDP, BOP 등 국민계정통계의 주요 용어 및 정의 등은 한국은행 『알기 쉬운 경제지표해설』(2023) 등을 참조하여 작성하였다.

'한 나라 안에서'란 지리적 영역과 반드시 일치하는 것은 아니며 주된 경제적 이익의 중심이 어디에 있느냐에 따라 결정된다. 예를 들어 휴대폰이나 LCD, OLED와 같은 디스플레이 등이 해외에서 생산된다고 하더라도 경제적 소유권이 국내기업에 있는 경우 휴대폰이나 디스플레이 등의 생산은 우리 GDP에 포함된다.

'일정 기간'이란 생산과 소득 등의 흐름을 1년 또는 1분기(3개월) 단위로 측정한다는 것을 의미한다. 한국은행에서는 우리 GDP를 분기별과 연간으로 추계하여 발표하고 있다.[2]

'새롭게 생산된'이란 GDP가 그 해 또는 그 분기에 생산된 재화와 서비스의 부가가치로 측정된다는 것을 말한다. 즉 생산활동에 의해 새로이 창출된 가치로 총산출에서 중간소비(중간투입)을 차감하여 산출한다. 부가가치는 피용자보수, 영업잉여, 고정자본소모, 생산 및 수입세와 보조금(공제) 등으로 구성된다. 예를 들어 자동차 제조사가 3천만원의 차량을 생산하기 위해 자동차 부품 구입과 광고선전비, 판매비 등으로 2천만원을 투입하였다면 중간소비는 2천만원이고 부가가치는 1천만원이 되며 부가가치 1천만원이 GDP에 반영된다. 그런데 자동차 생산을 위해서는 제조사뿐만 아니라 부품회사나 광고·영업 관련 서비스 회사 등도 중간소비(중간투입)를 이용하면서 부가가치를 창출한다. 따라서 자동차 생산으로부터 발생하는 GDP는 제조사의 부가가치 1천만원을 비롯하여 생산활동의 각 단계에서 새로이 창출된 부가가치를 합하여 구할 수 있다. 또한 자동차 제조사가 차량을 생산하여 판매할 경우 그 금액은 GDP에 반영되지만 중고차 시장에서 거래되는 중고차 매매금액은 GDP에 포함되지 않는다.[3] 생산이라는 개념도 중요하다. 생산이란 가계, 기업, 정부 등 경제주체(제도

---

2 통계청에서 조사하고 있는 산업활동동향이나 소매판매액 지수, 설비투자지수, 건설기성액 등 건설지표 등이 월 단위로 발표되므로 월 단위 GDP를 작성하여 경기 동향 등을 빨리 파악할 수 있는 여지가 있다. 그러나 월 GDP를 작성한다는 것은 속보성이나 정확성 측면에서 쉽지 않다. 예를 들어 글로벌 생산이 과거보다 확대된 상황에서 해외생산, 해외지출 등을 월 단위로 파악하여 이를 포괄한다는 것은 쉬운 일이 아니다.

3 자동차 생산 및 구입이 1/4분기에 있었고, 중고차 거래가 3/4분기에 발생하였다면 자동차로부터 발생하는 GDP는 1/4분기에만 반영된다. 다만 중고차 거래로 발생하는 거래서비스 금액이 3/4분기 GDP에 반영될 수 있다.

단위)4의 책임, 통제, 관리 하에 수행되는 물리적 과정이라고 볼 수 있는데, 투입된 재화와 서비스(투입물)를 기계, 건물 및 토지 등의 실물자산과 노동을 이용하여 다른 재화와 서비스(산출물)로 전환시키는 과정을 말한다.

'시장가치를 합산한'이란 최종 생산물인 각종 재화와 서비스의 양에 이들의 시장가격을 곱해서 얻은 수치를 합산한다는 의미이다. 즉 GDP는 각기 다른 상품과 서비스 등 다양한 생산물을 시장가격을 기준으로 합하여 하나의 경제활동 지표로 나타낸 것이다. 여기서 GDP에 고려되는 산출물로서의 재화와 서비스는 시장에서 판매 가능하거나 적어도 한 경제주체가 다른 경제주체에게 이를 무상 혹은 유상으로 제공할 수 있어야 한다. 다시 말하면 생산의 범위는 판매 혹은 물물교환 여부에 관계없이 시장 범위 내의 생산을 의미하는 것으로 정부나 가계에 봉사하는 비영리단체(종교 및 각종 사회단체 등)가 개별 가계에 무상으로 제공하거나 공동체에 집합적으로 제공하는 모든 재화 및 서비스도 포함된다. 한편 시장 범위 내의 생산에는 자신의 최종소비나 자본형성을 위해 생산한 재화나 서비스도 포함되지만, 가계 내에서 생산하여 소비하는 가사 및 개인활동 서비스와 관련된 경우에는 생산의 범위에 포함되지 않는다. 밀수, 도박, 매춘 등과 같은 불법적인 경제활동이나 조세회피를 목적으로 축소, 은폐하는 거래의 경우에는 시장의 유효수요가 있기 때문에 원칙적으로는 생산활동으로 보고 있으나 객관적인 측정의 어려움이 있어 편제가 쉽지 않은 상황이다.5

---

4 경제주체는 재화 및 서비스 소비의 주체인 가계, 재화와 서비스 생산의 주체인 기업, 통화정책·재정정책 등 일국의 경제정책을 수행하는 정부로 흔히 구분된다. 가계, 기업, 정부 등 경제주체는 국민계정의 제도단위를 이룬다.
5 GDP 통계의 국제기준인 2008 SNA에서는 경제주체들의 자발적인 불법거래 활동을 GDP의 생산 범위에 포함시키고 있다. 불법거래 활동을 GDP에 반영하기 위해서는 관련 기초자료의 확보가 필수적이나 자료가 충분하지 않기 때문에 각국들은 각기 사정에 맞게 편제하고 있다. 일부 유럽국가들은 마약, 매춘 등 불법거래 활동을 GDP 통계에 포함한 바 있다.

참고 I-1 전업주부의 가사 및 개인서비스 활동과 GDP

시장 범위 내의 생산에는 자신의 최종소비나 자본형성을 위해 생산한 재화나 서비스도 포함되지만, 가계 내에서 생산하여 소비하는 가사 및 개인활동 서비스와 관련된 경우에는 생산의 범위에 포함되지 않는다. 타인이 대신 수행하기 어려운 식사, 음주, 수면, 운동 등이 그런 예들이다. 다만 타인에 의해 제공될 수 있는 활동, 예를 들어 음식 준비, 아이 돌보기, 환자간호 등과 같은 경우에는 타인에게 제공된 경우에 한하여 생산의 범위에 포함된다. 따라서 자가소비를 위한 전업주부 등의 가사 및 개인서비스 활동은 GDP에 포함되는 생산의 범위에서 제외된다. 전업주부의 가사노동 등 자가소비를 위해 생산한 가사서비스를 생산으로 인정하지 않는 이유는 동 서비스의 생산이 다른 경제부문에 거의 영향을 주지 않는 독립적인 활동인 데다, 시장판매 목적의 생산이 아니므로 가치를 평가하기 위한 적절한 가격이 존재하지 않고, 가사서비스의 경우 보수를 받고 다른 가계를 위해 생산한 경우와 경제적 가치가 동일하지 않으며, 생산에 포함될 경우 거의 모든 성인인구가 경제활동인구 및 취업자로 되어 고용통계의 왜곡을 야기하기 때문이다. 전업주부 등이 생산한 가사서비스를 GDP에 반영하는 나라는 거의 없다(한국은행(2020, 2023)).

전업주부의 가사서비스 등 가계생산을 GDP에 포함하여야 한다는 주장이 학계에서 꾸준히 제기되어 왔으며, 스티글리츠(Stiglitz, Joseph E.) 보고서 발표(2009.9.) 이후 삶의 질에 대한 관심이 높아지면서 가계생산의 가치를 보다 정확히 추정하자는 요구가 증대되었다. 주요국들은 전업주부의 가사서비스가 현 국민계정체계의 범위를 벗어나므로 GDP 통계보다 '위성계정(satellite account)'을 통하여 이의 측정을 시도하고 있다. 위성계정이란 특정 경제현상을 보다 자세히 파악·분석하기 위하여 국민계정의 중심 체계와 별도로 작성되는 계정으로 정부, 연구기관 등이 다양한 목적으로 작성하고 있다. 가계생산 위성계정에서는 가계의 모든 생산활동을 주거관리, 음식·의류 생산 및 관리, 돌봄, 자발적 참여 등으로 나누어 가계생산의 총부가가치를 산출하는데, 무보수 가사활동의 경우 가계생활시간조사와 대체 임금통계 등을 활용하여 추정한다. 현재 미국, 영국, 스위스, 핀란드 등이 가계생산 위성계정을 작성하고 있으며 미국, 영국, 스위스의 경우 GDP 대비 가계생산 비중은 각각 23.2%(2017년 기준), 63.1%(2016년 기준), 41.2%(2016년 기준)이다. 우리나라는 통계청에서 가계생산 위성계정을 작성하고 있는데, 2019년 기준 가계생산과 그중 무급 가사노동 가치는 각각 516.9조원(GDP의 26.9%), 490.9조원(25.5%)이다. 통계청은 2017년 가계생산 위성계정 개발을 시작하여 1999년부터의 시계열 2018년 처음으로 공표하였다. 동 통계는 5년 주기로 작성된다.

2 GDP의 구성과 삼면등가 원칙

GDP는 생산, 분배, 지출의 세 측면으로 나누어 편제 가능하다(한국은행(2023)). 생산측면에서 GDP는 생산을 통해 새로이 발생한 부가가치를 농림어업, 광공업(제조업), 전기·가스·수도사업, 건설업, 서비스업 등 경제활동별로 구분하고 시장가격으로 평가하여 합산한다. 분배측면의 GDP는 자본이나 노동 등 생산요소를 제공한 경제주체가 수취한 소득의 합으로 측정하며, 지출측면의 GDP는 가계의 소비, 기업의 투자, 정부지출, 해외부문의 수요인 수출 등을 합하고 국내생산에 해당하지 않는 수입을 차감하여 산출한다.

이러한 세 가지 측면에서의 GDP는 결국 일치하게 되는데 이를 GDP의 삼면등가 원칙이라고 한다. 경제주체들의 생산활동에 의하여 창출된 부가가치는 임금, 이윤 등 경제주체들의 소득으로 분배되고, 소득은 소비나 투자 등 지출활동으로 이어지면서 생산, 분배 및 지출 측면의 GDP는 이론적으로 일치하게 된다.[6]

---

6 이론적으로는 일치하여야 하나 실제로는 다양한 경제활동의 등장, 통계편제상 한계 등으로 차이가 발생하기 마련이다. 통계상의 차이는 통계불일치라는 항목을 이용하여 나타낸다.

/ GDP의 구성과 삼면등가 원칙 /

생산측면 GDP	분배측면 GDP	지출측면 GDP
경제활동별 부가가치 (농림어업, 광공업, 전기가스수도업, 건설업, 서비스업) + 생산물세 - 생산물보조금	피용자보수 + 영업잉여 + 고정자본소모 + 순생산세 및 수입세	민간최종소비지출 + 정부최종소비지출 + 총고정자본형성 + 재고증감 + 수 출 - 수 입 + 통계상불일치

예를 들어 노동과 자본을 이용하여 자동차를 생산하는 단순한 경제의 경우 자동차 생산으로 발생한 새로운 부가가치는 노동에 대한 대가인 임금과 자본에 대한 대가인 이윤으로 분배되며 이는 가계 및 기업의 소득이 되어 소비나 투자로 지출된다.[7]

구체적으로 다음 예와 같이 자동차 제조기업 A사가 제조원가 4,500만원인 승용차 1대를 조립, 가공하여 5,000만원에 소비자에게 판매한 경우 지출측면 GDP에서는 최종재인 승용차 1대 가격이 소비에 5,000만원으로 계상된다. 생산측면 GDP의 경우 다음 표에서 보듯이 A사의 제조원가 4,500만원을 차감한 500만원(= 5,000만원 - 4,500만원)이 A사의 부가가치가 된다. 한편 A사의 승용차 1대를 생산하기 위해 철강, 타이어, 플라스틱 등 4,500만원의 원자재를 제공한 각 기업들에서도 철, 고무, 화공품 등 총 3,800만원의 원자재를 구입하여 생산을 하고 부가가치 700만원(= 4,500만원 - 3,800만원)을 창출하게 된다. 이러한 과정은 철, 고무, 화공품 이전 단계의 생산과정으로도 이

---

7 가계가 소비를 제외한 부분을 저축할 경우 이는 금융기관 등을 통하여 중개되어 기업의 투자로 이어진다. 사전적으로 저축과 투자는 행위의 동기가 달라 차이가 발생할 수 있지만 이론적, 사후적으로는 항상 일치한다.

어진다. 만약 수입이 전혀 없이 생산활동이 국내에서 국내 재화 및 서비스만을 이용하여 이루어졌다고 한다면 이러한 과정에 의해 창출된 부가가치의 합은 A사의 부가가치 500만원, 철강, 타이어, 플라스틱 등 제조사들의 부가가치 700만원 등을 포함하여 총 5,000만원이 된다.

자동차 생산 과정에 참여한 기업들의 부가가치는 기업들의 이윤과 근로자에 대한 임금 지불금 등으로 분배된다. 이들 이윤과 임금 등을 합하면 5,000만원으로 생산측면 부가가치의 합인 생산측면 GDP는 분배측면 GDP와도 일치한다.

/ 자동차 생산과 생산 및 지출 측면 GDP /

	기업	기업	기업	소비자
제조원가	...	3,800만원	4,500만원	지출측면 GDP 5,000만원
부가가치	...	700만원	500만원	
누적부가가치	3,800만원	4,500만원	생산측면 GDP 5,000만원	

GDP를 세 측면에서 접근하였을 때 모두 일치해야 하지만 실제로는 통계편제상의 한계로 인해 그렇지 못하다. 국민경제가 순환함에 따라 이론적으로는 생산, 분배, 지출 측면의 GDP가 모두 일치해야 하나 기초자료의 차이 등으로 실제로는 불일치가 발생하기 때문에 대부분의 국가들이 정도(精度) 높은 GDP 추계를 위해 특정 접근법에만 의존하지 않고 이용 가능한 모든 접근법을 활용하고 있다.

한국은행은 GDP 통계의 정합성 등 정도(精度)를 높이기 위해 생산측면에서의 GDP를 근간으로 하여 지출, 분배 측면에서의 GDP를 작성하고 있다. 생산 및 지출 측면 GDP의 경우 분기 및 연간 단위로 공표하고 있으며 분배측면 GDP의 경우 연간 단위로 발표하고 있다. 최근 들어 삶의 질이나 지속가능한 성장 등이 주요 관심으로 부각되면서 분배측면에서의 GDP에 대한 중요성이 높아지고 있다.

생산, 지출 및 분배 측면 GDP와 추계 방법

　생산, 지출 및 분배 측면의 GDP 추계 시 기본적으로 각각 생산접근법, 지출접근법, 소득접근법을 통하여 GDP를 편제하지만 여타 방법도 보완적으로 이용하고 있다. 생산측면의 GDP를 구하기 위해서는 생산을 통해 새로이 발생한 부가가치를 시장가격으로 평가하여 합산하여야 하는데 이의 추계를 위한 생산접근법(value added approach)은 총산출에서 중간투입을 차감하여 부가가치를 측정하는 방법을 이용한다.[8] 지출측면의 GDP는 가계, 기업, 정부 및 해외부문 등 각 경제주체의 최종수요를 합한 후 해외 재화 및 서비스에 대한 수요인 수입을 차감하여 구하는데, 이를 위해 최종수요자의 지출을 파악(지출/수요접근법; demand approach)하거나 최종수요자에 대한 공급자의 공급을 파악(지출/공급접근법; supply approach)하여 최종수요를 측정할 수 있다. 분배측면의 GDP 추계를 위해서는 소득접근법을 사용하는데 생산요소를 제공한 경제주체의 수취소득을 파악(소득수취접근법; income received approach)하거나 경제주체에 대한 생산자의 지급소득을 파악(소득지불접근법; income paid-out approach)하여 요소소득을 측정한다.

　우리나라의 경우 생산측면의 GDP를 근간으로 하되 지출측면 GDP 작성시에는 수요접근법을 주로 사용한다.[9] 아울러 일부 최종수요의 경우 생산접근법으로부터의 기초자료를 활용하고 정부나 비영리단체의 경우에는 소득접근법도 활용하고 있다. 분배측면 GDP 편제 시에는 소득수취접근법을 주로 사용한다.[10] 우리나라의 경우 기초자료 사정 등으로 생산/지출 GDP에서 피용자보수 등 여타 요소소득을 차감한 후 나머지(residual) 항목으로서 영업잉여를 산출하되 기업실적 등 경제상황을 최대한

8　부가가치는 경제주체들이 노동, 자본, 토지 및 경영 등의 생산요소를 투입하여 수행한 생산활동에 의해 발생한 급여, 이자, 임료 및 이윤 등의 합계와 같아지게 된다.

9　설비투자의 경우에는 생산자로부터 최종수요자에 이르기까지의 유통과정을 순차적으로 추적하여 추계하는 공급접근법(상품흐름법)을 이용하고 있다.

10　정부에 의해 발생하는 요소소득의 경우 정부의 지불자료인 예산·결산서를 이용하여 집계(비용접근법)하고 있는데, 이는 소득지불접근법에 해당된다. 서비스업의 경우에도 이 방법이 많이 이용되고 있다.

반영하는 조정 과정을 거쳐 분배측면 GDP의 세부 항목들을 산출하고 있다.[11] 소득 관련 기초통계의 신뢰성이 점차 높아지고 있어 향후 소득접근법에 의한 분배측면 GDP의 편제에 많은 진전이 있을 것으로 기대된다. 미국은 소득접근법의 활용도가 매우 높아 기업실적 자료 등에서 직접 잉여를 도출함으로써 별도의 분배측면 GDP를 편제하고 있다.[12]

우리나라의 생산, 지출, 분배 측면 GDP 추계

	생산측면 GDP	분배측면 GDP	지출측면 GDP
기본추계법	생산접근법	소득접근법 - 소득수취접근법 - 소득지불접근법: 정부의 요소소득 추계 시나 서비스업의 경우 많이 사용	지출접근법 - 수요접근법 - 공급접근법: 설비투자 추계 시 사용
보조추계법	지출접근법 - 제조업 산출액 및 중간투입의 경우 통관 수출입도 사용 - 서비스업 산출액의 경우 신용카드 사용액도 이용 소득접근법 - 정부나 비영리 단체의 경우	생산접근법 - 생산측면 GDP를 총액으로 사용 지출접근법 - 지출측면 GDP를 총액으로 사용	생산접근법 - 가계소비의 경우 금융 중개서비스를 사용 - 건설투자의 경우 건설업 산출액 등을 이용 소득접근법 - 정부나 비영리 단체의 경우

---

11 자영업자 소득의 경우 우리나라는 주요국에 비해 자영업자의 비중이 높은 데다 관련 자료의 신뢰성도 높지 않아 소득접근법을 통해 포착하기 어려웠으나, 최근 들어 행정자료의 활용, 신용카드 사용 확대 등으로 관련 기초통계의 정도(精度)가 점차 제고되고 있다.

12 기초자료 등의 차이로 분배측면 GDP가 지출측면 GDP와 차이가 발생하기 마련인데 이 경우 지출측면 GDP가 더 정확하다고 판단하여 분배측면에 통계상 불일치 항목을 두어 조정하고 있다.

GDP와 산업활동동향 통계의 차이

　한국은행에서는 분기 단위로 생산 및 지출 측면 GDP 통계를 발표하고 있으며 통계청에서는 매월 말 전월의 산업활동동향 통계를 작성하여 발표하고 있다. 산업활동동향은 주로 표본조사를 이용한 통계인 반면 GDP는 표본조사통계 이외에 재무제표, 행정자료 등을 추가 이용하는 가공(추계)통계로서 SNA(System of National Accounts)에 따라 포괄범위 확대, 생산 및 지출 간 정합성 검증 등을 거쳐 작성된다. 양 통계들은 작성의 주안점, 기준, 방식(포괄범위, 기초자료 및 작성방법) 등이 상이하여 변동의 폭이나 방향이 다를 수 있으며 기간별로 그 차이도 일정하지 않을 수 있다. 산업활동동향에 포함되는 산업생산지수, 소매판매액지수, 설비투자지수, 건설기성액 등은 분기 및 연간 잠정 GDP 작성 시 기초자료로 활용되고 있다. 다만 연간 확정 GDP는 연간 서베이 자료를 주로 활용한다. GDP 통계와 통계청 산업활동동향 통계와의 차이를 주요 항목을 중심으로 살펴보면 다음과 같다.

/ GDP와 산업활동동향 통계 /

		GDP	산업활동동향
구분		생산측면 GDP	전산업생산지수 서비스업생산지수 광공업 생산 및 출하 지수 제조업 생산능력 및 가동률 지수
		지출측면 GDP	
		－ 소비	소매판매액지수
		－ 설비투자	설비투자지수 국내기계수주액
		－ 건설투자	건설기성액 건설수주액
		－ 재고증감	제조업재고지수 도소매업재고액지수
작성주기		분기	월
작성기준		SNA(System of National Accounts)	International Recommendations for the Index of Industrial Production 등
작성기관		한국은행	통계청

가. GDP와 전산업생산지수

 GDP와 전산업생산지수는 국내 경제활동의 흐름을 포착하기 위해 작성한다는 공통점이 있으나 양 통계는 작성의 주안점이 달라 이로 인해 작성 기준 및 방법 등 여러 부분에서 차이가 발생한다. GDP는 새로이 창출되는 부가가치(소득)의 측정을 통한 한 나라의 종합적인 경제상황 파악이 목적인 반면, 전산업생산지수는 생산물량 측정을 통해 실물경기동향을 보다 신속하게 파악하는 것에 주안점을 둔다. GDP는 부가가치(산출액 − 중간투입)를 기준으로 작성하는 반면 전산업생산지수는 산출액(부가가치 + 중간투입)을 기준으로 작성된다.[13] 이에 따라 산출물과 중간투입물의 가격 변화, 기술 발전, 생산구조 변화 등에 따라 산출액과 부가가치 각각의 증감률은 크기 및 방향이 상이할 수 있다.

나. GDP 소비와 산업활동동향 소매판매액지수, 서비스업생산지수

 GDP 가계소비는 거주자 가계의 재화 및 서비스 지출을 의미하며[14] 산업활동동향의 소매판매액지수는 소매업의 상품매출을, 서비스업생산지수는 서비스업의 생산을 지수화한 것이다. 소매판매액지수와 서비스업생산지수는 사업체 표본조사를 바탕으로 한 통계로 가계소비 추계의 기초자료로 이용된다. GDP 소비와 산업활동동향 자료는 증감률 방향은 대체로 일치하나 포괄범위 및 가중치 차이 등으로 증감률 수준이 다를 수 있다. 산업활동동향 자료의 경우 주로 국내소비만을 대상으로 하지만 GDP 소비는 거주자의 국외소비도 고려한다. GDP 소비의 품목별 가중치는 가계의 지출규모인 반면 소매판매액지수의 가중치는 소매업종별 매출규모, 서비스업생산지수의 경우 서비스업종별 부가가치 기준이다. 아울러 GDP 가계소비는 소매판매액지수와 서비스업생산지수 이외에도 출입국자 수, 승용차 등록대수, 소비재 내수출하량 및 수입액, 개인 신용카드 사용액, 각종 협회자료 등 여러 소비관련 기초자료를 종합하여 추계한다. 서비스업생산지수에 고려되지 않는 자가주거서비스, 금융중개서비스(FISIM; Financial Intermediation Services Indirectly Measured) 등이 포함되는 점도 다르다. 한편

---

13 국제기준(2008 SNA, 2010 manual on the index of industrial production(UN))에 따르면 GDP 통계와 생산지수 모두 부가가치 기준으로 작성하는 것이 바람직하나 생산지수의 경우 대부분 국가들이 속보성 유지, 기초자료 제약 등으로 산출액 기준으로 작성하고 있다.
14 GDP 통계에서 소비는 재화와 서비스로 나누어지며 한국은행에서는 재화소비를 내구재, 준내구재, 비내구재로 세분하여 공표하고 있다.

민간소비는 가계뿐만 아니라 가계에 봉사하는 비영리단체의 소비 등도 고려하여 추계하므로 산업활동동향 자료만으로 GDP 민간소비를 추산하기는 어렵다.[15, 16]

/ 가계소비 · 소매판매액지수 · 서비스업생산지수 /

	가계소비	소매판매액지수	서비스업생산지수
개념	거주자 가계의 소비지출	소매업체 상품매출	서비스업의 생산활동
포괄범위	재화 및 서비스[1]	소매업 및 자동차 판매업	서비스업 (KSIC 13개 대분류)
가중치	가계의 품목별 지출액	소매업종별 매출액	서비스업종별 부가가치
작성방법	소매판매액, 내수출하량, 신용카드사용액 등 각종 소비관련 통계	사업체표본조사 등	사업체표본조사 등

주: 1) 12개 목적별 지출로 분류하여 공표

다. GDP 설비투자와 산업활동동향 설비투자지수

GDP와 산업활동동향의 설비투자 관련지표 구성항목 중 운송장비 설비투자 증감률은 포괄 범위와 자동차에 대한 법인비중 고려 여부 등에 의해 차이가 발생한다. 포괄 범위의 경우 선박투자 산출시 산업활동동향은 통관수입액만을 계상하는 반면 GDP는 국적취득조건부 나용선계약 등을 추가로 고려한다. 국적취득조건부 나용선계약은 선박의 용선 기간이 끝난 후 용선자가 속한 국가의 국적으로 소유권을 취득하는 조건으로 체결한 계약으로 소유권은 몇 년 후에 이전되지만 국민계정에서는 임차시점에 용선자가 선박을 소유하는 것으로 간주한다. 자동차 투자 산출을 위해 산업활동동향에서는 개인구매를 포함한 전체 자동차 판매 증가율을 이용하여 연장하지만 GDP에서는 법인 구매분만을 반영하며 소형, 중형, 대형 등 자동차의 상품 차이도 고려한다.

---

15 "<참고 I-4> 민간소비의 구성"을 참조하시오.

16 교육, 의료, 사회복지, 기타사회단체 등 가계에 봉사하는 비영리단체의 최종소비지출은 일반 정부의 편제 방법과 마찬가지로 투입비용에서 판매수입을 차감한 금액으로 산출한다.

라. GDP 건설업, 건설투자와 산업활동동향 건설기성액

산업활동동향에 포함되는 건설기성액은 공사대금의 청구·지급과는 상관없이 매월 건설업체의 실제 시공실적을 평가한 금액으로 공공·민간 등 발주자별로, 건물·토목 등 공사종류별로 나누어지며 건설경기동향을 잘 반영한다. 건설기성액은 건축착공액과 함께 GDP 건설업 추계의 기초자료로 활용된다. 건축착공액은 공사가 실제로 착공된 실적으로 국토교통부에서 건물에 한하여 매월 조사하는 통계이다.[17, 18, 19] GDP 건설업 총산출 추계시에는 공사종류별로 건설기성액과 착공액을 합성하여 이용한다.

생산측면인 GDP 건설업과 지출측면인 GDP 건설투자는 건설업 생산이 건설업체의 생산활동을 통해 새롭게 만들어 낸 부가가치만을 포착하는 데 비해 건설투자는 건설업자가 창출한 건설상품의 총 구매가치를 측정하므로 건설과정에 투입된 중간재 등의 생산도 모두 고려한다는 점에서 차이가 있다. 또한 건설투자는 건설업 산출에 건설재고(미분양 등)의 증감과 부대비용을 포함하는 등 포괄범위도 다르다. GDP 건설업과 건설투자의 차이는 뒤에 다시 자세히 설명할 것이다.[20]

한편 건설기성액은 월별 통계와 연간 통계의 편제방법상 차이가 있다. 월별로 편제되는 건설경기동향조사(산업활동동향에 건설기성액, 건설수주액으로 발표)의 건설기성액은 기성액 순위 상위 50% 업체만 포함된 표본 통계로 크게 발주자별, 공사종류별로 구성되어 있다. 발주자별로는 공공, 민간(직영공사, 도급공사), 민자, 외국기관으로 구분되며, 공사종류별는 건축(주거용, 비주거용), 토목(일반토목, 전기기계, 플랜트, 조경공사)으로 나누어진다. 건설업조사에 의한 연간 건설기성액은 전수조사로 국내공사만을 대상으로 한다. GDP 분기 추계 시에는 월별 건설기성액을 사용하지만 연간 편제 시에는 연간 건설기성액을 이용한다.

---

17 월별 건설기성액과 건설수주액은 건설경기동향조사 항목이며, 월별 건축착공액은 건축허가현황과 함께 건축허가및착공통계조사 항목이다.

18 건설수주액은 건설사가 발주처와 체결한 공사계약금액으로 실제 투자와 시차가 존재하지만 선행지표로서의 의의가 있다. 건축착공액은 동행지표이나 토목부문은 제외되고 건축부문에만 한정되어 있기 때문에 전체 건설경기동향을 충분히 설명하기 어려운 한계가 있다.

19 건설기성액은 건축(주거용, 비주거용), 토목(일반토목, 전기기계, 플랜트, 조경공사)으로 구분되며 착공액은 건축에만 해당되고 주거용과 비주거용으로 나누어진다.

20 "<참고 II-1> GDP 건설업과 건설투자의 차이"를 참조하시오.

▌건설경기동향조사 및 건설업조사 상 건설기성액▐

	건설경기동향조사	건설업조사
주기	월간	연간
표본 (2020년 표본수)	표본조사 (523개 업체)	전수조사 (83,000개 업체)
조사범위	국내 + 국외공사	국내공사

마. GDP 재고증감과 산업활동동향 재고지수

GDP 재고증감과 산업활동동향 재고지수는 포괄범위 및 측정방법 등에 차이가 있다. 산업활동동향의 재고지수는 제조업과 도·소매업만을 대상으로 하지만 GDP 재고증감은 농림재고, 건설재고 등 전산업 부문을 모두 포괄한다. 또한 산업활동동향의 재고지수는 표본업체의 월말 재고액을 지수화하여 작성하는 반면, GDP는 재고자산을 농림수산품, 완제품 및 재공품, 유통재고, 원재료 등으로 구분하여 기초 및 기말 재고스톡을 추계한 후 기간중 재고스톡 증감액에서 가격변동에 의한 보유손익을 제외한 재고증감액을 산출한다.

▌산업활동동향 재고지수와 GDP 재고증감▐

	산업활동동향 재고지수	GDP 재고증감
포괄 범위	제조업, 도·소매업	전산업 대상으로 농림수산품과 완제품 및 재공품 재고, 건설재고, 유통재고, 석유류를 비롯한 원재료에 대한 재고 등을 포괄
측정 방법	표본업체 월말 재고액을 지수화	기초 및 기말 재고스톡을 추계한 후 기간 중 재고스톡 증감액에서 가격변동에 의한 보유손익을 제외한 재고증감액을 산출

민간소비의 구성

　민간소비는 가계소비(2021년 명목기준 민간소비의 96.5%를 차지)와 가계에 봉사하는 비영리단체의 소비(3.5%)로 구성된다. 가계소비가 거의 대부분을 차지한다. 가계소비는 거주자의 국내소비(95.3%)에 거주자의 국외소비(1.3%)를 합한 것이다. 코로나19의 여파로 거주자 국외소비의 비중이 이전(2018년 4.1%)에 비해 상당폭 줄어들었다.

▌ 민간소비의 구성(2021년 명목 기준)[1] ▌

민간소비 956.0조원	가계소비 922.8조원(96.5%)	거주자 국내소비 910.7조원(95.3%)
		거주자 국외소비 12.1조원(1.3%)
	가계에 봉사하는 비영리단체 33.2조원(3.5%)	

주: 1) (   ) 내는 민간소비 대비 비중
자료: 한국은행 ECOS(2023.12.1. 기준)

　국내소비(민간소비에서 제외되는 비거주자 국내소비분 포함)는 재화(43.9%)와 서비스(56.1%)로 나누어지며 재화는 내구재(11.3%), 준내구재(9.5%), 비내구재(23.1%)로 세분된다.

▌ 국내소비의 형태별 소비 구성(2021년 명목 기준)[1] ▌

국내소비 917.4조원	거주자 910.7조원(99.3%)	→	재화 403.0조원(43.9%)	내구재 104.0조원(11.3%)
				준내구재 87.4조원(9.5%)
	비거주자 6.7조원(0.7%)			비내구재 211.6조원(23.1%)
			서비스 514.4조원(56.1%)	

주: 1) (   ) 내는 국내소비 대비 비중
자료: 한국은행 ECOS(2023.12.1. 기준)

국내소비는 목적별로는 식료품 및 비주류음료품(12.7%), 주류 및 담배(1.8%), 의류 및 신발(5.4%), 임대료 및 수도광열(17.8%), 가계시설 및 운영(3.5%), 의료보건(5.8%), 교통(11.0%), 정보통신(5.6%), 오락, 스포츠 및 문화(6.6%), 교육서비스(5.1%), 음식점 및 숙박 서비스(9.2%), 기타(15.7%) 등 12개 부문으로 나누어진다.

▎국내소비의 목적별 소비 구성(2021년 명목 기준)[1] ▎

국내소비 917.4조원	거주자 910.7조원(99.3%)	→	식료품 및 비주류음료품 116.4조원(12.7%)
			주류 및 담배 16.9조원(1.8%)
			의류 및 신발 49.6조원(5.4%)
			임대료 및 수도광열 163.6조원(17.8%)
			가계시설 및 운영 32.2조원(3.5%)
			의료보건 53.3조원(5.8%)
			교통 97.8조원(11.0%)
			정보통신 51.3조원(5.6%)
	비거주자 6.7조원(0.7%)		오락, 스포츠 및 문화 60.2조원(6.6%)
			교육서비스 47.2조원(5.1%)
			음식점 및 숙박 서비스 84.7조원(9.2%)
			기타 144.2조원(15.7%)

주: 1) ( ) 내는 국내소비 대비 비중
자료: 한국은행 ECOS(2023.12.1. 기준)

국내소비의 목적별 소비 구성을 보면 식료품 및 비주류음료품, 주류 및 담배, 의류 및 신발 등을 포함한 생활용품관련 소비 비중이 줄어들고 있는 반면 오락, 스포츠 및 문화, 의료보건, 음식점 및 숙박 서비스의 비중이 늘어나고 있는 모습이다.

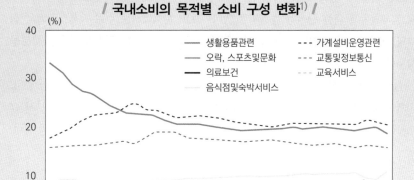

／ **국내소비의 목적별 소비 구성 변화**[1] ／

주: 1) ( ) 내는 국내소비 대비 비중
자료: 한국은행 ECOS(2023.12.1. 기준)

참고 I-5　**정부의 생산 및 지출**

　　GDP에서 경제주체는 제도부문별로 가계, 기업, 정부로 구분되며 크게 정부와 민간으로 나눌 수 있다. 한 나라의 경제에 기여하는 정부의 역할이 중요해지면서 정부의 경제활동에 대한 관심이 높아지고 있다. GDP 분석에서는 주로 지출측면에서 정부의 소비와 총고정자본형성을 중심으로 정부 기여도에 대한 평가가 중요한 부분을 차지한다.

　　정부 관련 GDP를 생산, 분배, 지출 측면에서 체계적으로 정리해보면 다음과 같다. 먼저 GDP에서 정부생산은 중앙정부, 지방정부, 사회보장기금 등 일반정부[21]가 시장/비시장을 통해 직접 생산한 부가가치로서 총산출물에서 중간투입을 차감한 것과 같다.

21　여기에 금융/비금융 공기업을 아우르면 공공부문이 된다.

주: 1) ( ) 내는 2022년 기준 기관(또는 기금) 수

> 정부 생산(부가가치) = 정부 총산출 - 중간소비

정부 총산출은 시장산출물, 비시장산출물로 나누어지는데 시장산출물은 정부가 생산한 부분 중에서 경제적으로 의미있는 가격으로 판매되거나 처분되는 산출물로 수도, 철도운송, 우편사업, 우체국 금융·보험 등이 해당된다. 비시장산출물은 시장판매를 하지 않고 무상 또는 경제적으로 의미있는 가격보다 낮은 가격으로 공급되는 산출물로 중앙정부나 지방정부의 공공 및 행정서비스, 국가나 공공비영리단체 등에 의해 제공되는 교육, 의료 및 보건, 사회복지, 문화, 연구개발 등이 포함된다.[22]

GDP 측정에 있어서는 비시장산출물의 경우 시장가격으로 평가하는 것이 어려우므로 생산활동에 투입된 비용[중간투입(중간소비), 피용자보수, 고정자본소모, 기타생산세 등]을 합산하여 산출액을 도출하며,[23] 이때 중간투입(중간소비)을 제외한 부분이 생산이자 분배의 원천이 된다.

> 총산출 = 피용자보수 + 순영업잉여 + 고정자본소모+기타 생산세 + 중간소비
> 생산 = 총산출 - 중간소비

시장산출물에 대해서는 민간부문과 마찬가지로 총산출(재화 및 서비스 판매수입과 같음)에서 중간투입을 차감하여 부가가치를 구하는데, 이것이 곧 생산이자 분배의 원천이 된다.

> 생산 = 총산출(재화 및 서비스 판매수입) - 중간소비

지출측면에서 정부지출은 정부소비와 정부총자본형성[24]으로 구분되며[25] 자가소비나 투입을 위해 생산한 재화와 서비스 가액만이 포함된다.

> 정부 지출 = 정부 최종소비 + 정부 총자본형성

---

22 정부산출액(소비 관련)의 경우 비시장산출물이 1970년대 초반 80%에서 점차 높아져 최근에는 90% 정도를 차지하고 있다.

23 이를 비용접근법이라고도 한다.

24 총고정자본형성에 재고증감 및 귀중품 순취득을 합한 것이다.

25 정부소비가 정부지출의 대부분(약 80%)을 차지한다.

정부소비는 해당 기간중 정부의 총산출액(정부의 자기자본형성분 제외)에서 상품·비상품판매수입[26]을 차감하고 사회보장현물수혜액을 더하여 구한다. 여기서 상품·비상품판매수입을 제외하는 이유는 해당 부분이 정부의 자가소비라기보다는 가계와 기업에서 최종소비와 중간투입으로 사용되기 때문이다. 상품·비상품판매수입은 민간소비 등으로 간주된다. 사회보장현물수혜는 정부가 개별 가계에 현물이전의 형태로 제공하는 재화 및 서비스로 정부가 시장에서 구입하여 가계에 제공한다. 건강보험급여비나 무상급식 등이 이에 해당된다.

정부 최종소비 = 정부 총산출 − 상품 및 비상품 판매 + 사회보장현물수혜

정부총자본형성도 민간기업의 중간투입으로 사용되는 부분이 제외된 자기자본형성분만 해당되는데 소비와 마찬가지로 정부가 직접 산출하는 부분과 민간 산출물을 정부가 구입한 부분으로 나눌 수 있다. 정부가 직접 산출하는 부분의 경우 정부의 자기자본 형성을 위한 R&D 지출이 거의 대부분을 차지한다.

정부 총자본형성 = 민간 생산 총고정자본형성 + 재고증감 및 귀중품순취득
+ 자기자본 형성을 위한 정부의 R&D 지출

앞서 설명한 것처럼 경제주체별로 구분해 볼 때 정부의 생산과 지출은 다를 수 있다. 일반적으로 정부의 지출 규모는 정부 생산보다 크게 나타난다. 정부는 세금 등을 재원으로 생산한 것에 비해 더 많이 지출할 수 있기 때문이다.[27]

---

26 상품판매수입은 정부가 기업에 판매한 수입으로 면허세 및 수수료, 검사료, 항공·항만 수입 등이 해당되며, 비상품판매수입은 주로 가계에 대한 정부의 서비스 판매수입으로 입학금 및 수업료, 주차료, 입장료, 병원수입 등이 포함된다.

27 우리나라에서는 정부지출 GDP는 연간 및 분기, 명목 및 실질 기준으로 작성되고 있으며, 정부 산출과 생산(정부의 자기자본형성분 제외)의 경우 ECOS에 연간, 명목 기준으로 공표(국민계정−국민소득통계−일반정부 및 공공부문계정−일반정부의 부문별·기능별 최종소비지출(명목, 연간))되고 있다.

| 주체별(민간, 정부) 산출 및 최종수요 구조 |

		최종소비			총자본형성		
		민간	정부	국외	민간	정부	국외
산출	민간	민간소비(국산, A 제외)	사회보장현물수혜[1]	수출(비거주자 국내 소비 포함)	• 총고정자본형성(국산) • 재고증감(국산)	• 총고정자본형성(국산, B 제외) • 재고증감(국산)	수출
	정부	상품 · 비상품 판매(A)	• 기타 사회적 현물이전[2] • 집합소비[3]	—	—	자기자본 형성을 위한 정부의 R&D 지출(B)	—
	국외	민간소비(수입, 거주자 국외소비 포함)	—		• 총고정자본형성(수입) • 재고증감(수입)	—	

주: 1) 특정인에게 제공되는 건강보험 급여비, 무상급식 등 현물수혜(개별소비)
   2) 특정인에게 제공되는 교육, 보건, 오락문화 및 종교, 사회보호 부문 정부산출(개별소비)
   3) 특정인에게 제공되지 않는 일반공공행정, 국방, 공공질서 및 안전, 경제업무, 환경보호, 주택 및 지역개발 부문 정부산출

과거 자료를 살펴보면 정부소비 규모는 정부생산액(정부의 자기자본형성분 제외)을 상회하면서 빠르게 증가하여 왔다.[28] 특히 건강보험금 지급 등 사회보장현물수혜를 중심으로 정부소비가 크게 늘어났다. 전체 GDP 대비 정부소비 비중은 최근 들어 약 18%이며, 정부생산 비중은 10% 정도이다.

---

28 정부산출액에서 중간소비분을 제외한 정부생산 규모는 산출액의 약 70% 수준에서 큰 변화가 없다.

∥ 정부생산과 정부소비[1] ∥

정부생산과 정부소비 규모

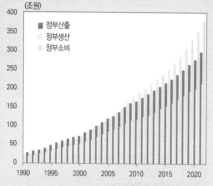

전체 GDP대비 정부생산과 정부소비 비중

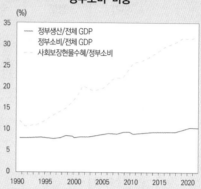

주: 1) 명목기준, 정부산출과 생산의 경우 정부의 자기자본형성분 제외
자료: 한국은행 ECOS(2023.12.1. 기준)

정부 총산출(정부의 자기자본형성분 제외)의 세부 구성을 보면 공공행정·국방 및 공공질서, 교육, 경제업무 등이 대부분을 차지하고 있으며 경제업무의 비중이 소폭 증가한 모습이다. 정부소비의 경우는 공공행정·국방 및 공공질서, 교육 분야의 지출 비중이 줄어든 반면 보건과 사회보호 분야에 대한 비중이 상당폭 늘어났다.

∥ 정부산출과 정부소비의 세부 구성[1), 2)] ∥

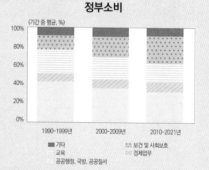

주: 1) 명목기준, 정부산출의 경우 정부의 자기자본형성분 제외
    2) '기타'는 환경보호, 오락문화, 주택 및 지역개발 등을 포함
자료: 한국은행 ECOS(2023.12.1. 기준)

3 다양한 GDP 관련 지표

생산/지출측면 GDP, 분배측면 GDP는 포괄범위에 따라 GDP, GNI(Gross National Income, 국민총소득), NNI(Net National Income, 국민순소득), NI(National Income, 국민소득), NDI(Net Disposable Income, 국민순처분가능소득) 등으로 구분되는데, 각 관계는 다음과 같다(한국은행(2020, 2023)).

실질 GNI = 실질 GDP + 교역조건 변화에 따른 실질무역손익
　　　　　　 + 실질국외순수취요소소득

명목 GNI = 명목 GDP + 명목국외순수취요소소득

NNI = GNI − 고정자본소모

NI = NNI − 생산세 및 수입세 + 정부보조금

NDI = NNI + 국외순수취경상이전

GNDI = NDI + 고정자본소모
　　　 = 소비 + 저축

GDP가 '한 국가 내에서' 생산을 통해 발생한 부가가치를 시장가격으로 평가하여 합산한 것인 데 반해 GNI(Gross National Income, 국민총소득)는 '한 국가의 거주자가' 경제활동을 통해 벌어들인 소득을 의미한다. 여기서 국민계정상 '국가'의 경제영역이란 기본적으로 지리적인 영역을 의미하지만 정확히 일치하는 것은 아니다. 즉 우리나라에 대하여 '국가'는 물리적 국경선뿐만 아니라 경제적 소유권에 의해서도 결정된다는 것이다. 예를 들어 우리나라 해외 대사관의 경우 물리적 실체는 해외에 존재하지만 경제적 이익의 중심이 우리나라에 있으므로 우리나라 범위에 포함된다.[29] 해외에 소재한 우리 기업의 현지법인인 경우 법적으로 설립되고 등기된 경제권이 해외일 경우 경제적 이익의 중심이 해외에 있다고 간주된다. '거주자'의 개념도 국적이

---

29 반대로 우리나라에 있는 미국 대사관의 경우 물리적 실체가 우리나라에 존재하지만 경제적 소유권이 미국에 있다고 간주된다.

나 법적 기준에 의한 것이 아니라 한 나라의 경제적 영역에서 주된 경제적 이익의 중심을 가지고 있을 때, 즉 해당 경제영역에서 일정 기간 이상 경제활동에 종사할 때 거주자로 간주한다.

　구체적으로 GDP는 '우리나라에서 살고 있는' 우리나라 국민뿐만 아니라 외국인이 창출한 부가가치를 포함하며, '외국에서 살고 있는' 우리나라 국민이나 외국인의 경우는 제외한다. 반면 GNI는 우리나라에서 살고 있는 우리나라 국민과 '우리나라에서 1년 이상 살고 있는' 외국인, '외국에서 1년 미만 살고 있는' 우리나라 국민이 창출한 부가가치를 아우른다. 1년을 이용하여 구분하는 이유는 국민계정상 거주자/비거주자의 개념이 경제주체의 국적이 아니라 경제활동의 기간에 의해 구분되며, 통상 1년 이상 한 국가에 머무르며 경제활동을 영위하는 경제주체를 거주자로 분류하기 때문이다. 외국인일지라도 우리나라에서 1년 이상 경제활동을 영위하면 우리나라의 거주자로 간주하며 1년 미만일 경우에는 비거주자로 분류한다. 외국에서 1년 미만 살고 있는 우리나라 국민의 경우 우리나라의 거주자로 간주되는데 경제활동을 주로 하는 해당 경제권 쪽에서 보면 그 국가의 비거주자가 된다.

/ GDP와 GNI의 경제주체 포괄범위 /

```
GDP
  GNI
  ┌─────────────────────────────────────────────────┐
  │ ┌──────────────┐ ┌──────────────┐   ┌──────────────┐
  │ │ 우리나라에서  │ │ 우리나라에서  │   │ 우리나라에서  │
  │ │ 살고 있는     │ │ 1년 이상      │   │ 1년 미만      │
  │ │ 우리나라 국민 │ │ 살고 있는     │   │ 살고 있는     │
  │ │              │ │ 외국인        │   │ 외국인        │
  │ └──────────────┘ └──────────────┘   └──────────────┘
  └─────────────────────────────────────────────────┘
    ┌──────────────┐ ┌──────────────┐   ┌──────────────┐
    │ 외국에서      │ │ 외국에서      │   │ 외국에서      │
    │ 살고 있는     │ │ 1년 미만      │   │ 1년 이상      │
    │ 외국인        │ │ 살고 있는     │   │ 살고 있는     │
    │              │ │ 우리나라 국민 │   │ 우리나라 국민 │
    └──────────────┘ └──────────────┘   └──────────────┘
```

이러한 기준에 따라 GNI는 GDP에 우리나라 거주자가 국외에 노동, 자본 등 생산요소를 제공한 대가로 수취한 요소소득(임금, 임대료·배당·이자 등)을 더하고 반대로 우리나라에서 비거주자에게 지급한 요소소득을 차감하여 산출한다. 이때 명목 GNI는 명목 GDP에 명목 국외순수취요소소득만 감안하면 되지만 실질의 경우에는 이와는 달리 교역조건 변화에 따른 실질무역손익을 추가적으로 고려하여야 한다. 이는 같은 명목금액으로 수출과 수입이 일어나더라도 수출가격이나 수입가격이 변동하여 교역조건이 변화하면 우리나라의 거주자가 비거주자로부터 획득하는 실질소득이 달라지기 때문이다. 교역조건은 수출가격을 수입가격으로 나눈 것으로 수출입상품 간의 교환비율이다.

예를 들어 다음 표에 나타난 것처럼 비교년에 기준년과 마찬가지로 명목 수출금액과 수입금액이 같아 수출입차가 0이 되더라도(기준년 0 → 비교년 0) 기준년에 비해 수입품의 가격은 그대로이지만(1 → 1) 수출품의 가격이 두 배로 올라(1 → 2) 수출품 대비 수입품의 상대적 구매량이 확대되었을 경우, 즉 교역조건이 100% 개선되었을 때(1 → 2), 수출물량이 절반으로 줄어들면서(100 → 50) 실질 GDP는 감소하게 된다(100 − 100 = 0 → 50 − 100 = −50). 그러나 수출물량 1단위로부터 벌어들이는 수입물량이 두 배로 늘어나면서(100/100 = 1 → 100/50 = 2) 무역에 의한 실질소득은 개선된다(50). 따라서 소비나 투자 등 여타 항목이 같다고 할 경우 수출입으로부터 발생하는 실질 GNI는 줄어들지 않고 기준년과 같게 된다(0 → −50 + 50 = 0).

/ 실질 GDP와 실질 GNI /

〈기준년〉	수출	수입	〈비교년〉	수출	수입
가격	1	1	가격	2	1
물량	100	100	물량	50	100
금액	100	100	금액	100	100

※ 교역조건 변화에 따른 실질무역손익(T)은 다음과 같이 구해진다.

$$T = \frac{X-M}{P} - (x-m), \ P = (P_x + P_m)/2, \ x-m = X/P_x - M/P_m$$

단, X와 M은 각각 당해년 가격 재화 및 서비스 수출입 금액

P_x와 P_m은 각각 수출 및 수입 가격지수

여기서

$X = 100, \ M = 100, \ P_x = 2, \ P_m = 1, \ P = 1.5, \ x = 50, \ m = 100$

이므로 실질무역손익

$T = 50$

실질 GDP는 (100 - 100) = 0 → (50 - 100) = -50

실질 GNI는 0 → 실질 GDP(-50) + 실질무역손익(50) = 0

NNI(Net National Income, 국민순소득)는 GNI에서 생산에 이용된 기계 등 자산가치 감소분인 고정자본소모(consumption of fixed capital)를 차감한 것이다. 생산활동에는 공장, 기계설비 등 고정자본(시설)이 필요한데 이들은 생산과정에서 마모되기 마련이며 같은 수준의 생산활동을 지속하기 위해서는 언젠가 마모 부분에 대한 지출이 이루어져야 한다. 따라서 일정 기간 중에 생산된 생산물의 순수한 가치를 평가하기 위해서는 고정자본소모만큼 조정할 필요가 있다.

NI(National Income, 국민소득)는 일국의 거주자들이 재화와 서비스의 생산과정에서 벌어들인 소득을 합친 것으로 NNI에서 간접세인 생산세 및 수입세를 차감하고 보조금을 더한 금액이다. 이는 요소비용(factor cost) 국민소득이라고도 하는데, NI가 재화와 서비스의 생산에 사용된 생산요소에 대한 지급분인 피용자보수와 영업잉여의 합계와 같아지게 되기 때문이다.

한편 국민소득은 시장가격(market prices)과 요소비용의 두 가지 가격에 의해 측정

될 수 있으며 NNI 및 NI는 각각 시장가격과 요소비용에 의해 측정한 국민소득에 해당한다. 요소비용이 시장가격에서 순생산세 및 수입세를 공제하고 정부보조금을 더한 것이기 때문이다.

NI = NNI − 생산세 및 수입세 + 정부보조금

또한 생산활동에 참여한 대가로 벌어들인 소득, 즉 본원소득(primary income)은 피용자보수, 영업잉여, 순생산세 및 수입세, 재산소득(이자, 배당소득, 임료 등)으로 구분하여 가계, 기업(비금융법인, 금융법인), 정부 등 개별 경제주체에 배분되는데 경제주체별로 벌어들인 본원소득의 합은 NNI와 같다.

국민이 소비나 저축에 사용할 수 있는 소득에는 본원소득 외에도 경제주체가 아무런 대가 없이 수취하는 경상이전도 있다.[30] 경상이전은 일국 내의 경제주체, 예를 들어 가계와 정부, 간에 일어나는 소득이전과 거주자(우리나라 국민)와 비거주자(외국인) 사이에 일어나는 소득이전이 있다. 거주자와 비거주자 간에 발생하는 소득의 이전을 반영한 것이 NDI(National Disposable Income, 국민처분가능소득)이다.

NDI는 일국의 거주자가 소비나 저축으로 자유로이 처분할 수 있는 소득으로서 거주자와 비거주자 간 소득이전이 반영된 것이다. NDI는 NNI에 거주자가 교포송금 등과 같이 생산활동과는 관계없이 비거주자로부터 받은 소득(국외수취 경상이전)을 더하고 무상원조 등 비거주자에게 지급한 소득(국외지급 경상이전)을 차감하여 산출된다.

NDI = NNI + 국외수취경상이전 − 국외지급경상이전

여기서 NDI에 고정자본소모를 더한 것을 GNDI(Gross National Disposable Income, 국민총처분가능소득)라고 하며 총저축률과 총투자율을 산출할 때 이용된다.

---

30 이전거래는 경제주체 간에 경제적 대가없이 제공되는 재화, 서비스, 금융자산, 비생산자산 등을 의미한다. 이전거래는 가처분소득 수준에 직접적으로 영향을 끼쳐 재화 및 서비스 소비에 그 영향이 파급되는 경상이전과 이외 자산과 관련된 자본이전 등으로 구분된다.

$$GNDI = NDI + 고정자본소모$$

$$= 소비 + 저축$$

$$= 소비 + 투자$$

$$총저축률(\%) = 총저축/GNDI \times 100$$

$$= (GNDI - 최종소비지출)/GNDI \times 100$$

$$총투자율(\%) = 총투자/GNDI \times 100$$

참고 I-6 ## 우리나라의 GDP와 GNI 성장률

1970년 이후 우리나라의 GDP와 GNI 실질 성장률을 살펴보면 GDP 성장률이 GNI 성장률보다 0.4%p 정도 높은 모습(1970~2022년 평균)을 보였다. GDP와 GNI 간 성장률 차이는 교역조건 변화에 따른 실질무역손익과 실질순수취요소소득의 크기에 좌우되는데 우리나라의 경우 교역조건 변화에 주로 영향을 받았다.

/ 우리나라의 GDP 및 GNI 성장률(실질기준) /

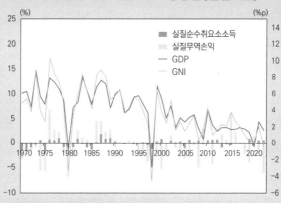

자료: 한국은행 ECOS(2023.12.1. 기준)

기간별로 다소 차이가 있지만 교역조건 악화는 실질소득에 부정적인 영향을 미쳤다. 우리나라의 교역조건은 수출입에서 비중이 높고 가격변동성이 큰 원유, 반도체 등의 가격 등락에 큰 영향을 받고 있다.

/ GDP 및 GNI 성장률 격차 요인 /

(실질기준, 연평균, %, %p)

	1970~1979	1980~1989	1990~1999	2000~2009	2010~2019
• GDP(A)	10.5	8.9	7.3	4.9	3.3
• GNI(B)	10.0	9.2	6.6	4.1	3.5
• B-A	−0.5	0.3	−0.8	−0.8	0.2
– 교역조건 변화에 따른 실질무역손익	−0.2	0.3	−0.7	−0.9	0.1
– 실질국외순수취요소소득	−0.3	0.0	−0.1	0.1	0.1

자료: 한국은행 ECOS(2023.12.1. 기준)

④ GDP와 GDP 디플레이터

　　GDP 통계는 당해년의 가격으로 평가한 명목가격 계열(당해년 가격 계열)과 어느 특정 연도의 가격으로 평가한 실질가격 계열(기준년 가격 계열)의 두 가지로 구분된다. 국민경제의 국제적 위상이 어떠한지, 산업별 생산구조가 어떻게 되어 있는지, 국민소득을 구성하는 노동, 자본 등에 대한 대가가 어떻게 변동하였는지 분석하고자 할 때에는 명목가격 계열을 주로 사용한다. 그러나 명목가격 계열은 이용이 편리하긴 하지만 국민후생 수준의 변동이 제대로 반영되지 못하는 단점이 있다. 예를 들어 전년에 이어 같은 단위의 자동차를 생산하였다고 할지라도 가격이 올라 명목금액이 오를 경우 명목 생산가액은 증가하지만 실질 생산가격은 변하지 않는다. 이러한 점을 감안하여 가격변화를 제외한 물량 변화분을 따로 파악해야 할 필요가 있는데, 이를 위해 실질가격에 의한 GDP 통계를 산출한다. 실질가격 계열을 사용할 경우 장기간에 걸친 물량수준의 변동, 즉 경제성장이나 경기변동 등 전반적인 경제활동 흐름의 분석이 가능하다. GDP 통계에서 물량변동을 측정하는 데에는 물량지수연장법, 명목금액환가법, 이중환가법 등이 자료사정이나 추계방법에 따라 혼용되고 있다.[31] 명목 GDP를 실질 GDP로 나누면 GDP 디플레이터가 도출된다.[32]

---

31 물량지수연장법은 기준연도 금액을 기준년 대비 비교년의 물량지수로 연장하는 기법이다. 이 방법은 기술구조의 변화나 상품의 질적 변화가 없다는 것을 전제로 하며 실질 최종지출액, 실질 생산액 등의 추계 시 이용된다. 명목금액환가법은 비교년의 명목금액을 적절한 가격지수로 나누어 실질금액을 산출하는 방법이다. 가격지수로는 구성항목의 특성에 따라 생산자물가지수, 소비자물가지수, 수출입물가지수 등을 사용한다. 이중환가법(double deflation method)은 주로 산업별 실질 부가가치를 추계할 때 이용되는데 명목 총산출과 명목 중간소비(투입)를 적절한 물가지수로 환가한 후 실질 총산출에서 실질 중간소비를 차감하여 실질 부가가치를 구하는 방법이다. 이때 명목 총산출과 명목 중간소비를 실질화하기 위해 물량지수연장법이나 명목금액환가법이 사용될 수 있다. 이 방법은 앞선 두 방법에 비해 기술구조나 품질의 변화가 잘 포착되는 장점이 있다.

32 GDP 디플레이터는 계절조정계열이 작성되지 않으며 원계열 전년동기비만 공표되고 있다. GDP 디플레이터의 경우 계절성이 명확하게 포착되지 않아 계절조정계열 작성이 어렵다. 우리나라 소비자물가지수나 생산자물가지수의 경우도 계절조정계열이 작성되지 않고 있다. 다

$$\text{GDP 디플레이터} = \text{명목 GDP/실질 GDP} \times 100$$

GDP 디플레이터는 생산측면에서 산업별로, 지출측면에서 각 지출항목별로 도출이 가능하다.[33] GDP 디플레이터는 국민경제 전반의 활동을 포괄하는 종합적인 물가지수로서 GDP 추계 시 이용하는 소비자물가, 생산자물가, 수출입물가, 임금, 환율 등 각종 가격지수가 종합적으로 반영되어 산출된다.[34]

생산측면에서 GDP 디플레이터는 우리나라 기업이 생산한 모든 재화 및 서비스의 부가가치 가격을 의미하는데, 이는 기업이 동일한 생산활동을 통해 얻게 되는 부가가치의 크기로 기업 채산성(수익성) 지표로 볼 수 있다. 지출측면에서는 소비, 투자 등 내수와 수출을 포괄한 최종 생산물의 가격에 수입품 가격을 차감한 것으로 이해할 수 있다. GDP 디플레이터는 각 산업의 부가가치를 통해 산출되므로 기술구조 혹은 생산성 변화에 영향을 받으며, 국내물가뿐만 아니라 수출물가도 포함하고 있기 때문에 국내물가를 판단하는 데에는 한계가 존재한다. 한편 모든 상품의 판매가격(생산측면) 또는 최종생산물의 판매가격(지출측면) 상승은 디플레이터 상승요인이며 중간투입 가격(생산측면) 또는 수입품 가격(지출측면) 상승은 디플레이터 하락요인이다.

GDP 디플레이터는 생산측면에서는 농림어업, 광업, 제조업 등 각 산업별로, 지출측면에서는 소비, 투자, 수출입 등 각 지출항목별로 공표되고 있다.

만 두 지수의 경우 원계열 전년동월비뿐만 아니라 전월비도 공표되고 있다.

33 현재 생산측면 GDP와 지출측면 GDP에 대한 실질가격 기준 추계는 가능하나 분배측면 GDP 나 저축, 이전지급 등에 대한 평가는 어렵다.

34 실질가격에 의한 GDP 평가에는 여러 제약이 있다. 대표적으로 실질가격을 이용하여 GDP를 추계하는 경우 기준연도에서 멀어질수록 상대가격이나 생산구조의 변동 등으로 인해 실질 GDP 가 현실을 반영하지 못하는 단점이 있다. 이를 해결하기 위해 실질가격에 의한 GDP 평가시 기준년 고정지수 대신 인접시점 간의 가격 및 물량 변동을 누적하여 산출하는 연쇄지수(chain index)를 주로 이용한다. 고정지수의 경우 기준년의 가격 또는 금액 가중치 등 동일한 기준에 의해 비교년의 기준년 대비 물량 변화, 전년대비 경제성장률 등을 측정하게 되는데, 비교년이 기준연도에서 멀어질 경우 해당연도의 가중치 변화, 즉 상대가격 및 물량체계의 변화가 고려되지 않는다. 이에 비해 연쇄지수의 경우 실질 GDP 추계시 전년도의 가격 또는 금액 가중치를 사용하므로 기준년이 매년 바뀌는 것과 같은 효과가 있어 산업 및 기술구조의 변화, 신상품의 등장이나 기존상품의 퇴장 등이 즉시 반영되는 장점이 있다. 우리나라의 경우 GDP 통계의 현실 반영도와 국제비교 가능성 등을 제고하기 위해 2005년 기준년 개편(2009년 3월) 시 실질 GDP 추계방법을 고정지수를 사용하는 방법에서 연쇄지수를 이용하는 방법으로 변경하였다.

> 참고 I-7 **민간소비 디플레이터와 소비자물가지수의 차이**

GDP 디플레이터의 지출항목 중 하나로 민간소비 디플레이터(PCEPI; Personal Consumption Expenditure Price Index)가 있다. 이는 명목 민간소비지출을 실질 금액으로 나눈 것이다.

이와 유사한 성격으로 가계소비에 대한 물가동향을 파악하고자 할 때 흔히 사용하는 지표가 소비자물가지수(CPI; Consumer Price Index)이다. 소비자물가지수는 일반 가구가 소비생활 유지를 위해 구입하는 각종 상품과 서비스의 가격 변동을 종합적으로 파악할 수 있도록 작성되는 물가지표이다. GDP 디플레이터는 한국은행에서 작성하고 있으나 소비자물가지수는 통계청에서 편제하고 있다. 소비자물가지수는 기준년을 100(현재 2020년 기준)으로 하여 작성되며 조사대상 상품 및 서비스의 구성과 가중치는 경제상황에 맞게 조정된다. 현재 조사대상 품목은 통계청 가계동향조사 결과에서 나타난 조사항목별 월평균 소비지출액이 총소비지출액의 1/10,000 이상인 500여 개의 상품 및 서비스 품목으로 소비자 구입가격을 기준으로 하고 있다.

가계 등의 소비에 대한 물가지수 동향을 살펴보고자 할 때 민간소비 디플레이터와 소비자물가지수 중 어느 지표를 이용하는 것이 바람직한 것인지 궁금할 수 있다. 민간소비 디플레이터는 소비자물가지수와 전반적인 흐름은 유사하지만 포괄범위나 지수산식, 용도 등에서 차이가 있으므로 이를 감안하여 살펴보아야 한다.

먼저 양 지수는 포괄하는 지역, 경제주체 등에서 차이가 있다. 민간소비 디플레이터는 지역별로 거주자의 국외소비, 경제주체별로 비영리단체의 소비 등도 포함하므로 소비자물가지수보다 포괄범위가 크다. 다음으로 소비자물가지수는 하위 품목별로 가중치가 고정(이를 '라스파이레스(Laspeyres)방식'이라고 함)[35]되어 있는 반면, 민간

---

35 현재 소비자물가지수의 경우 2020년 1월~2021년 12월 지수는 2020년 가중치를 적용하고 있다. 2022년 1월 이후 지수는 2022년 가중치를 적용하며 2020년 대비 2022년 지수를 곱하여 2020년 기준 지수로 변경한다.

　　　< 2020년 1월~2021년 12월 지수: 2020년 가중치 이용 >

$$L_{2020,\,t}^{2020=100} = \frac{\sum P_i^t Q_i^{2020}}{\sum P_i^{2020} Q_i^{2020}} \times 100 = \sum W_i^{2020}(\frac{P_i^t}{P_i^{2020}}) \times 100,$$

소비 디플레이터는 당해 기간의 가중치를 이용함으로써 가중치가 매년 변경(이를 '파쉐(Paasche)방식'이라고 함)된다. 또한 소비자물가지수의 경우 가계가 직접 지출하는 금액을 사용하므로, 예를 들어 정부의 무상교육정책으로 가계가 지출한 금액이 줄어들면 해당 물가지수가 하락하는 반면, 민간소비 디플레이터의 경우 민간소비가 감소하는 대신 정부보조 증가로 정부소비가 증가하되 민간소비 디플레이터는 변화가 거의 없다.[36] 교육과 관련한 공급자의 시장가격이 변하지 않을 경우 무상교육관련 지출은 경제 전체적으로 동일한 수준을 유지하기 때문이다.

$$W_i^{2020} = \frac{P_i^{2020} Q_i^{2020}}{\sum P_i^{2020} Q_i^{2020}}$$

단, L: 지수, P: 가격, Q: 수량, W: 가중치, t: 시점, i: 품목

<2022년 1월 이후: 2022년 가중치 이용>

$$L_{2022,\,t}^{2022=100} = \frac{\sum P_i^t Q_i^{2022}}{\sum P_i^{2022} Q_i^{2022}} \times 100 = \sum W_i^{2022}\left(\frac{P_i^t}{P_i^{2022}}\right) \times 100,$$

$$W_i^{2022} = \frac{P_i^{2022} Q_i^{2022}}{\sum P_i^{2022} Q_i^{2022}}$$

<2020년 기준년 지수>

최종적으로 2022년 가중치 이용 지수에 2020년 대비 2022년 지수를 곱하여 2020년 기준지수로 변경한다.

$$L_{2020,\,t}^{2020=100} = L_{2022,\,t}^{2022=100} \times \frac{L_{2020,\,2022}^{2020=100}}{100}$$

(통계청 보도자료 『2024년 2월 소비자물가동향』(2024.3.6.))

36 예를 들어 무상교육관련 상품과 이를 제외한 상품 두 가지 상품으로만 구성된 경제에서 각 상품의 물가수준에 변화가 없었지만 비교연도(2기)에 무상교육관련 상품이 정부보조로 무상 전환되었을 경우 소비자물가지수는 하락하게 된다. 반면 민간소비 디플레이터의 경우 비교연도의 가중치를 사용하므로 민간소비가 줄어드는 대신 정부소비가 늘어나면서 가중치가 변화하게 된다. 무상교육관련 제외분의 가중치가 90에서 100으로 변화하면서 민간소비 디플레이터도 하락하지만 기준연도(1기)의 가중치를 사용하는 소비자물가지수에 비해 하락폭이 적게 나타난다. 이때 전체 GDP 디플레이터는 변화가 없다. 한편 소비자물가지수는 월별로 편제되어 공표되고 있으므로 무상교육이 실시될 경우 12개월 동안 그 영향이 지속된다.

따라서 국내 및 국외를 포함한 가계 및 비영리단체의 소비관련 가격 변동 전체를 파악하고자 하거나 최근 확대되고 있는 해외여행 지출, 해외상품 구입, 상품 및 서비스 구입 동향 등 소비구조 변화 등을 살펴보고자 할 경우 민간소비 디플레이터를 사용하고, 소비자의 구매력과 생계비를 측정하거나 실질임금 보전을 위한 임금 인상의 기초자료로 활용하기 위해서는 소비자물가지수를 사용하는 것이 바람직하다. 소비자물가지수가 소비자가 일정한 생활수준을 유지하는 데 필요한 소득 혹은 소비 금액의 변동과 더 밀접한 관련이 있기 때문이다.

│ 소비자물가지수와 민간소비 디플레이터 │

		소비자물가지수(CPI)	민간소비 디플레이터(PCEPI)
포괄범위	지역	국내에서의 소비만 포함	국내뿐만 아니라 거주자의 국외소비도 포함
	주체	도시 가계의 소비만 포함	가계뿐만 아니라 비영리단체*의 소비도 포함 * 종교, 정당, 사회단체 등
	거래	가계의 월평균 지출액에서 비중이 큰 품목(2020년 기준 458개)	SNA 기준에 따라 민간소비로 의제하는 거래*를 포함 * 자가소유 주택에 대한 주거서비스 등
지수산식		고정 라스파이레스 방식(일정 기간 경과 후 가중치 적용연도 변경)	연쇄 파쉐 방식

│ 무상교육 실시의 물가 효과(예시) │

	상품별 물가		CPI	PCEPI
1기	110	115		
1기 가중치	무상교육관련 제외 90	무상교육관련 10	물가지수 110.5(ⓐ) (= 0.9 × 110 + 0.1 × 115)	물가지수 110.5(ⓑ) (= 0.9 × 110 + 0.1 × 115)
2기	110	0		
2기 가중치 CPI	무상교육관련 제외 90	무상교육관련 10	물가지수 99(ⓒ) (= 0.9 × 110 + 0 × 115)	
2기 가중치 PCEPI	무상교육관련 제외 100	무상교육관련 0		물가지수 110(ⓓ) (= 1 × 110)
물가상승률			ⓒ/ⓐ = −10.4%	ⓓ/ⓑ = −0.5%

재화수출입 디플레이터와 수출입물가지수의 차이

GDP 디플레이터의 지출항목 중 재화수출입 디플레이터와 매월 발표되고 있는 수출입물가지수는 유사한 성격이지만 포괄범위, 산출방식 등에서 차이가 있다.

먼저 수출입물가지수는 통관수출입 품목 중 수출입액 비중이 모집단 거래액의 1/2,000 이상이고 가격조사가 지속적으로 가능한 품목을 대상(선박, 항공기 등 제외)으로 조사하는 반면, 재화수출 디플레이터는 명목 재화수출금액을 실질 금액으로 나누어 사후적으로 산출하게 되는데 가공무역과 중계무역 등 무통관수출과 선박 등도 반영된다.

산출방식에 있어서는 수출입물가지수가 매기 가격지수(연환지수, linking factor)의 연쇄방식(기준 시점부터 해당 시점까지 연환지수곱)에 의하여 물가지수를 작성하는 반면, 재화수출입 디플레이터는 명목 재화수출입금액을 실질 금액으로 나누어 구한다. 좀 더 구체적으로 수출입물가지수의 경우 (t-3)년의 물량(산업연관표 공급표의 산출액으로부터 도출)에 (t-1, 12월) 가격을 곱한 값을 가중치로 하여 가격 변화를 산출(이를 '연쇄로우(Lowe)산식[37]'이라고 함)한다.

최근 소비자물가지수와 민간소비 디플레이터의 추이를 살펴보면 두 지수의 상승률 차이는 크지 않았으나 연별로 어떤 해는 소비자물가지수 상승률이 높고 어떤 해에는 민간소비 디플레이터 상승률이 높은 모습을 보였다. 2020년의 경우 정부의 고등학교 무상교육 및 무상급식 확대가 소비자물가지수 상승률 하락요인으로 작용하면서 차이가 다소 크게 나타났다.

∥ 최근 소비관련 물가지수 상승률 ∥

(전년동기대비, %, %p)

	2015	2016	2017	2018	2019	2020	2021	2022
CPI(A)	0.7	1.0	1.9	1.5	0.4	0.5	2.5	5.1
PCEPI(B)	0.9	1.1	1.7	1.2	0.5	1.1	2.4	4.4
A-B(%p)	-0.2	-0.1	0.2	0.3	-0.2	-0.5	0.0	0.7

자료: 한국은행 ECOS(2023.12.1. 기준)

37 라스파이레스방식이 기준연도의 상품 및 서비스 바스켓이나 가중치를 사용하고, 파쉐방식이 해당 연도(비교연도)의 바스켓이나 가중치를 이용하는 반면, 로우방식은 과거의 바스켓이나 가중치를 이용한다는 점에서는 라스파이레스방식과 같으나 라스파이레스방식과 달리 1~3년 전의 물량에 전년도 말월의 가격을 곱하는 등 바스켓이나 가중치가 업데이트된다는 점에서 차이가 있다.

〈t년도 m월 수출입물가지수를 구하기 위한 연쇄로우산식〉

t년도 m월의 연쇄가격지수($I^{t,m}$)는 기준연도(2015년일 경우)[38] 말월(12월)의 총지수 ($I^{2015,12}$)에 총지수의 단기지수비율($I^{2016,12}_{2015,12}$, $I^{2017,12}_{2016,12}$, $I^{t,m}_{t-1,12}$ 등)을 연속적으로 곱하여 작성한다. 기준연도 익년 말월의 총지수($I^{2016,12}$)는 $I^{2015,12} \times I^{2016,12}_{2015,12}$, 익익년 말월 총지수($I^{2017,12}$)는 $I^{2016,12} \times I^{2017,12}_{2016,12} = I^{2015,12} \times I^{2016,12}_{2015,12} \times I^{2017,12}_{2016,12}$ 가 된다.

$$I^{t,m} = I^{2015,12} \times I^{2016,12}_{2015,12} \times I^{2017,12}_{2016,12} \times \cdots \times I^{t,m}_{t-1,12},$$

$$I^{t,m}_{t-1,12} = \sum_{i=1}^{n} \frac{P^i_{t,m}}{P^i_{t-1,12}} \times w^i_t,$$

$$w^i_t = \frac{P^i_{t-1,12} Q^i_{t-3}}{\sum_{i=1}^{n} P^i_{t-1,12} Q^i_{t-3}}$$

단, P 및 Q는 각 품목의 가격 및 물량

재화수출입 디플레이터는 명목 재화수출입금액을 실질 금액으로 나누어 구하는데 실질기준 물량 변화 산출시 품목에 따라 명목금액환가법 또는 물량연장법 등을 사용한다. 기계류, 전기전자제품, 자동차 등의 경우 수출입금액을 수출입물가지수 등을 이용하여 실질화하는 명목금액환가법을 이용하며, 광물성 연료 및 에너지, 철강제품 등 상대적으로 품질 변화가 작은 품목들의 경우에는 통관물량 증가율을 이용하여 전년도 실질금액을 연장하는 물량연장법을 사용한다. 항공기와 같이 수출입물가지수 편제대상에서 제외되어 있고 물량연장법의 적용도 곤란한 경우에는 교역상대국의 생산자물가지수 등을 이용하여 실질화한다.

명목 재화수출입금액을 실질 금액으로 나눈 전체 재화수출입 디플레이터는 연쇄파쉐방식을 따른다. 연쇄파쉐방식의 경우 매기 가격지수(연환지수)의 연쇄방식에 의하여 지수가 작성되는 것은 수출입물가지수와 같지만 매기 지수 산출시 파쉐방식이 되는데 파쉐방식은 기준시점이 아닌 비교시점의 금액 비중을 가중치로 하여 기준시점 대비 비교시점의 가격 변화를 가중 조화평균하는 방법이다. 파쉐방식의 매기 지수 산출식은 다음과 같은 형태이다.[39, 40]

---

38 한국은행 보도자료『2024년 4월 수출입물가지수 및 무역지수(잠정)』(2024.5.14.) 공표시부터 기준연도가 2020년으로 변경되었다.

39 수출입물량, 즉 실질기준 물량 변화는 연쇄라스파레이스방식을 따라 작성되며, 이때 명목금액을 실질금액으로 나누어 구한 가격지수는 연쇄파쉐방식이 된다. 라스파레이스방식은 기준시점의 금액

비중을 가중치로 하여 기준시점 대비 비교시점의 가격이나 물량 변화를 가중평균하는 방법이다.

$$Q_{2015}^t = Q_{2015}^{2016} \times Q_{2016}^{2017} \times \cdots \times Q_{t-1}^t,$$

$$Q_{t-1}^t = \sum_{i=1}^n \frac{Q_t^i}{Q_{t-1}^i} \times w_{t-1}^i = \frac{\displaystyle\sum_{i=1}^n P_{t-1}^i Q_t^i}{\displaystyle\sum_{i=1}^n P_{t-1}^i Q_{t-1}^i},$$

$$w_{t-1}^i = \frac{P_{t-1}^i Q_{t-1}^i}{\displaystyle\sum_{i=1}^n P_{t-1}^i Q_{t-1}^i}$$

단, P 및 Q는 각 품목의 가격 및 물량

이때 t기 실질금액은 $\sum P_{2015} Q_{2015} \times Q_{2015}^t$ 가 된다.

$$\sum P_{2015} Q_{2015} \times Q_{2015}^t = \sum P_{2015} Q_{2015} \times Q_{2015}^{2016} \times Q_{2016}^{2017} \times \cdots \times Q_{t-1}^t,$$

$$= \sum P_{2015} Q_{2015} \times \frac{\sum P_{2015} Q_{2016}}{\sum P_{2015} Q_{2015}} \times \frac{\sum P_{2016} Q_{2017}}{\sum P_{2016} Q_{2016}}$$

$$\times \cdots \times \frac{\sum P_{t-2} Q_{t-1}}{\sum P_{t-2} Q_{t-2}} \times \frac{\sum P_{t-1} Q_t}{\sum P_{t-1} Q_{t-1}}$$

이는 $(t-1)$기 실질금액 $\times Q_{t-1}^t$와 같으며 따라서 실질성장률은 $(Q_{t-1}^t - 1) \times 100$이 된다.

디플레이터 I_{2015}^t 는 t기 명목금액 $\sum P_t Q_t$를 실질금액으로 나눈 것으로 다음과 같다.

$$I_{2015}^t = \frac{\sum P_t Q_t}{\sum P_{2015} Q_{2015} \times Q_{2015}^t} = \frac{1}{\sum P_{2015} Q_{2015}} \times \frac{\sum P_{2015} Q_{2015}}{\sum P_{2015} Q_{2016}}$$

$$\times \frac{\sum P_{2016} Q_{2016}}{\sum P_{2016} Q_{2017}} \times \cdots \times \frac{\sum P_{t-2} Q_{t-2}}{\sum P_{t-2} Q_{t-1}} \times \frac{\sum P_{t-1} Q_{t-1}}{\sum P_{t-1} Q_t} \times \sum P_t Q_t$$

$$= I_{2015}^{2016} \times I_{2016}^{2017} \times \cdots \times I_{t-2}^{t-1} \times I_{t-1}^t$$

여기서 $I_{t-1}^t = \dfrac{\displaystyle\sum_{i=1}^n P_t^i Q_t^i}{\displaystyle\sum_{i=1}^n P_{t-1}^i Q_t^i}$

$$I_{t-1}^{t} = \frac{\sum\limits_{i=1}^{n} P_t^i Q_t^i}{\sum\limits_{i=1}^{n} P_{t-1}^i Q_t^i}$$

한편 수출입물가지수는 계약시점의 가격을 조사하므로 통관까지 통상 평균 1~2개월 정도의 시차가 존재한다.

두 지수의 분기 흐름을 살펴보면 전반적으로 유사한 모습을 나타낸다.

∥ 재화 수출입 디플레이터와 수출입물가지수 ∥

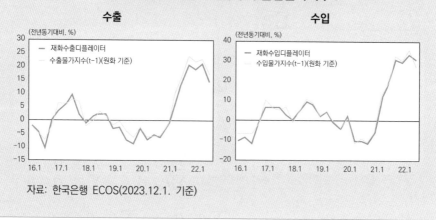

자료: 한국은행 ECOS(2023.12.1. 기준)

즉, 디플레이터는 파쇄방식 연환지수의 곱이 된다.

t년 q분기 실질금액의 경우

$$\frac{\sum P_{2015} Q_{2015}}{4} \times Q_{2015}^{t,q} = \frac{\sum P_{2015} Q_{2015} \times Q_{2015}^{2016} \times Q_{2016}^{2017} \times \cdots \times Q_{t-2}^{t-1}}{4} \times Q_{t-1}^{t,q}$$

이는 (t−1)기 실질금액/4 × $Q_{t-1}^{t,q}$와 같다.

$$\text{여기서 } Q_{t-1}^{t,q} = \frac{\sum\limits_{i=1}^{n} \overline{P_{t-1}^i} Q_{t,q}^i}{(\frac{\sum\limits_{i=1}^{n} P_{t-1}^i Q_{t-1}^i}{4})}, \quad \overline{P_{t-1}^i} = \frac{\sum\limits_{j=1}^{4} P_{t-1,j}^i Q_{t-1,j}^i}{\sum\limits_{j=1}^{4} Q_{t-1,j}^i}$$

(한국은행(2009)).

40 수출입물가지수의 경우 월 지수 작성시 특정월(12월)의 연환지수가 연결고리로 사용되지만 분기 재화수출입 디플레이터의 경우 연간 연환지수가 연결고리로 이용된다. 두 방법은 각기 장·단점이 있어 편제목적에 맞게 선택적으로 사용된다.

5 BOP의 정의

　우리나라는 다른 나라에 비해 대외활동이 경제에서 차지하는 비중이 매우 높은 국가이다. 재화 및 서비스 수출과 수입이 GDP에서 차지하는 비중이 1960년 각각 3%, 12%에 불과하였으나 2000년에는 36%, 33%, 2022년에는 둘 다 약 48%를 차지하면서 GDP의 절반 수준에 이르고 있다. 통관기준 수출과 수입 규모도 1965년 각각 2억달러, 5억달러에 불과하였으나 2020년에는 5,125억달러, 4,676억달러, 2022년에는 6,836억달러, 7,314억달러로 대외활동의 규모가 점차 확대되고 있다.[41]

/ 우리나라의 대외거래 규모 /

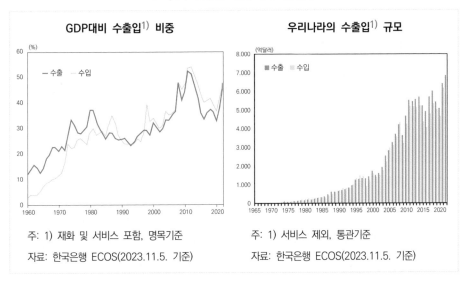

주: 1) 재화 및 서비스 포함, 명목기준
자료: 한국은행 ECOS(2023.11.5. 기준)

주: 1) 서비스 제외, 통관기준
자료: 한국은행 ECOS(2023.11.5. 기준)

　상품과 서비스의 거래뿐만 아니라 자본이동, 금융거래 등 대외거래활동을 일목요연하게 파악할 수 있는 가장 대표적인 통계가 BOP(Balance of Payment, 국제수지)이다. BOP는 우리나라의 산업활동이나 대외경제활동 분석, 통화 및 재정정책을 비롯한 금융시장, 외환시장 관련 경제정책을 수립하기 위해 자주 참고하는 아주 중요한 자료이다.

---

41 한국은행 ECOS 2023.11.15. 기준이다.

앞서 보았듯이 우리나라의 대외거래는 거래규모가 매우 클 뿐만 아니라 GDP에서 차지하는 비중도 아주 높은 편이다. 이러한 상황에서 2000년대 들어 지속되어 온 무역흑자 구조가 2022년에는 약 480억달러의 큰 폭 적자(통관기준)로 전환되고 2023년에도 100억달러 정도 적자를 기록하는 등 향후 우리 경제성장에 대한 우려가 커지고 있다. 따라서 BOP에 대한 관심과 통계 활용도는 앞으로 더 높아질 것이다.

╱ 우리나라의 무역수지[1) ╱

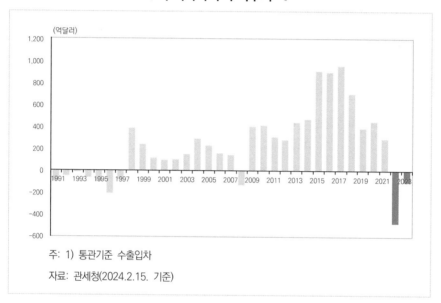

주: 1) 통관기준 수출입차
자료: 관세청(2024.2.15. 기준)

BOP 통계표인 국제수지표는 일정 기간 동안 거주자와 비거주자 간에 발생한 경제적 거래를 체계적으로 기록한 표이다(한국은행(2016, 2023)).

'일정 기간 동안'은 국제수지표가 생산되는 주기라고 할 수 있는데 대외거래 활동을 매월, 매년 등으로 구분하여 발표하는 것이 일반적이다. 또한 이는 BOP 통계가 어느 한 시점(예를 들어, 월말 혹은 연말 등)에서의 대차 상황을 기록한 잔액(stock) 통계가 아니라 일정 기간, 즉 월이나 연 중에 발생한 거래를 기록한 플로우(flow) 통계임을 의미한다. 한국은행에서는 우리나라의 BOP 통계를 매월 단위로 작성하여 공표하고 있다.

GDP와 마찬가지로 BOP에서도 '거주자와 비거주자'의 구분이 아주 중요한데, 이들의 구분은 경제주체의 거주지나 국적과 같은 지리적 영역이나 법률상의 국적보다는 경제활동에 있어 주된 경제적 이익의 중심이 어디에 있느냐를 기준으로 한다. 통상 1년 이상 어떤 나라에서 경제활동 및 거래를 수행하거나 그러한 의도가 있을 경우 주된 이익의 중심이 그 나라에 있다고 본다. 따라서 개인이 본국을 떠나 1년 미만의 기간 동안 해외에서 경제활동에 종사한 경우에는 본국의 거주자로, 해외에서 1년 이상 계속하여 종사한 경우에는 비거주자로 간주한다. 한편 가계의 주거성은 가계 구성원이 주된 거주지로 하는 국가에 거주성이 있는 것으로 본다. 예를 들어 유학생이나 의료환자의 경우 해외체류 기간이 1년 이상이라고 하더라도 가계 구성원의 주된 주거지가 우리나라일 경우 우리나라 가계의 구성원으로 남아있으므로 우리나라의 거주자로 구분한다. 기업의 경우에는 경제권 내의 한 장소에서 상당한 금액의 상품 혹은 서비스의 생산에 종사할 때 해당 영역의 거주자로 보는데, 일반적으로 법적으로 설립되고 등기된 경제권 내에 경제적 이익의 중심이 있는 것으로 간주한다. 비영리단체는 그 단체의 경제적 이익의 중심이 있는 국가 또는 경제영역의 거주자로 간주되는데, 대부분의 경우 경제적 이익의 중심은 비영리단체가 법적으로 설립되고 법적, 사회적 실체로서 공식적으로 인정 또는 등록된 국가에 있다. 일반정부는 영역 내의 정부 각 부처와 세계 곳곳에 파견되어 나가 있는 대사관, 영사관, 군사시설, 기타 공공기관 등을 포함하는데 대사관, 영사관, 군사시설 등은 소재하고 있는 경제권과 관계없이 본국의 거주자로 간주한다.[42]

'경제적 거래'는 모든 경제거래 행위가 대상이 되는데 상품, 서비스, 소득, 자본 및

---

[42] 외국환거래법상 거주자와 국제수지표상 거주자, 소득세법상 거주자는 구분 범주에 다소의 차이가 있다. 우리나라 국제수지표는 주요 기초통계자료의 하나로 외환수급통계를 사용하고 있어 실 내용상 1년 기준보다는 외국환거래법상의 거주자 기준이 적용되고 있다고 볼 수도 있다. 외국환거래법상 거주자는 대한민국에 주소 또는 거소를 둔 개인과 대한민국에 주된 사무소를 둔 법인을 말한다. 비거주자의 대한민국에 있는 지점, 출장소, 그 밖의 사무소는 법률상 대리권의 유무에 상관없이 거주자로 간주된다. 대한민국 국민은 원칙적으로 거주자이지만 외국에 있는 사업체에 근무하거나 2년 이상 체제할 목적으로 외국에 나가 있는 국민은 비거주자이며 외국에 있는 법인도 비거주자이다. 외국인은 원칙적으로 비거주자이나 대한민국에 있는 사업체에 근무하는 자 혹은 입국 후 6개월 이상 거주하는 자는 거주자로 본다. 외국정부나 UN·IOC 등과 같은 국제기구의 공무로 우리나라에 일시 체제하는 자는 비거주자이다(한국은행(2016)).

금융거래뿐만 아니라 대외원조 등 대가 없이 이루어지는 이전거래도 포함된다.

'체계적으로 기록한 표'라는 것은 복식부기(double entry system) 원칙에 의해 모든 개별거래를 동일한 금액으로 대·차 양변에 동시에 계상한다는 것으로 BOP 통계는 IMF가 국가 간 비교가 가능하도록 통계의 포괄범위, 분류, 평가 등에 관해 정해 놓은 국제수지통계 매뉴얼(BPM; Balance of Payment Manual) 따라 체계적으로 작성된다.

6 BOP의 구성

BOP 통계인 국제수지표는 크게 경상수지, 자본수지, 금융계정, 오차 및 누락 등 4개의 계정으로 구성된다. 경상수지는 다시 상품수지, 서비스수지, 본원소득수지, 이전소득수지 등으로 나누어지며, 금융계정은 직접투자, 증권투자, 파생금융상품, 기타투자 및 준비자산으로 구분된다(한국은행(2016, 2023)).

/ 국제수지표의 구성 /

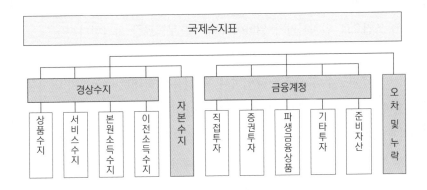

구체적으로 경상수지는 상품수지, 서비스수지, 본원소득수지, 이전소득수지 등으로 구성되는데, 먼저 상품수지는 상품 수출입과 관련된 내용을 기록한 것이다.

상품수지는 거주자와 비거주자 간의 상품 수출과 수입 거래를 기록한 것으로 소유권 변경시점에 계상하는 것을 원칙으로 하며 여러 인도 조건 중 수출국가 관세선에서의 가격인 본선인도(FOB; free on board) 조건으로 계상한다. 상품수지는 일반상품과 중계무역 순수출, 비화폐용금 등으로 구분된다.

일반상품은 우리나라의 관세선을 통과한 수출입 상품을 주된 대상으로 하는데 관세청의 통관통계 자료를 주요 기초자료로 사용한다. 이 중 관세선을 통과하더라도 소유권이 이전되지 않은 상품, 예를 들어 위·수탁 가공거래와 관련된 원재료의 반출입, 가공품 반출입 등은 제외하며, 관세선을 통과하지 않더라도 소유권이 이전된 상품, 예를 들어 가공무역, 비축유 도입 등은 포함한다.

가공무역은 거주자 소유의 원재료를 해외에서 가공하여 국내로 반입하지 않고 가공국이나 혹은 제3국으로 수출한 상품, 거주자가 해외가공을 위해 가공국 혹은 제3국에서 조달하여 가공국으로 보낸 원재료 수입액을 의미한다. 비축유 도입은 통관통계에 반영되지 않고 정유사에 판매할 때 통관수입에 반영되므로 도입 시점에 상품수지 수입에 포함하며 통관통계에 잡힐 경우 상품수지에서 이를 제외하게 된다.[43] 즉 금액은 차이가 없으나 계상시차가 존재한다.

한편 관세청 통관통계는 수출의 경우 FOB 조건으로 기록하지만 수입은 운임 및 보험료를 포함(CIF; cost, insurance and freight)한 금액 기준이므로 상품수지 계상기준인 FOB 조건으로 일치시키기 위하여 운임 및 보험료를 차감한다.[44]

중계무역 순수출은 거주자 경제권의 통관통계에 포함되지 않는 거래로 거주자가 해외에서 비거주자로부터 상품을 구입하여 동 상품을 국내로 수입하지 않고 다른 나라에 수출하는 거래이다. 상품 형태의 변경 없이 미미한 가공을 거친 상품의 판매도 중계무역에 포함되며 당사자 간 합의된 거래가격으로 기록한다. 중계무역을 위한 물품 구입과 판매의 차이를 중계무역 순수출로 계상하는데 여기에는 중계무역업자의 마진, 보유이익 및 손실 등이 포함되며 손실로 인해 경우에 따라서는 마이너스(−)로 나타날 수도 있다.

비화폐용금은 통화당국이 준비자산으로 보유하고 있는 화폐용금을 제외한 모든 금수출입 거래를 포함한다.

---

43 이는 서베이 자료를 활용하여 편제한다.

44 관세청과 한국은행은 각각의 국제기준에 따라 통계를 작성·공표하고 있다. 관세청은 UN 통계위에서 마련한 국제상품무역통계 기준에 따라 무역수지 통계를 작성하며, 한국은행은 IMF의 국제수지 매뉴얼에 따라 상품수지 통계를 편제한다.

국제수지표상 상품수지와 관세청 통관통계의 차이

관세청 통관기준 수출·수입은 상품의 국경(관세선) 통과 기준인 반면, 국제수지 기준 수출·수입은 소유권 변경 기준으로 국제수지표상 상품수지와 관세청 통관통계 는 크게 다음과 같은 차이가 있다(한국은행(2016, 2023)).

먼저 소유권 변경 기준과 관련하여 국제수지기준 수출입은 통관수출입에 선박 수 출 등의 소유권 시점 조정, 가공무역 및 중계무역순수출 등이 반영된다.

소유권 시점 조정은 수출입 신고서 수리일 기준의 통관통계를 국제수지 편제기준 인 소유권 변경 시점으로 조정하는 것으로, 대부분의 상품은 통관시점을 소유권 변경 시점으로 간주하고 있으나, 통관신고 시점과 소유권 이전 시기가 큰 차이를 보이는 선박 등의 경우 통관통계를 사용하지 않고 외환전산망 자료 등을 이용하여 건조진행 기준(work-in-progress)으로 계상하고 있다. 즉 외환전산망의 분할영수금액을 이 용하여 영수된 금액만큼 소유권이 이전(수출금액 증가)된 것으로 보며 통관시점에서 는 선박 총금액을 통관통계에서 차감한다.

가공무역의 경우 위·수탁 가공거래와 관련된 원재료의 반출입, 가공품 반출입 등 은 통관통계에 포착되지만 이를 수출입 통계에서 제외하며, 거주자 소유의 원재료를 해외에서 가공하여 국내로 반입하지 않고 가공국이나 혹은 제3국으로 수출한 상품 금액, 거주자가 해외가공을 위해 가공국 혹은 제3국에서 조달하여 가공국으로 보낸 원재료 수입 금액[45]은 외환전산망 자료, 서베이 자료 등을 이용하여 상품수출입에 포 함한다. 중계무역 순수출 금액도 외환전산망 자료, 서베이 자료 등을 이용하여 상품 수지에 추가한다.

또한 통관기준 수입이 운임 및 보험료 포함(CIF) 기준인 반면, 국제수지기준 수입은 운임 및 보험료가 제외된 본선인도(FOB) 기준으로 작성되므로 통관기준 수입에서 운임 및 보험료를 차감하여 상품수지에 계상한다. 이는 서비스수지로 경상수지에 반영된다.

통상 통관기준 무역수지(수출입차)에 비해 상품수지가 더 크게 나타나는데 그 차 이는 최근 월 20~60억달러 정도이다.

---

45 이들 금액은 통관통계에 포함되어 있지 않다.

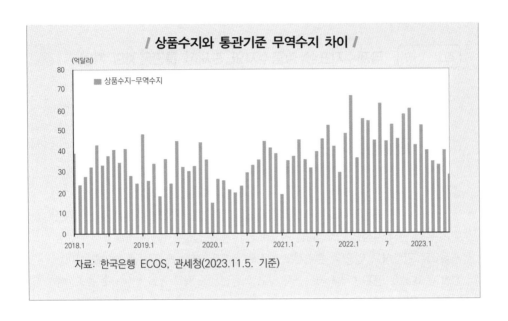

자료: 한국은행 ECOS, 관세청(2023.11.5. 기준)

서비스수지는 운송, 여행, 건설 등 서비스거래와 관련된 수입(收入)·지급(支給) 내용을 포괄한다.[46] 서비스수지는 가공서비스, 운송, 여행, 건설, 보험서비스, 금융서비스, 통신·컴퓨터·정보서비스, 지식재산권사용료, 유지보수서비스, 연구개발·전문 및 경영컨설팅·기술 및 무역 서비스 등 기타사업서비스, 개인·문화·여가서비스, 정부서비스 등으로 구분된다.

주요 항목으로 운송서비스는 선박, 항공기 등 모든 종류의 운송수단을 이용하여 거주자와 비거주자 간에 거래되는 수입(收入) 및 지급(支給) 서비스를 계상하는데 여객, 화물 및 기타운송서비스로 세분된다. 운송서비스는 교통편에 따라 해상운송, 항공운송, 우편및상업송달서비스로도 구분된다.

여행서비스의 경우 여행 수입(收入)은 비거주자가 해당 경제권을 방문하는 동안 본인이 사용하거나 혹은 선물을 할 목적으로 취득한 상품과 서비스인 숙박, 음식, 음료, 오락 및 기념품 구입 등을 포함하며, 여행 지급(支給)은 거주자가 다른 경제권을 방문하는 동안 본인 사용 또는 선물 목적으로 취득한 상품과 서비스를 계상한다. 유

---

46 서비스 수출(輸出) 및 수입(輸入)으로 표시하기도 한다.

학이나 연수와 관련된 상품 및 서비스도 포함되는데, 예를 들어 미국에 학위 취득을 위하여 유학을 갈 경우 해당자가 경제적 이익 측면에서 미국에 1년 이상 머무르더라도 우리나라에 있는 가계의 구성원으로서 거주자로 간주되기 때문이다. 여행수지는 일반여행과 유학및연수로 크게 구분된다.

건설은 시공, 개조, 수리, 건물확장, 토지개선, 도로·댐·교량 등의 건설을 포함하며 크게 해외건설과 국내건설로 구분된다. 해외건설 수입(收入)의 경우 비거주자를 위한 거주자인 건설기업의 건설서비스 수취 대금을, 지급(支給)의 경우 건설활동이 이루어지는 비거주자 경제권에 대하여 거주자가 지급한 건설서비스 대금을 계상한다. 국내건설과 관련하여서는 수입(收入)의 경우 건설활동이 이루어지는 국내경제권, 즉 우리나라에서 비거주자인 건설기업으로부터 거주자가 취득한 건설서비스 대금을, 지급(支給)의 경우 거주자를 위한 비거주자 건설기업의 건설서비스, 즉 국내건설에 대해 거주자가 비거주자 건설기업에게 지불하는 공사대금을 계상한다.

본원소득수지는 거주자와 비거주자 간에 발생하는 급료 및 임금, 투자소득의 수입 (收入) 및 지급(支給)을 나타낸다. 먼저 급료 및 임금과 관련하여 수입은 거주자인 자국인이 해외에서 1년 미만인 단기 취업을 통하여 비거주자로부터 받는 보수를 말하며, 지급은 국내에 단기로 취업한 비거주자인 외국인이 거주자로부터 받는 보수이다. 1년 이상일 경우 자국인은 해외 해당 경제권의 거주자로 취급, 즉 우리에게는 비거주자로 간주되어 급료 및 임금을 받을 경우 비거주자 간 거래가 되기 때문에 국제수지표에 계상되지 않는다. 마찬가지로 국내에 취업한 외국인 근로자의 급료 및 임금 수입도 외국인 경제주체가 우리나라의 거주자로 간주되므로 거주자 간 거래가 되어 제외된다. 1년 이상 해외에서 일하고 있는 자국인이 수취한 급료 및 임금의 일부를 국내로 송금할 경우 이는 근로자 송금으로 분류되어 이전소득수지에 계상된다.[47]

투자소득수지는 대외 금융자산 및 부채의 보유에 의해 발생하는 배당금, 이자 등

---

47 대사관·영사관·군사기지 등은 소재 경제권에서 비거주자로 간주되기 때문에 이들 기관의 현지채용 직원의 보수는 거주자와 비거주자 간 거래가 되어 국제수지표에 반영된다. 예를 들어 국내주둔 미군기지에서 일하는 한국인 근로자들이 미군으로부터 받는 보수는 급료 및 임금 수입이 된다.

의 수입(收入)과 지급(支給)을 계상하는데 투자 형태에 따라 직접투자소득, 증권투자소득, 기타투자소득 등으로 구분된다. 이는 배당 및 이자소득으로 나누어질 수 있다.

이전거래는 거주자가 비거주자에게 경제적 대가 없이 제공한 상품, 서비스, 금융자산, 비생산자산 등에 대한 거래를 나타낸 것으로 경상이전과 자본이전으로 나누어진다. 이전소득수지에는 경상이전만 계상되는데,[48] 가처분소득 수준에 직접적으로 영향을 주고 상품 및 서비스 소비에 그 영향이 파급되는 근로자송금, 식량이나 의약품 등의 무상원조가 포함된다. 이전소득수지는 일반정부이전과 기타부문이전으로 구분된다.

자본수지(capital account)는 자본이전(capital transfers)과 비생산·비금융자산의 취득 및 처분(acquisitions and disposals of noproduced, nonfinancial assets)을 기록한다. 자본이전은 소유권의 무상이전, 거래 상대방의 자산 취득이나 처분 관련 현금이전, 채권자에 의한 채무면제 등을 포함한다. 비생산·비금융자산의 취득 및 처분은 상표권, 영업권, 독점판매권 등이나 임차권 또는 기타 양도 가능한 계약의 성격을 띤 무형자산의 취득, 처분을 계상한다.

다음으로 금융계정(financial accounts)은 직접투자, 증권투자, 파생금융상품, 기타투자 및 준비자산 등으로 구성된다.

먼저 직접투자(direct investment)는 직접투자관계(foreign direct investment rela－tionship)[49]에 있는 투자자와 투자 대상인 기업(투자기업) 간에 일어나는 대외거래를 계상하는데, 자산 항목에는 국내 금융기업 및 기관의 해외 직접투자기업에 대한 투자를, 부채 항목에는 외국인의 국내 직접투자기업에 대한 투자를 기록한다. 자산 및 부채 항목은 각각 주식, 수익재투자, 채무상품 등으로 구분된다. 주식은 투자자와 투자기업 간 지분투자, 현물출자분, 부동산 취득 등을 기록한 것이며, 수익재투자는 투

---

48 자본이전은 자본수지 항목에 따로 기록된다.

49 투자자가 투자기업의 경영에 대해 통제 혹은 상당한 영향력을 행사할 수 있는 경우 직접투자관계에 있다고 간주한다. 구체적으로 투자기업에 대해 10% 이상의 의결권을 보유하는 일차적 직접투자관계, 연쇄출자 등을 통하여 간접적으로 영향력을 행사할 수 있는 직접투자관계 사슬(a chain of direct investment relationships), 모기업을 공유하지만 상호 간에 직접투자관계를 맺고는 있지 않은 동료기업(fellow enterprises) 관계 등이 직접투자관계의 범위에 포함된다.

자기업의 순영업잉여에서 투자자에 대한 배당금을 차감한 금액을 계상한 것이다.[50] 채무상품은 투자자와 투자기업 간 대출 및 차입, 무역신용, 채무증권 거래금액 등을 반영한 것이다.

증권투자(portfolio investment)는 거주자와 비거주자 간에 일어나는 주식, 부채성증권 거래를 계상한다. 이때 직접투자 혹은 준비자산에 해당되는 주식이나 부채성증권에 대한 거래는 제외된다. 자산은 내국인의 해외증권투자를, 부채는 외국인의 국내증권투자를 기록한다. 증권투자는 주식과 채권으로 크게 나누어지는데, 주식은 지분 취득이나 주식예탁증서(depository receipts) 등을 포함하며, 부채성증권은 중장기채, 단기채 등을 주요 대상으로 한다. 증권투자는 자산 및 부채 항목에 대하여 각각 투자 주체 및 증권발행 주체에 따라 중앙은행, 일반정부, 예금취급기관, 기타금융기관 및 비금융기업 등 기타부문의 네 가지 하위 범주로 구분될 수도 있다.

파생금융상품(financial derivatives)은 그 가치가 금융상품, 실물상품, 지표 또는 신용 등 다양한 기초자산의 가치변동에 의해 결정되는 금융상품으로 이를 통하여 거주자와 비거주자 간에 거래한 이자율위험, 환위험, 주식 및 상품가격 위험, 신용위험 등을 계상한다. 자산은 파생금융상품으로 실현·청산된 이익(−)과 옵션 매입에 따른 프리미엄 지급(+)의 합으로, 부채는 실현·청산된 손실(−)과 옵션 매도에 따른 프리미엄 수취(+)의 합으로 산출된다. 파생금융상품은 형태별로는 선도형과 옵션형으로, 거래 주체별로는 중앙은행, 일반정부, 예금취급기관, 기타금융기관 및 비금융기업 등 기타부문으로 나누어진다.

기타투자(other investment)는 직접투자, 증권투자, 파생금융상품 및 준비자산에 포함되지 않는 모든 거래를 계상하는 항목으로 무역신용, 대출·차입, 현금 및 예금, 기타지분, 특별인출권, 기타자산, 기타부채 등으로 구분된다. 무역신용은 재화·서비스 거래와 관련된 공급자 및 구매자 간 직접적인 신용공여에 따른 채권·채무나 거래 관련 선급금에 의한채권·채무 등을 계상한다. 대출은 채권자가 채무자에게 직접적으로 자금을 빌려줄 때 발생하며, 차입은 이와 반대 방향으로 이루어지는 거주자와

---

50 배당금은 직접투자소득으로 본원소득수지에 계상된다.

비거주자 간 거래이다. 현금은 일반적 지급수단으로 통용되는 지폐 및 주화이며, 예금은 예금증서의 형태를 가지는 중앙은행, 예금취급기관 등에 대한 모든 채권을 포함한다. 기타투자도 거래 주체에 따라 중앙은행, 일반정부, 예금취급기관, 기타금융기관 및 비금융기업 등 기타부문으로 구분될 수 있다.

준비자산은 통화당국이 국제수지 불균형 보전, 외환시장 안정 및 자국통화와 경제에 대한 신인도 유지 등을 위해 언제든지 사용 가능하며 통제가 가능한 외화표시 대외자산을 말한다. 준비자산은 유가증권, 외화예치금, 금 및 SDR 보유, IMF 포지션 등으로 구성된다.

끝으로 오차 및 누락은 국제수지표를 작성하는 데 이용하는 기초통계 간의 계상시점 및 평가방법상 차이, 기초통계 자체 오류, 통계작성 과정상 보고 잘못이나 누락 등으로 인해 경상수지 및 자본수지의 합계와 금융계정 금액이 같지 않을 경우 이를 조정하기 위한 항목이다.[51]

---

51 경상수지와 자본수지의 합이 금융계정보다 클 경우 오차 및 누락은 陰(－)이 되며, 작을 경우 陽(＋)이 된다.

/ 국제수지표의 세부 구성 항목 /

Ⅰ. 경상수지	Ⅲ. 금융계정
1. 상품수지	1. 직접투자
1.1. 일반상품	1.1. 직접투자(자산)
1.2. 중계무역순수출	1.1.1. 주식
1.3. 비화폐용금	1.1.2. 수익재투자
2. 서비스수지	1.1.3. 채무상품
2.1. 가공서비스	1.2. 직접투자(부채)
2.2. 운송	1.2.1. 주식
2.3. 여행	1.2.2. 수익재투자
2.4. 건설	1.2.3. 채무상품
2.5. 보험서비스	2. 증권투자
2.6. 금융서비스	2.1. 증권투자(자산)
2.7. 통신,컴퓨터,정보서비스	2.1.1. 주식
2.8. 지식재산권사용료	2.1.2. 부채성증권
2.9. 유지보수서비스	2.1.2.1. 장기증권
2.10. 기타사업서비스	2.1.2.2. 단기증권
2.10.1. 연구개발서비스	2.2. 증권투자(부채)
2.10.2. 전문, 경영컨설팅서비스	2.2.1. 주식
2.10.3. 기술, 무역, 기타사업서비스	2.2.2. 부채성증권
2.11. 개인, 문화, 여가서비스	2.2.2.1. 장기증권
2.12. 정부서비스	2.2.2.2. 단기증권
3. 본원소득수지	3. 파생금융상품
3.1. 급료 및 임금	3.1. 파생금융상품(자산)
3.2. 투자소득	3.2. 파생금융상품(부채)
3.2.1. 직접투자소득	4. 기타투자
3.2.1.1. 직접투자배당	4.1. 기타투자(자산)
3.2.1.2. 직접투자이자	4.1.1. 무역신용
3.2.2. 증권투자소득	4.1.1.1. 장기무역신용
3.2.2.1. 증권투자배당	4.1.1.2. 단기무역신용
3.2.2.2. 증권투자이자	4.1.2. 대출
3.2.3. 기타투자소득	4.1.2.1. 장기대출
4. 이전소득수지	4.1.2.2. 단기대출
4.1. 일반정부	4.1.3. 현금 및 예금
4.2. 기타부문	4.1.4. 기타자산
4.2.1. 개인이전	4.1.5. 기타지분
4.2.2. 기타경상이전	4.2. 기타투자(부채)
	4.2.1. 무역신용
	4.2.1.1. 장기무역신용
	4.2.1.2. 단기무역신용
	4.2.2. 차입
	4.2.2.1. 장기차입
	4.2.2.2. 단기차입
	4.2.3. 현금 및 예금
	4.2.4. 기타부채
	4.2.5. 기타지분
	4.2.6. 특별인출권
	5. 준비자산
Ⅱ. 자본수지	Ⅳ. 오차 및 누락
1. 자본이전	
2. 비생산·비금융자산	

주: 경상수지 + 자본수지 + 오차 및 누락 = 금융계정

국제수지와 통화량

　국제수지표상의 경상수지, 자본수지 및 금융계정 등은 거래의 형태에 따라 직접적 혹은 간접적으로 통화량에 영향을 미치게 된다. M2는 현금과 예금취급기관의 결제성예금의 합인 M1에 예금취급기관의 각종 저축성예금, 시장형 금융상품, 실적배당형 금융상품, 금융채, 거주자외화예금 등을 더한 것인데, 거주자와 비거주자 간 대외거래가 발생할 경우 통화공급 경로상 국외부문을 통하여 통화량에 변화를 초래한다. 상품이나 서비스 수출 등으로 외화가 국내로 유입되면 이를 국내에서 사용하기 위해 은행에서 원화로 환전하는 과정에서 그에 상응하는 금액의 통화가 시중에 공급되며, 수입의 경우에는 원화를 외화로 바꾸는 과정에서 원화가 은행으로 환수되어 그만큼 통화공급이 줄어들게 된다. 통화량은 예금취급기관과 중앙정부를 제외한 민간보유 금융자산을 의미하므로 외환거래가 민간 금융자산의 변동을 초래할 경우에만 통화량 증감요인으로 작용한다.[52] 즉 민간보유 금융자산에 변화를 주지 않는 예금취급기관과 외국인 간 거래는 통화량 증감과 무관하다.

　거주자와 비거주자 간 대외거래가 국제수지와 통화량에 미치는 영향을 살펴보면 다음과 같다.

　먼저 상품수출로 가계 혹은 기업이 외화를 획득하여 이를 금융기관에 예치하게 되면 경상수지가 증가할 뿐만 아니라 통화량도 늘어나게 된다.[53]

---

52 통화보유주체에는 일반적으로 예금취급기관과 중앙정부를 제외한 모든 거주자 단위가 포함된다. 가계(민간비영리단체 포함), 공공 및 기타 비금융기업, 예금취급기관을 제외한 기타금융기관, 중앙정부 이외의 정부 등이 이에 해당된다. 중앙정부와 비거주자는 통화보유주체에 해당되지 않기 때문에 이들이 보유한 금융상품은 통화에 포함되지 않는다. 다만 현금의 경우 그 양이 상대적으로 적고 중앙정부와 비거주자의 보유액을 측정하기 쉽지 않다는 점을 감안하여 전액 거주자의 통화에 포함하고 있다.

53 통화지표는 예금취급기관 개관표로부터 도출된다. 먼저 한국은행, 예금은행 및 비은행 예금취급기관의 대차대조표를 합산한 다음 자산 및 부채 항목을 금융상품별 및 거래주체별로 구분하여 예금취급기관의 연결대차대조표를 작성한다. 예금취급기관 연결대차대조표의 자산항목은 국내신용과 국외자산, 기타자산으로 나누어진다. 국내신용은 중앙정부, 지방정부, 사회보장기구, 기업부문, 가계부문, 기타금융기관 등으로 세분된다. 부채항목은 현금통화, 요구불예금, 수시입출식저축성예금, 정기예적금, 수익증권, 금전신탁, 금융채, 차입금 등과 자본계정, 대중앙정부부채, 국외부채, 기타부채 등으로 나누어진다. 여기서 중앙정부와 비거주자는 통화보유주체에 해당되

예시) 상품수출로 외화수입이 100달러 증가하였을 경우. 단, 환율은 1달러당 1,000
  원으로 가정

국제수지표		예금취급기관 개관표 (증감기준)	
경상수지	100달러	M2	100,000원
상품수지	100달러	결제성예금	100,000원
상품수출	100달러		
		국외자산(순)	100,000원
금융계정	100달러	국외자산	100,000원
금융자산	100달러	국외부채	0원
기타투자자산	100달러		
현금및예금	100달러		

　해외여행으로 원화를 외화로 환전하여 관광 관련 지출을 하였을 경우 경상수지가
줄어들고 통화량도 감소한다.

예시) 해외여행으로 외화지출이 50달러 증가하였을 경우. 단, 환율은 1달러당
  1,000원으로 가정

국제수지표		예금취급기관 개관표 (증감기준)	
경상수지	△50달러	M2	△50,000원
서비스수지	△50달러	결제성예금	△50,000원
서비스지급	50달러		
		국외자산(순)	△50,000원
금융계정	△50달러	국외자산	0원
금융자산	△50달러	국외부채	50,000원
기타투자자산	△50달러		
현금및예금	△50달러		

지 않으므로 예금취급기관 연결대차대조표의 부채 항목 중 대중앙정부부채와 국외부채를 자산 항
목으로 옮긴 후(이는 자산항목에 중앙정부신용(순)과 국외자산(순)으로 나타남) 자산을 경제주체
별로, 부채를 금융상품별로 구분하면 예금취급기관 개관표가 만들어진다. 예금취급기관 개관표의
금융상품을 각 통화지표 포함 범위에 맞게 분류하면 M1 및 M2가 된다.

외국인이 국내 주식투자를 위해 외화를 원화로 환전하고 이 대금으로 주식시장에서 주식을 매입하였을 경우 국제수지표상 증권투자 부채(외국인주식투자) 및 기타투자 자산(현금 및 예금)이 늘어나고 민간의 주식매도자금만큼 통화량도 증가하게 된다.[54]

예시) 외국인의 국내 주식투자로 외화수입이 200달러 증가하였을 경우. 단, 환율은 1달러당 1,000원으로 가정

국제수지표		예금취급기관 개관표 (증감기준)	
경상수지	0달러	M2	200,000원
		결제성예금	200,000원
금융계정	0달러		
금융부채	200달러	국외자산(순)	200,000원
증권투자부채	200달러	국외자산	200,000원
외국인주식투자	200달러	국외부채	0원
금융자산	200달러		
기타투자자산	200달러		
현금및예금	200달러		

/ 예금취급기관 개관표의 구성 /

자산	부채
국내신용	M2
중앙정부(순)	현금통화
지방정부	결제성예금
사회보장기구	2년 미만 정기예적금
기업부문	수익증권
가계부문	2년 미만 금전신탁
기타금융기관	2년 미만 금융채
국외자산(순)	⋮
	⋮
	M2 제외 상품
	차입금 등
	자본계정
	기타(순)
	통합조정(순)

54 거래시차, 기초자료, 통계지표 편제 방법의 차이 등으로 국제수지표와 통화관련 통계의 작성에 차이가 발생할 수 있다.

이때 외국인이 은행 등 예금취급기관이 보유하고 있는 주식이나 채권을 매입하였을 경우에는 통화량은 변화가 없다. 예를 들어 외국인이 국내은행으로부터 보유 국채를 매입하였을 경우 국제수지표상 증권투자 부채(외국인채권투자) 및 기타투자 자산(현금 및 예금)이 늘어나지만, 통화통계상 은행은 매도한 국채 대신 외화자산을 취득하게 되어 은행의 자산구성만 바뀔 뿐 통화량에 영향을 주지는 않는다.

예시) 외국인의 거주자 은행 보유 채권투자로 외화수입이 150달러 증가하였을 경우. 단, 환율은 1달러당 1,000원으로 가정

국제수지표		예금취급기관 개관표 (증감기준)	
경상수지	0달러	M2	0원
		결제성예금	0원
금융계정	0달러		
금융부채	150달러	국내신용	△150,000원
증권투자부채	150달러	중앙정부(순)	△150,000원
외국인채권투자	150달러		
금융자산	150달러	국외자산(순)	150,000원
기타투자자산	150달러	국외자산	150,000원
현금및예금	150달러	국외부채	0원

거주자인 은행이 비거주자 금융기관으로부터 뱅크론을 도입하였을 경우 국제수지표상 기타투자 부채(차입) 및 기타투자 자산(현금 및 예금)이 늘어나지만 은행의 외화자산과 외화부채가 동시에 늘어나면서 통화량에는 영향이 없다.

예시) 거주자 은행의 뱅크론 도입으로 외화수입이 50달러 증가하였을 경우. 단, 환율은 1달러당 1,000원으로 가정

국제수지표		예금취급기관 개관표 (증감기준)	
경상수지	0달러	M2	0원
		결제성예금	0원
금융계정	0달러		
금융부채	50달러	국외자산(순)	0원
기타투자부채	50달러	국외자산	50,000원
차입	50달러	국외부채	50,000원
금융자산	50달러		
기타투자자산	50달러		
현금및예금	50달러		

해외주식의 주가 상승 기대로 거주자가 원화를 외화로 환전하여 해외주식에 투자할 경우 국제수지표상 증권투자 자산(내국인 해외채권투자)이 늘어나고 기타투자 자산(현금 및 예금)이 줄어드는 한편 통화량도 줄어들게 된다.

예시) 거주자 개인의 해외주식투자로 외화지출이 50달러 증가하였을 경우. 단, 환율은 1달러당 1,000원으로 가정

국제수지표		예금취급기관 개관표 (증감기준)	
경상수지	0달러	M2	△50,000원
		결제성예금	△50,000원
금융계정	0달러		
금융자산	50달러	국외자산(순)	△50,000원
증권투자자산	50달러	국외자산	0원
내국인주식투자	50달러	국외부채	50,000원
기타투자자산	△50달러		
현금및예금	△50달러		

만약 해외증권 수익 증가에 대응하여 은행 등 예금취급기관이 보유외화를 해외주식 구입에 사용하는 경우 거주자 개인의 해외주식투자와 마찬가지로 국제수지표상 증권투자 자산(내국인 주식투자)이 늘어나고 기타투자 자산(현금 및 예금)은 줄어들게 되지만, 은행의 외화자산이 감소하는 대신 보유 해외증권이 증가하여 해외부문 자체에서 영향력이 소멸되므로 통화량에는 변화가 없다.

예시) 거주자 은행의 해외주식투자로 외화지출이 100달러 증가하였을 경우. 단, 환율은 1달러당 1,000원으로 가정

국제수지표		예금취급기관 개관표 (증감기준)	
경상수지	0달러	M2	0원
		결제성예금	0원
금융계정	0달러		
금융자산	100달러	국외자산(순)	0원
증권투자자산	100달러	국외자산	0원
내국인주식투자	100달러	국외부채	0원
기타투자자산	△100달러		
현금및예금	△100달러		

이를 종합해 보면 다음과 같이 정리할 수 있다.

/ 국제수지표상 외화유출입과 통화량과의 관계 /

주요 거래 형태		통화량	비고
경상거래 흑자		증가	국외자산 증가, M2 증가
경상거래 적자		감소	국외자산 감소, M2 감소
자본거래	외국인의 민간보유 유가증권 매입	증가	국외자산 증가, M2 증가
	내국인의 해외 유가증권 매입	감소	국외자산 감소, M2 감소
	외국인의 국내 예금취급기관 보유 유가증권 매입 / 국채	변화 없음	국외자산 증가, 국내자산 감소
	외국인의 국내 예금취급기관 보유 유가증권 매입 / 통안채	변화 없음	국외자산 증가, 국내자산 감소
	거주자 예금취급기관의 해외 유가증권 매입	변화 없음	국외자산 증가 및 감소가 상쇄
	거주자 예금취급기관의 외화차입	변화 없음	국외자산 증가, 국외부채 증가

이처럼 국제수지표와 통화통계 간에는 밀접한 관계가 있으나 실제로는 국제수지표의 금융계정에서 예금취급기관 거래만을 따로 구분할 수 없는 데다, 대외거래대금을 국내 금융기관에 예치하지 않고 국외 금융기관에 예치하는 경우도 많으며, 국제수지표와 통화통계의 편제방법상 차이 등도 있어 국제수지표와 통화통계의 국외부문을 통한 통화공급을 하나하나 연결하여 분석하기는 어렵다. 또한 국제수지표는 플로우(flow) 통계이면서 달러화 기준으로 작성되고, 통화통계는 스톡(stock) 통계인 데다 원화 기준으로 작성되는 점도 차이 요인으로 작용한다.

참고로 과거에는 국제수지표상 상품 및 서비스, 자본 이동과 통화량의 관계가 좀더 직관적이었다. 예를 들어 1997년 11월 한국은행 조사통계월보에 수록된 『1996년 국제수지동향(잠정)』의 국제수지표는 다음과 같다.

/ 1996년 국제수지(잠정) 요약표 /

(백만달러, %)

	1994	1995	1996[P]
A. 경상수지	-4,530.8	-8,947.6	-23,716.0
1. 무역수지	-3,145.3	-4,746.6	-15,277.8
수출(FOB)	93,676.4	123,202.5	128,250.1
	(15.7)	(31.5)	(4.1)
수입(FOB)	96,821.7	127,949.1	143,527.9
	(22.4)	(32.1)	(12.2)
2. 무역외수지	-1,989.2	-3,640.4	-7,682.6
수입	22,551.2	29,864.3	30,648.6
	(23.5)	(32.4)	(2.6)
지급	24,540.4	33,504.7	38,331.2
	(21.4)	(36.5)	(14.4)
3. 이전수지	603.7	-560.6	-755.6
B. 자본도입(부채)	13,439.4	19,989.9	26,316.3
C. 자본도입(자산)	4,414.5	6,570.9	2,516.7
D. 오차 및 누락	-1,672.4	-1,473.2	749.9
E. 종합수지(A+B-C+D)	2,821.7	3,034.4	-5,737.2
F. 금융계정	-2,821.7	-3,034.4	5,737.2
1. 부채	8,116.2	14,898.3	16,811.7
2. 자산(증:(-))	-10,937.9	-17,932.7	-11,074.5
〈외환보유액 증(-)감〉	-5,410.4	-7,039.3	-525.1

주: ( ) 내는 전년동기대비 증감률(%)
자료: 한국은행

여기서 자본도입(부채)과 자본유출(자산)은 중앙은행과 예금취급기관 등 통화금융기관의 대외자본거래를 제외한 것이다. 통화금융기관의 대외자산과 부채 증감 내역은 금융계정에 나타난다. 이 표에서 경상수지와 자본도입(부채), 자본유출(자산), 오차 및 누락의 합을 종합수지라고 하며, 이는 해외부문을 통한 통화 공급량 흐름(국외순자산 변화)과 밀접한 관계가 있다.

---

55 우리나라의 국제수지표는 1958년 이래 IMF의 국제수지 편제기준에 의거하여 작성되어 왔으며 1979년부터는 IMF가 1977년에 발간한 BPM4에 따라 작성하였다.

56 국제수지표의 기본구조가 경상계정, 자본계정, 금융계정에서 경상계정, 자본계정, 준비자산증

이 표는 IMF 국제수지 편제 매뉴얼(Balance of Payments Manual) 제4판 (BPM4)에 따른 것이다.[55] IMF는 1980년대 후반 이후의 전세계적인 금융 및 자본 시장의 국제화, 자유화와 그에 따른 대외거래 및 국제유동성의 변화 등을 반영하여 1993년 9월 편제 매뉴얼 제5판(BPM5)을 개정·발간하였다. 우리나라도 1997년 국제수지부터 이에 의거하여 통계를 작성, 공표하였다(김인섭 등(1998)).[56] 현재는 2010년 발표된 편제 매뉴얼 제6판(BPM6)을 편제 기준으로 사용하고 있다.

감으로 변경되었다. 예금은행 대외자본거래의 경우 개편 전에는 수출입과 관련된 외환 과부족 (過不足)의 보전거래 성격이 강했기 때문에 금융계정에 계상하였으나, 점차 예금은행의 이익 극대화를 위한 자율적인 외화조달 및 운용이 확대됨에 따라 이를 자본계정에 계상하고 금융 계정은 삭제하였다. 또한 각종 대외거래의 결과 발생한 통화당국의 외환보유액 증감은 준비자 산 증감으로 기록하였다. 한편 개편 이전에는 자본유출과 도입을 장기 및 단기로 나누어 장기 자본수지와 단기자본수지로도 편제하였다. 그러나 국제자본의 유동성이 증가하면서 국제자본 의 장·단기거래 구분의 의미가 퇴색됨에 따라 현재와 유사한 투자수지(직접투자, 증권투자 (파생금융상품 포함), 기타투자)와 기타자본수지(자본이전 등)로 나누게 되었다(한국은행, 1998). 현재는 경상수지, 자본수지, 금융계정(준비자산 증감 포함)으로 구분되고 있다. 이전 자본계정의 기타자본수지는 현 자본수지에 대응되고, 자본계정상 투자수지와 준비자산증감은 현 금융계정에 해당된다.

/ BPM5에 의한 우리나라 국제수지의 개편 전과 후 /

BPM5에 의한 개편 전과 후		현행 BPM6
개편 전	개편 후	
• 경상계정 　– 무역수지 　– 무역외수지 　– 이전수지 • 자본계정 　– 장기자본수지 　– 단기자본수지 • 금융계정	• 경상계정 　– 상품·서비스수지 　　(상품수지) 　　(서비스수지) 　– 소득수지 　– 경상이전수지 • 자본계정 　– 투자수지 　　(직접투자) 　　(증권투자) 　　(기타투자) 　– 기타자본수지 • 준비자산증감	• 경상수지 　– 상품수지 　– 서비스수지 　– 본원소득수지 　– 이전소득수지 • 자본수지 　– 자본이전 　– 비생산·비금융자산 • 금융계정 　– 직접투자 　– 증권투자 　– 파생금융상품 　– 기타투자 　– 준비자산증감

국민계정(national accounts)은 일정 기간 중의 국민경제의 활동 성과와 일정 시점에서의 국민경제의 자산 및 부채 상황을 나타낸 것으로 국민경제의 종합재무제표라고 할 수 있다. 기업의 재무제표가 대차대조표, 손익계산서 등으로 구성되어 있는 것처럼 국민계정은 산업연관표, 국민소득통계, 자금순환표, 국제수지표, 국민대차대조표 등 5대 국민계정통계로 이루어진다. 산업연관표는 국민경제의 생산활동을 체계적으로 나타낸 생산계정 통계이며, 국민소득통계는 생산계정뿐만 아니라 소득계정과 자본계정을 연결한다. 자금순환표는 자본계정과 금융계정 간의 관계를 일목요연하게 나타낸 통계이며, 국제수지표는 국민계정의 국외거래계정을 다룬다. 또한 국민경제의 대차대조표라고 할 수 있는 것이 국민대차대조표이다(한국은행(2023)).

/ 국민계정체계와 5대 국민계정통계 /

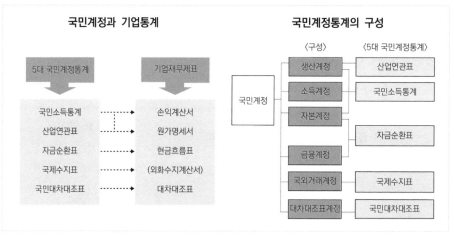

5대 국민계정통계는 이론과 작성 방법 면에서 각각 독자적으로 발전되어 왔고 작성 기준과 체계도 서로 다르기 때문에 국민경제를 종합적이고 체계적으로 파악하기 위해서는 이들 통계를 일정 기준에 의하여 서로 연결할 필요성이 있다. 국민계정은 이러한 요구에 따라 국민소득통계(National Income and Product)를 중심으로 산업연관표

(Input－Output Tables), 자금순환표(Flow of Funds), 국제수지표(Balance of Payment Statistics), 국민대차대조표(National Balance Sheets) 등 5대 통계를 체계적으로 연결하여 국민경제 전체의 재화와 서비스의 거래 및 자금의 흐름을 일정한 계정형식에 의거하여 기록한 것이다(한국은행(2019, 2020)).

먼저 국민소득계통계는 한 나라 안에서 일정 기간 새롭게 생산된 재화와 서비스의 생산, 소득과 분배, 지출 활동을 종합적으로 보여주는 통계로 자본주의가 태동한 영국의 W. Petty(1623~1687), A. Smith(1723~1790), D. Ricardo(1772~1823), K. Marks(1818~1883)까지 거슬러 올라가는 등 역사가 아주 깊다. 국민소득통계는 1929년 세계 대공황(Great Depression) 이후 오늘날과 같은 모습으로 발전하였으나 국민소득통계의 편제에 대한 국제적으로 통일된 기준이 없어 나라마다 서로 다른 기준에 의해 작성되고 있었는데 UN이 1953년 「A System of National Accounts and Supporting Tables」를 발표함으로써 국민계정편제의 국제기준이 마련되었다. 이후 경제환경 변화 등을 반영하여 1968, 1993 SNA 등이 발표되었으며 현재는 2008년 발표된 SNA에 의거하여 국민소득통계를 편제하고 있다. 최근 디지털 경제의 진전(digitalization), 삶의 질과 관련한 행복 및 지속성장(wellbeing and sustainability) 등을 반영하여 2025 SNA 개정 작업이 진행 중이다.

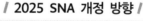

∣ 2025 SNA 개정 방향 ∣

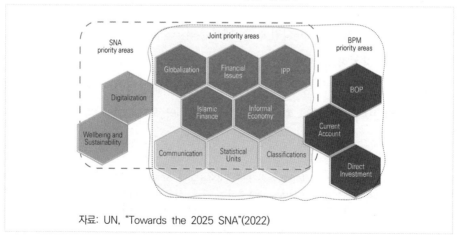

자료: UN, "Towards the 2025 SNA"(2022)

산업연관표는 일정 기간 동안 한 지역에서 모든 재화와 서비스를 생산하고 처분하는 과정에서 발생하는 모든 거래를 일정한 원칙과 형식에 따라 행렬(matrix) 형태로 기록한 종합적인 통계표이다. 산업연관표는 여타 국민계정관련 통계와 달리 특히 중간생산물의 산업간 거래를 포괄한다. 산업연관표는 1936년 미국의 Wassily Leontief (1905~1999)가 미국 경제를 대상으로 투입산출표를 작성·발표함으로써 시작되었는데 그가 작성한 산업연관표와 이를 바탕으로 미국의 경제구조를 분석한 「The Structure of American Economy; 1919~1929」(1941) 및 「The Structure of American Economy; 1919~1939」(1951)는 산업연관표의 원전이 되었다. 현재 UN을 비롯하여 미국 BEA(Bureau of Economic Analysis), EC Eurostat 등 여러 기관에서 산업연관표 작성 매뉴얼을 만들어 공표하고 있다.[57]

자금순환표는 국민 경제활동을 자금의 흐름을 중심으로 기록한 통계표이다. 경제활동에는 소득처분이나 자본축적과 같은 실물 흐름에 반대 방향으로 자금의 흐름이 발생하기 마련이다. 자금순환표는 이러한 실물 흐름에 수반되는 자금의 흐름을 포착하는 한편, 이와 관계없이 독립적으로 일어나는 부족자금의 조달, 여유자금의 운용 등 주로 금융기관을 통한 금융거래도 포괄하여 작성된다. 즉 자금의 흐름을 실물과 금융 양 측면에서 기록한 국민경제의 현금흐름표라고 할 수 있다. 자금순환표는 미국의 Morris A. Copeland(1895~1989)가 1952년 논문 「A Study of Money Flow in the United States」에서 발표한 이후 유용성이 인정되어 각국에서 작성해 오고 있다. 현재 OECD 회원국 등 대부분의 국가에서 UN의 2008 SNA에 의거하여 통계를 작성하고 있다.

국제수지표는 일정 기간 동안 거주자와 비거주자 간에 발생한 경제적 거래를 체계적으로 기록한 표이다. 14세기 후반 중상주의 시대부터 국제수지에 대한 관심이 아주

---

57 UN은 1966년 「Problems of Input-Output Tables and Analysis」라는 산업연관표 작성 기준 매뉴얼을 만들어 제공하였으며, 1993 SNA부터는 공급·사용표(Supply and Use tables)의 작성을 권고하고 있다. 미국 BEA는 2006년 「Concepts and Methods of Input-Output Accounts」, EC Eurostat는 2008년 「Eurostat Manual of Supply, Use and Input-Output Tables」를 개발하여 공표하였다.

높았으며 국가 간 교역이 크게 확대되고 거래 형태도 다양화되면서 모든 대외거래를 체계적·종합적으로 보여줄 수 있는 통계의 필요성이 높아져 왔다. 국제수지표는 금 등 귀금속의 보유량이 국부의 척도였던 점을 반영하여 외국과의 무역거래 결과로 유입되는 금 보유량에 대한 통계가 작성된 데서 비롯되었으며[58] 점차 여타 수많은 대외거래를 포괄할 수 있도록 발전되어 왔다. 현재와 같은 국제수지표 작성기준이 마련된 것은 1940년대 후반 UN과 IMF가 설립된 이후이다. UN의 초창기 국제수지 편제업무가 1949년 IMF로 이관되면서[59] IMF는 국제기준을 정립하여 1948년 국제수지 매뉴얼(Balance of Payments Manual) 초판을 발간한 이후 1950년, 1961년, 1977년, 1993년 및 2010년 다섯 차례 매뉴얼을 개정하였다. 현재 2010년 발표된 BPM6을 편제 기준으로 사용하고 있으며 2025 SNA 개정에 맞추어 BPM7로 개정 작업이 진행 중이다.

국제수지표와 관련하여 특히 중요한 것이 국제투자대조표(International Investment Position)이다. 국제투자대조표는 특정 시점에서 한 나라의 거주자가 보유하고 있는 대외투자(대외금융자산)와 외국인투자(대외금융부채)의 잔액을 일목요연하게 기록한 스톡(stock) 통계로 거주자와 비거주자 간 거래변동만을 반영하는 국제수지표와 달리 가격변동, 환율변동, 기타 채무조정 등 비거래적 요인을 모두 반영하여 국제수지표상 금융계정의 세부항목별 잔액을 보여준다. 국제투자대조표는 자금순환표 통계 내의 금융자산·부채 잔액표상 국외부문 자산 및 부채 총액과 일치하며,[60] 다음에 설명할 국민대차대조표에 대외금융자산과 부채 잔액의 차이가 순대외금융자산으로 나타난다.

---

58 예를 들어 D. Hume(1711~1776)의 'price‒speice flow mechanism'에 따르면 무역 흑자 등에 기인한 금의 유입에 의한 통화량 증가, 이로 인한 물가상승은 금 유입국의 수출 둔화와 수입 증가를 초래하며 이로 인해 무역 흑자가 제한된다.

59 UN은 1948년에 1939~1945년간 각국 국제수지표를 작성하여 발표하였다.

60 자금순환표상 국외부문의 자산 및 부채 총액(원화표시)은 국제투자대조표상 대외부채, 대외자산 총액(달러표시)과 원리적으로 일치한다. 자금순환표상 국외부문의 통계는 거주자의 입장에서 기록한 국제투자대조표와 달리 비거주자의 입장에서 기록되기 때문이다. 제1장의 각주 82)를 참조하시오.

국민대차대조표는 연말을 기준으로 가계, 기업, 정부 등 경제주체들이 보유하고 있는 부(富)의 규모를 보여주는 통계이다. 기업이 회계연도 말 기준으로 연중 경제활동 결과 보유하게 된 자산과 부채를 기업회계기준에 따라 기록한 기업의 재무상태표(대차대조표)와 유사하다. 국민대차대조표는 국부(國富) 통계를 국민계정체계로 통합해 가는 과정에서 정립되었는데 국부 통계는 영국의 W. Petty가 영국의 국부를 추산한 데서 그 기원을 찾을 수 있다.[61] 1968년 UN이 발표한 1968 SNA에서 플로우(flow) 통계인 국민소득통계와 스톡(stock) 통계인 자본스톡 통계를 연결시키기 위해 국민대차대조표가 도입되었으며, 1977년 UN이 「국민대차대조표 및 조정계정에 관한 국제기준(International Guidelines on the National and Sectoral Balance-Sheet and Reconciliation Accounts)」을 발간함으로써 국제적으로 표준화된 기준이 마련되었다. UN, OECD, IMF 등 국제기구들이 함께 진행한 1993 SNA 개정 작업을 거쳐 2008 SNA에서는 국민대차대조표에 기록되는 순자본스톡과 함께 자본서비스 개념을 도입함으로써 소득 및 부의 관점에서 본 자본뿐만 아니라 생산 및 생산성의 관점에서 본 자본을 통합적으로 측정하기 위한 방법을 제시하였다.

---

61 국부와 관련하여 스톡(stock)과 플로우(flow)를 구분하고, 플로우인 국민소득이 발생하는 근원인 국부를 자본스톡과 노동스톡(labor stock, value of the people)으로 나누었다. 노동가치설을 주장하였다.

국민소득통계

 국민소득통계

보도자료

2023년 9월 5일 공보 2023-09-09호

이 자료는 9월 5일 08:00 이후부터 취급 가능

제목: 2023년 2/4분기 국민소득(잠정)

◆ 2023년 2/4분기 실질 국내총생산(GDP)은 전기대비 0.6%
성장 (명목 국내총생산은 0.9% 성장)

◆ 실질 국민총소득(GNI)은 전기대비 0.7% 감소
(명목 국민총소득은 0.2% 감소)

(세부내용은 "붙임" 참조)

붙 임 : 2023년 2/4분기 국민소득(잠정)

* 2022년 산업별 설비투자(잠정) 추계 결과는 한국은행 경제통계시스템(ECOS)를 통해
공표

"한국은행 보도자료는 인터넷 홈페이지(https://www.bok.or.kr)에,
세부 통계는 한국은행 경제통계시스템(ECOS, https://ecos.bok.or.kr)에 수록되어 있습니다."

 한국은행 BANK OF KOREA

경제활동별 국내총생산
(2015년 연쇄가격 기준)

(계절조정계열 전기대비, %)

	2021 1/4	2/4	3/4	4/4	2022ᵖ 1/4	2/4	3/4	4/4	2023ᵖ 1/4	3/4
국내총생산 (GDP)	1.8 (2.4)	0.9 (6.4)	0.1 (4.1)	1.4 (4.3)	0.7 (3.1)	0.8 (2.9)	0.2 (3.2)	-0.3 (1.4)	1.8 (2.4)	0.6 (0.9)
농림어업	1.8	-6.7	7.1	1.4	-1.6	-5.1	2.9	1.3	-6.3	5.4 (2.8)
제조업	3.3	-0.1	-0.8	1.5	2.3	-0.2	-0.6	3.9	1.3	2.5(-0.8)
건설업	3.3	-1.1	-1.5	2.0	0.5	-1.4	2.1	2.9	3.0	-3.9 (4.1)
서비스업¹⁾	1.2	1.5	0.7	1.6	0.4	1.7	0.6	1.1	1.0	0.3 (2.0)

주: 1) 도소매 및 숙박음식업, 운수업, 금융 및 보험업, 부동산업, 정보통신업, 사업서비스업, 공공행정 국방 및 사회
보장, 교육서비스업, 의료보건 및 사회복지서비스업, 문화 및 기타서비스업 포함
2) ( ) 내는 원계열 전년동기대비 증감률

국내총생산에 대한 지출
(2015년 연쇄가격 기준)

(계절조정계열 전기대비, %)

	2021 1/4	2/4	3/4	4/4	2022ᵖ 1/4	2/4	3/4	4/4	2023ᵖ 1/4	3/4
국내총생산 (GDP)	1.8 (2.4)	0.9 (6.4)	0.1 (4.1)	1.4 (4.3)	0.7 (3.1)	0.8 (2.9)	0.2 (3.2)	-0.3 (1.4)	1.8 (2.4)	0.6 (0.9)
민간소비	1.4	2.9	0.4	1.3	-0.6	2.9	1.6	-0.5	0.6	0.1 (1.6)
정부소비	1.6	3.8	1.5	1.1	0.1	1.0	0.1	2.5	0.4	2.1 (1.0)
건설투자	-0.1	-0.8	-2.0	1.4	-2.5	-0.6	-0.1	1.3	1.3	0.8 (1.7)
설비투자	7.8	0.7	-4.1	0.1	-4.2	1.6	7.0	2.4	-5.0	0.5 (4.7)
지식재산생산물투자	1.9	0.9	1.9	1.8	1.1	-0.5	5.0	-2.9	0.9	0.7 (3.5)
재고증감¹⁾	0.5	-0.1	-0.2	0.3	-0.4	0.2	0.4	-0.3	0.2	-0.3(-0.3)
수출	4.4	-0.7	0.3	3.7	3.8	-3.2	0.6	-3.8	4.5	-0.9 (0.3)
수입	6.1	2.0	-0.6	4.2	-1.1	-0.8	5.4	-2.8	4.2	-3.7 (2.8)

주: 1) 재고증감은 GDP에 대한 성장기여도(%p)
2) ( ) 내는 원계열 전년동기대비 증감률

국민총소득, 디플레이터, 저축률 및 투자율

(계절조정계열 전기대비, %)

	2021 1/4	2/4	3/4	4/4	2022ᵖ 1/4	2/4	3/4	4/4	2023ᵖ 1/4	2/4
명목 GDP¹⁾	2.1 (5.4)	2.1 (8.7)	1.3 (7.1)	1.6 (7.5)	0.6 (5.6)	1.6 (5.3)	-0.6 (3.3)	0.2 (1.8)	1.0 (2.3)	0.9 (1.3)
명목 GNI¹⁾	1.8 (5.2)	3.6 (10.2)	-0.6 (7.0)	2.2 (7.4)	0.8 (5.9)	1.7 (4.2)	-0.3 (4.5)	0.4 (2.7)	2.7 (4.5)	-0.2 (2.5)
실질 GNI¹⁾	1.6 (3.7)	0.5 (6.6)	-1.2 (2.5)	0.3 (1.4)	0.4 (0.0)	-0.9 (-1.4)	-0.4 (-0.6)	0.0 (-0.8)	1.9 (0.6)	-0.7 (0.8)
GDP디플레이터²⁾	3.0	2.2	2.8	3.1	2.5	2.3	0.1	0.4	1.4	0.5
총저축률³⁾	37.1	36.8	36.1	35.9	36.0	34.6	33.1	32.6	33.4	33.5
국내총투자율⁴⁾	31.0	32.0	32.1	32.9	30.6	32.2	34.4	33.6	32.1	32.2

주: 1) ( ) 내는 원계열 전년동기대비 증감률
2) 원계열 전년동기대비 등락률
3) 총저축/국민총처분가능소득
4) 총자본형성/국민총처분가능소득

국제수지통계

 국제수지통계

2023년 10월 11일 공보 2023-10-02호

보도자료

이 자료는 2023년 10월 11일 08:00 이후부터
취급하여 주십시오.

제목: 2023년 8월 국제수지(잠정)

☐ 2023년 8월 경상수지는 48.1억달러 흑자를 기록

(세부내용은 "붙임" 참조)

"한국은행 보도자료는 인터넷 홈페이지(https://www.bok.or.kr)에 수록되어 있습니다."

한국은행
BANK OF KOREA

월별 경상수지

(억달러, %)

	2022ᵖ		2023ᵖ		
	8	1~8	7ʳ	8	1~8
경상수지	-29.1	236.6	37.4	48.1	109.8
1. 상품수지	-41.4	167.3	44.4	50.6	60.3
1.1 수출⁽¹⁾⁽²⁾	574.6	4,720.5	506.0	537.5	4,152.2
	(7.9)	(13.8)	(-14.6)	(-6.5)	(-12.0)
1.2 수입(FOB)⁽¹⁾⁽²⁾	616.0	4,553.3	461.6	486.8	4,091.9
	(30.9)	(24.8)	(-22.7)	(-21.0)	(-10.1)
2. 서비스 수지	-12.9	-22.9	-25.3	-16.0	-160.6
2.1 가공서비스	-5.1	-39.9	-5.8	-5.5	-43.3
2.2 운송	9.0	109.2	0.9	-0.5	-3.7
2.3 여행	-9.3	-50.3	-14.3	-11.4	-84.0
2.4 건설	5.4	33.6	4.3	2.7	32.0
2.5 지식재산권사용료	-12.0	-23.2	-3.4	0.4	-22.7
2.6 기타사업서비스³⁾	-2.1	-45.6	-10.1	-2.6	-59.5
3. 본원 소득수지	25.9	110.6	29.2	14.7	238.8
3.1 급료 및 임금	-0.7	-5.2	-2.0	-1.0	-12.2
3.2 투자소득	26.6	115.8	31.2	15.7	250.9
(배당소득)	17.2	50.4	25.6	5.6	190.2
(이자소득)	9.4	65.4	5.7	10.1	60.7
4. 이전 소득수지	-0.8	-18.4	-11.0	-1.2	-28.6

주: 1) 국제수지의 상품 수출입은 국제수지매뉴얼(BPM6)의 소유권 변동원칙에 따라 국내 및 해외에서 이루어진
거주자와 비거주자 간 모든 수출입거래를 계상하고 있어 국내에서 통관 신고된 물품을 대상으로 하는 통관
기준 수출입과는 차이가 있음
2) ( ) 내는 전년동기대비 증감률
3) 연구개발서비스, 전문·경영컨설팅서비스, 건축·엔지니어링서비스 등으로 구성

월별 금융계정 및 자본수지

(억달러, %)

	2022ᵖ		2023ᵖ		
	8	1~8	7ʳ	8	1~8
금융계정⁽¹⁾	1.7	215.8	33.8	57.3	108.4
1. 직접투자	21.3	353.2	6.5	17.1	108.4
1.1 직접투자[자산]	40.9	488.9	23.1	34.1	91.4
1.2 직접투자[부채]	19.7	135.7	16.5	17.0	195.3
2. 증권투자	-20.2	217.3	43.0	40.7	9.2
2.1 증권투자[자산]	5.8	392.5	69.0	30.5	285.6
(주식)	0.3	341.9	40.4	25.9	178.9
(부채성증권)	5.4	50.6	28.6	4.6	106.7
2.2 증권투자[부채]	26.0	175.3	26.0	-10.1	276.4
(주식)	29.5	-79.7	8.1	-6.5	93.8
(부채성증권)²⁾	-3.6	255.0	17.9	-3.6	182.6
3. 파생금융상품	2.2	33.9	-2.9	-3.3	-26.1
4. 기타투자	-8.3	-251.1	1.9	18.7	77.2
4.1 기타투자[자산]	-41.5	25.2	-4.4	-29.2	-64.2
(대출)	-43.8	-4.0	-20.5	31.8	-24.4
(현금및예금)	39.1	56.8	22.4	-57.7	16.6
(기 타 자 산)³⁾	-20.9	-18.8	4.9	-4.7	1.9
4.2 기타투자[부채]	-33.2	276.3	-6.3	-47.9	-141.4
(차입)	-40.5	204.2	17.8	-33.9	-69.5
(현금및예금)	5.8	27.3	-26.6	-12.3	-43.2
(기 타 부 채)³⁾	-9.7	17.1	13.6	0.1	6.4
5. 준비자산	6.7	-137.5	-14.7	-15.9	-43.2
자본수지	-0.0	0.2	-0.3	-0.3	-0.2

주: 1) 순자산 기준, 자산·부채 증가는 (+), 자산·부채 감소는 (-)
2) 거주자가 해외에서 발행한 채권중 비거주자와의 거래분 포함
3) 매입외환, 매도외환 등

산업연관표

 산업연관표

2021년 6월 21일 공보 2021-06-26호

이 자료는 6월 22일 조간부터 취급하여 주십시오.
단, 통신/방송/인터넷 매체는 6월 21일 12:00
이후부터 취급 가능

보도자료

제목: 2019년 산업연관표(연장표)

〈자세한 내용은 "붙임" 참조〉

"한국은행 보도자료는 인터넷 홈페이지(http://www.bok.or.kr)에 수록되어 있습니다."
"세부 통계는 한국은행 경제통계시스템(ECOS, http://ecos.bok.or.kr)에 수록되어 있습니다."

한국은행
BANK OF KOREA

공급 및 수요 구조[1]

(조원, %)

	총공급		=	총수요					대외거래 (A+D)
	국내총산출	수입(A)		국내수요 (B+C)	중간수요 (B)	최종수요			
						국내[3](C)	수출(D)		
2017년	4,168.4 (85.8)	692.6 (14.2)	4,861.0 (100.0)	4,104.9 (84.4)	2,356.3 (48.4)	1,748.5 (36.0)	756.1 (15.6)		1,448.7 (29.8)
2018년 (E)	4,336.6 (85.5)	737.6 (14.5)	5,074.2 (100.0)	4,277.1 (84.3)	2,463.2 (48.5)	1,814.0 (35.8)	797.1 (15.7)		1,534.7 (30.2)
2019년 (F)	4,365.9 (85.6)	731.6 (14.4)	5,097.5 (100.0)	4,335.9 (85.1)	2,465.2 (48.4)	1,870.7 (36.7)	761.6 (14.9)		1,493.2 (29.3)
구성비 변화 (F-E, %p)	〈0.1〉	〈-0.1〉		〈0.8〉	〈-0.1〉	〈0.9〉	〈-0.8〉		〈-0.9〉

주: 1) ( ) 내는 총공급(=총수요) 대비 구성비
2) 국내 최종수요는 소비와 투자로 구성

산출액 및 부가가치 구성

(%)

	산출액 구성			부가가치 구성		
	2017년	2018년	2019년	2017년	2018년	2019년
농림수산품	1.5	1.4	1.4	1.9	1.8	1.7
광산품	0.1	0.1	0.1	0.1	0.1	0.1
공산품	43.4	43.1	41.7	29.9	29.5	28.0
소비재제품[1]	6.4	6.4	6.4	3.8	3.8	3.8
기초소재제품[2]	16.2	16.6	16.1	10.6	10.2	9.8
조립가공제품[3]	19.2	18.6	17.8	13.8	14.0	12.7
제조임가공, 산업용장비수리	1.5	1.5	1.4	1.7	1.6	1.7
전력·가스·수도 및 폐기물	2.7	2.8	2.8	2.4	2.0	2.1
건설	6.6	6.3	6.3	6.5	6.3	6.4
서비스	45.6	46.2	47.6	59.3	60.2	61.7
도소매 및 운송	10.0	9.9	10.1	11.1	10.9	11.0
생산자서비스[4]	19.8	20.2	20.6	27.8	28.4	28.8
사회서비스[5]	9.7	9.8	10.5	14.7	15.2	16.0
소비자서비스[6]	6.1	6.3	6.4	5.7	5.8	5.9
기타	0.1	0.1	0.1	0.0	0.0	0.0
전산업	100.0	100.0	100.0	100.0	100.0	100.0

주: 1) 음식료품, 섬유 및 가죽제품, 목재 및 종이·인쇄, 기타 제조업제품(이하 동일)
2) 석탄 및 석유제품, 화학제품, 비금속광물제품, 1차 금속제품, 금속가공제품(이하 동일)
3) 컴퓨터·전자 및 광학기기, 전기장비, 기계 및 장비, 운송장비(이하 동일)
4) 정보통신·방송, 금융·보험, 부동산·임대, 전문·과학 및 기술서비스, 사업지원서비스(이하 동일)
5) 공공행정 및 국방서비스, 교육서비스, 보건 및 사회복지서비스(이하 동일)
6) 음식 및 숙박서비스, 문화 및 기타서비스(이하 동일)

최종수요 항목별 생산유발계수[1], 부가가치유발계수[2] 및 수입유발계수[3]

	생산유발계수			부가가치유발계수			수입유발계수		
	2017년	2018년	2019년	2017년	2018년	2019년	2017년	2018년	2019년
소비	1.691	1.692	1.693	0.855	0.848	0.852	0.221	0.228	0.227
민간소비지출	1.756	1.761	1.764	0.839	0.831	0.834	0.260	0.269	0.270
정부소비지출	1.514	1.509	1.515	0.899	0.894	0.896	0.101	0.106	0.104
투자	1.943	1.938	1.922	0.814	0.810	0.813	0.290	0.288	0.285
민간고정자본형성	1.931	1.928	1.906	0.818	0.816	0.820	0.294	0.286	0.278
정부고정자본형성	2.012	2.009	1.996	0.810	0.807	0.808	0.239	0.251	0.253
재고증감	1.927	1.829	1.928	0.684	0.663	0.670	0.428	0.501	0.522
수출	1.838	1.828	1.847	0.653	0.643	0.647	0.351	0.361	0.357
최종수요계	1.795	1.790	1.791	0.780	0.773	0.780	0.277	0.283	0.278

주: 1) 최종수요(국산)에 의한 생산유발액 ÷ 최종수요(국산)
2) 최종수요(국산)에 의한 부가가치유발액 ÷ 최종수요(국산)
3) 최종수요(국산+수입)에 의한 수입유발액 ÷ 최종수요(국산+수입)

자금순환표

 자금순환표

보도자료

2023년 10월 6일 공보 2023-10-07호

이 자료는 10월 7일 조간부터 취급하여 주십시오.
단, 통신/방송/인터넷 매체는 10월 6일 12:00
이후부터 취급 가능

제목: 2023년 2/4분기 자금순환(잠정)

□ 2023년 2/4분기중 우리나라 경제활동의 결과 발생한 국내부문의 순자금
운용 규모는 3.6조원을 기록

　ㅇ 이 중 가계 및 비영리단체의 순자금운용은 28.6조원, 비금융법인의 순자
금조달은 21.1조원임

□ 자세한 내역은 〈붙 임〉 참조

"한국은행 보도자료는 인터넷 홈페이지(http://www.bok.or.kr)에,
세부 통계는 한국은행 경제통계시스템(ECOS.http://ecos.bok.or.kr)에 수록되어 있습니다."

한국은행
BANK OF KOREA

경제부문별 자금운용 및 조달 차액

(분기 중, 조원)

	2022			2023	
	2/4ᵖ	3/4ᵖ	4/4ᵖ	1/4ᵖ	2/4ᵖ
국내	7.8	4.9	12.1	1.2	3.6
가계 및 비영리단체	52.9	33.8	57.4	76.9	28.6
비금융법인	-52.4	-57.7	-52.8	-42.3	-21.1
일반정부	-22.3	19.4	-20.3	-23.1	-8.7
금융법인	29.5	9.3	27.8	-10.3	4.8
국외	-7.8	-4.9	-12.1	-1.2	-3.6

국내 비금융부문 금융자산 · 부채 잔액 추이

(분기 말, 조원)

		2022			2023		
		2/4ᵖ	3/4ᵖ	4/4ᵖ	1/4ᵖ	2/4ᵖ	
금융자산 (A)	가계 및 비영리단체[1]	4,926.1	4,918.3	4,987.9	5,015.9	5,078.9	(63.0)
	비금융법인	3,904.4	3,914.2	3,884.5	3,935.8	4,008.8	(73.0)
	일반정부	2,198.5	2,263.2	2,183.2	2,292.2	2,340.8	(48.6)
	합계	11,028.9	11,095.8	11,055.5	11,244.0	11,428.6	(184.6)
금융부채[2] (B)	가계 및 비영리단체[1]	2,313.7	2,323.4	2,327.6	2,272.4	2,287.0	(14.6)
	비금융법인	3,655.8	3,741.8	3,731.5	3,684.2	3,769.3	(85.1)
	일반정부	1,270.5	1,250.9	1,245.1	1,330.8	1,341.3	(10.5)
	합계	7,240.1	7,316.2	7,304.3	7,287.4	7,397.6	(110.2)
순금융자산 (A-B)	가계 및 비영리단체[1]	2,612.4	2,594.9	2,660.3	2,743.5	2,791.9	(48.4)
	비금융법인	248.6	172.4	152.9	251.6	239.5	(-12.1)
	일반정부	927.9	1,012.3	938.0	961.4	999.6	(38.1)
	합계	3,788.9	3,779.6	3,751.2	3,956.6	4,031.0	(74.4)
금융자산(A)/ 금융부채(B) (배)	가계 및 비영리단체[1]	2.13	2.12	2.14	2.21	2.22	
	비금융법인	1.07	1.05	1.04	1.07	1.06	
	일반정부	1.73	1.81	1.75	1.72	1.75	
	합계	1.52	1.52	1.51	1.54	1.54	

주: 1) 가계(소규모 개인사업자 포함) 및 가계에 봉사하는 민간비영리단체
　　2) '거주자 발행주식 및 출자지분'과 '직접투자' 제외
　　3) ( ) 내는 전분기말대비 증감액

국민대차대조표

보도자료

2022년 7월 21일 공보 2022-07-22호

이 자료는 2022년 7월 22일 조간부터 취급하여 주십시오. 단, 통신/방송/인터넷 매체는 2022년 7월 21일 12:00 이후부터 취급 가능

제목: 2021년 국민대차대조표(잠정)

□ 한국은행과 통계청은 2021년 국민대차대조표(잠정)를 작성하였음

붙임: 2021년 국민대차대조표(잠정)

국민순자산 규모

(단위: 조원, %, 배)

	2019	2020ᵖ	증감액	증감률	2021ᵖ	증감액	증감률
국민순자산	16,569.6 [8.6]	17,778.9 [9.2]	1,209.3	7.3	19,808.8 [9.6]	2,029.9	11.4
비금융자산	15,970.1	17,248.8	1,278.7	8.0	19,026.8	1,778.1	10.3
순금융자산	599.5	530.1	-69.4	-11.6	781.9	251.8	47.5
금융자산	17,235.1	19,183.8	1,948.7	11.3	21,073.0	1,889.2	9.8
금융부채	16,635.6	18,653.7	2,018.1	12.1	20,291.1	1,637.4	8.8

주: [ ] 내는 국내총생산 대비 배율(배)

비금융자산 규모

(단위: 조원, %, 배)

	2019	2020ᵖ	증감액	증감률	2021ᵖ	증감액	증감률
비금융자산	15,970.1	17,248.8	1,278.7	8.0	19,026.8	1,778.1	10.3
생산자산	7,155.2	7,487.9	332.7	4.7	8,293.7	805.8	10.8
고정자산	6,736.5	7,050.2	313.6	4.7	7,819.6	769.4	10.9
건설자산	5,285.9	5,518.4	232.5	4.4	6,193.0	674.6	12.2
설비자산	928.5	966.2	37.6	4.1	1,006.8	40.6	4.2
지식재산생산물	522.1	565.6	43.5	8.3	619.8	54.2	9.6
재고자산	418.6	437.7	19.1	4.6	474.1	36.4	8.3
비생산자산	8,814.9	9,760.9	946.0	10.7	10,733.2	972.3	10.0
토지자산	8,762.5	9,709.1	946.7	10.8	10,680.4	971.3	10.0
지하자원	26.9	25.5	-1.4	-5.2	25.0	-0.4	-1.7
입목자산	25.6	26.3	0.7	2.8	27.7	1.4	5.3

제도부문별 국민순자산 규모

(단위: 조원, %, 배)

	2019		2020ᵖ		증감액	증감률	2021ᵖ		증감액	증감률
국민순자산	16,569.6	(100.0)	17,778.9	(100.0)	1,209.3	7.3	19,808.8	(100.0)	2,029.9	11.4
비금융법인	2,526.8	(15.2)	2,308.6	(13.0)	-218.1	-8.6	2,676.0	(13.5)	367.3	15.9
금융법인	367.6	(2.2)	417.9	(2.4)	50.3	13.7	488.6	(2.5)	70.8	16.9
일반정부	4,374.3	(26.4)	4,593.6	(25.8)	219.2	5.0	5,052.5	(25.5)	459.0	10.0
가계 및 비영리	9,300.8	(56.1)	10,458.8	(58.8)	1,157.9	12.4	11,591.6	(58.5)	1,132.9	10.8

주: ( ) 는 각 경제주체의 순자산이 국민순자산에서 차지하는 비중(%)

다음에는 GDP와 BOP를 중심으로 주요 국민계정통계 간 관계를 살펴보기로 한다.

8 GDP와 BOP 통계 간 관계

GDP(Gross Domestic Product, 국내총생산)는 한 나라에서 일정 기간 새롭게 생산된 재화와 서비스의 시장가치를 합산한 것이다. BOP(Balance of Payment, 국제수지)는 일정 기간 동안 거주자와 비거주자 간에 발생한 경제적 거래를 체계적으로 기록한 것이다. 국제수지가 거주자와 비거주자를 구분한다는 측면에서 국제수지는 '한 국가 내에서' 생산을 통해 발생한 부가가치를 시장가격으로 평가하여 합산한 GDP보다 '한 국가의 거주자가' 경제활동을 통해 벌어들인 소득을 의미하는 GNI, 여기에 거주자와 비거주자 간 대가 없이 일어나는 경상이전을 고려한 GNDI와 더 밀접하다. GNI, GNDI와 관련하여 BOP는 거주자와 비거주자 간의 거래인 대외거래 측면을 여러 경제활동으로 나누어 포착한다. BOP에서도 정의상 일정 기간은 GDP, GNI 등과 일치하는 것으로 통상 1년을 단위로 한다. 또한 거주자와 버거주자의 구분은 경제주체가 어디에 살고 있으며 국적이 어디인지 묻는 지리적인 영역이나 법률상의 국적보다 경제활동에 있어 주된 경제적 이익의 중심이 어디에 있느냐를 기준으로 하는데 이는 우리나라에서 살고 있는 우리나라 국민과 '우리나라에서 1년 이상 살고 있는 외국인', '외국에서 1년 미만 살고 있는 우리나라 국민'이 창출한 부가가치를 아우르는 GNI의 거주자/비거주자 구분과 일치한다. BOP상 거래 유형은 거주자와 비거주자 간 모든 경제적 거래가 대상이 되는데 상품, 서비스, 소득, 자본 및 금융거래뿐만 아니라 대외원조 등 대가 없이 이루어지는 이전거래 등으로 구분하여 포착한다. BOP는 IMF의 국제수지 매뉴얼(BPM; Balance of Payments Mannual)에 따라 복식부기 원칙(double entry system)에 의해 모든 개별거래를 동일한 금액으로 대변/차변 양변에 동시에 계상한다.

/ GDP와 BOP 통계 간 관계 /

GDP 통계(명목)	BOP 통계(명목)
민간소비지출(①)	
정부소비지출(②)	
총고정자본형성 및 재고증감(③)	
상품 및 서비스 수출(④) ↔	상품 및 서비스 수출(ⓐ)
상품 및 서비스 수입(⑤) ↔	상품 및 서비스 수입(ⓑ)
GDP(⑥) (① + ② + ③ + ④ − ⑤ = ⑥)	
국외순수취요소소득(⑦) ↔	본원소득수지(ⓒ)
GNI(⑧) (⑥ + ⑦ = ⑧)	
국외순수취경상이전(⑨) ↔	이전소득수지(ⓓ)
GNDI(⑩) (⑧ + ⑨ = ⑩)	
경상계정 잉여(⑪) (④ − ⑤ + ⑦ + ⑨ = ⑪) ↔	경상수지(ⓔ) (ⓐ − ⓑ + ⓒ + ⓓ = ⓔ)
	자본수지(ⓕ)
	금융계정(ⓖ)
	오차 및 누락(ⓗ) (ⓔ + ⓕ + ⓗ − ⓖ = 0)

BOP의 경상수지는 '상품수지 + 서비스수지+본원소득수지 + 이전소득수지'로 나타낼 수 있는데 본원소득수지는 GDP 통계의 국외순수취요소소득, 이전소득수지는 국외순수취경상이전에 대응된다.

앞서 GDP, GNI 등에 대한 관계식(명목)

GNI = GDP + 국외순수취요소소득(BOP 본원소득수지)

GNDI = GNI + 국외순수취경상이전(BOP 이전소득수지)

으로부터

$$\text{GNDI} = \text{GDP} + \text{국외순순취요소소득(BOP 본원소득수지)}$$

$$+ \text{국외순수취경상이전(BOP 이전소득수지)}$$

$$= \text{소비} + \text{저축}$$

이 된다.

앞서 본대로 GNDI에서 소비(민간 및 정부의 최종소비지출)하고 남은 소득은 저축이 되며 이는 투자와 일치한다.[62] 즉

$$\text{GNDI} - \text{소비} = \text{저축} = \text{투자} = \text{국내투자} + \text{국외투자}$$

한편 앞서 지출측면의 GDP와 연결하면

$$\text{GNDI} = \text{GDP} + \text{국외순수취요소소득} + \text{국외순수취경상이전}$$

$$= \text{C} + \text{I} + \text{G} + (\text{X} - \text{M}) + \text{국외순수취요소소득} + \text{국외순순취경상이전}$$

$$= \text{소비} + \text{국내투자} + \text{국외투자}$$

단, C는 민간최종소비지출, I는 총고정자본형성 및 재고증감,

G는 정부최종소비지출, X는 상품 및 서비스 수출,

M은 상품 및 서비스 수입

여기서

$$\text{국내투자} = \text{I} + \text{G}$$

$$\text{국외투자} = (\text{X} - \text{M}) + \text{국외순수취요소소득} + \text{국외순수취경상이전}$$

$$= \text{상품 및 서비스 순수출}$$

$$+ \text{국외순수취요소소득} + \text{국외순수취경상이전}$$

이 된다.

---

62 저축과 투자의 경제주체가 다르고 각기 다른 유인에 의해 결정되므로 사전적으로 저축과 투자는 다를 수 있지만 사후적으로, 즉 GDP 통계상으로는 저축과 투자가 항상 일치한다. 재고증감과 국외투자 부분이 조정 역할을 하기 때문이다. 국외부문이 없다고 할 경우 재고증감이 조정 항목으로 작용한다. GDP 통계상 투자는 총고정자본형성과 재고증감, 귀중품순취득(금액이 미미)의 합이다. 여기서 저축보다 사전적으로 의도된 투자가 클 경우 재고가 줄어들고 저축에 비해 의도된 투자가 작을 경우 재고가 늘어나면서 재고가 조정 항목이 된다. 즉 저축은 사전적으로 의도된 투자와 재고증감의 합과 같다. 국외부문이 있을 때에는 저축이 사전적으로 의도된 투자보다 클 경우 남은 부문이 대외순자산의 형태로 국외에 투자될 수 있다.

국외투자를 '경상계정 잉여'라고도 하는데, 이는 국제수지 통계의 경상수지에 대응되는 국민계정 개념이다.[63]

$$GDP\ 국외투자 = 상품\ 및\ 서비스\ 순수출$$
$$+\ 국외순수취요소소득 + 국외순수취경상이전$$
$$BOP\ 경상수지 = 상품수지 + 서비수지 + 본원소득수지$$
$$+\ 이전소득수지$$

경상수지가 흑자를 보이면 국외투자는 陽(+)의 크기를 가지고 적자를 보이면 陰(−)의 국외투자가 나타나게 된다. 이를 바꾸어 말하면 GDP 통계상 저축과 투자는 항상 일치하게 되는데 거주자의 저축이 국내투자보다 클 경우 남는 저축은 비거주자인 외국의 투자에 이용되며 이것이 경상수지 흑자로 나타난다고 할 수 있다.

한편 GNDI로부터 계산되는 총저축률, 총투자율은 각각 다음과 같이 산출된다.

$$총저축률(\%) = (GNDI - 최종소비지출)/GNDI \times 100$$
$$총투자율(\%) = 총투자/GNDI \times 100$$
$$= 국내총투자율(\%) + 국외투자율(\%)$$

국내총투자율, 국외투자율은 각각 다음과 같다.

$$국내총투자율(\%) = 국내총자본형성/GNDI \times 100$$
$$국외투자율(\%) = 경상계정잉여/GNDI \times 100$$

이처럼 GDP 통계와 BOP 통계는 밀접한 관계가 있다.

---

63 실제 통계편제에 있어서는 GDP 통계의 경우 원화, BOP 통계의 경우 美달러화로 표시되고 있는 데다 세부 통계분류 및 계상방법상 다소 차이가 존재한다.

다국적 기업의 해외생산 활동에 대한 GDP 및 BOP 통계 반영

다국적 기업의 해외생산활동은 가공무역, 중계무역, 독립채산형 현지법인으로 구분할 수 있으며, 동 활동과 관련된 거래는 국민계정 편제를 위한 국제기준에 맞추어 수출, 수입, 배당 등의 형태로 국민소득과 국제수지 통계에 반영된다(한국은행(2020, 2023)).

가공무역은 임가공료 지급을 조건으로 국내 법인이 해외 가공업체에게 부품을 제공하고 완제품을 국내로 반입하거나 해외에 판매하는 형태이다. 생산물의 소유권은 국내 본사에 있으며 판매 주체도 국내 본사인 경우이다. 이때 완제품의 해외판매가 GDP에 상품수출로 반영되며 부품의 해외조달분은 그만큼 상품수입으로 나타난다. 해외에서 제공하는 가공서비스에 대한 대가는 서비스수입(輸入)으로 반영된다. BOP 통계에서는 위·수탁 가공거래와 관련된 원재료의 반출입, 가공품 반출입 등을 상품수지상 수출입에서 제외하며,[64] 거주자 소유의 원재료를 해외에서 가공하여 국내로 반입하지 않고 가공국 혹은 제3국으로 수출한 상품을 상품수출에, 거주자가 해외가공을 위해 가공국 혹은 제3국에서 조달하여 가공국으로 보낸 원재료 수입액을 상품수입에 포함한다. 해외에서 제공된 가공서비스에 대한 대가인 임가공료 지급분은 서비스수지의 輸入에 반영된다. 반도체나 디스플레이 패널, 의류 등의 생산에 많이 발생하는 형태이다.

중계무역은 국내 본사가 해외 비거주자로부터 제품을 구입하여 국내로 반입하지 않고 수출하는 거래이다. 이때 해외 비거주자는 거주자와 직접투자 관계를 맺고 있는 해외 현지법인인 경우가 많다. 중계무역이 발생하면 생산물의 소유권이 해외 현지법인으로부터 국내 본사로 이전되며 완제품의 판매 주체도 국내 본사가 된다. GDP와 BOP 통계에는 중계수출분과 중계수입분과의 차이가 중계순수출로 상품수출에 포함된다. 스마트폰이나 TV, 컴퓨터 등의 생산에 주로 이용된다.[65]

독립채산형 현지법인은 해외 현지법인이 생산분만 아니라 판매까지 모두 수행하는 경우이다. 생산물의 소유권이 해외 현지법인에게 있고 판매 주체도 해외 현지법인이다. 해외 현지법인은 비거주자 기업으로 간주되며 이익의 중심이 외국에 있다. 해외 현지법인으로부터 지불되는 배당금만큼 본원소득으로 GDP 통계에 반영된다.[66]

---

64 통관수출입 금액에는 포함되어 있다.

65 상품 형태가 바뀌지 않는 미미한 가공을 거친 상품의 판매도 중계무역에 포함된다. 이때 제공된 가공서비스에 대한 임가공료 지급분은 가공무역의 경우와 마찬가지로 서비스輸入에 반영된다.

66 해외 현지법인에 종사하는 거주자(통상 1년 미만)가 있을 경우 거주자의 임금은 배당의 경우처럼 본원소득으로 국외순수취요소소득 항목으로 GNI에 반영된다. BOP에서는 본원소득수지

GDP에 국외순수취요소소득을 합하면 GNI가 되는데 GNI에 포함된다. BOP 통계에서는 본원소득수지 收入으로 경상수지에 나타난다. 해외 자동차 생산이 대표적인 예이다.

/ 해외생산 유형별 구분 /

	가공무역	중계무역	현지법인(독립채산형)
정의	임가공료 지급을 조건으로 국내 법인이 해외 가공업체에게 부품을 제공하고 완제품을 국내로 반입하거나 해외에 판매	• 국내 본사가 해외 비거주자로부터 완제품을 구입하여 국내로 반입하지 않고 수출하는 거래 • 해외 비거주자는 거주자와 직접투자 관계하의 해외 현지법인인 경우가 많음	해외 현지법인이 생산분만 아니라 판매까지 모두 수행
대표 품목	반도체, 디스플레이 패널, 의류	스마트폰, TV, 컴퓨터	자동차
생산물 소유권	국내 본사	해외 현지법인 → 국내 본사	해외 현지법인
판매 주체	국내 본사	국내 본사	해외 현지법인

GDP 통계	• 상품수출: 완제품의 해외 판매
	• 상품수입: 부품의 해외 조달
	  * 국내에서 해외로 제공된 부품, 국내로 반입된 완제품은 제외
	• 서비스輸入: 가공서비스 지급
		• 상품수출: 중계순수출 (= 중계수출 – 중계수입)	• 국외순수취요소소득: 배당
			  * GNI = GDP + 국외순수취요소소득

BOP 통계	• 상품수출: 완제품의 해외 판매 • 상품수입: 부품의 해외 조달 * 국내에서 해외에 제공된 부품, 국내로 반입된 완제품은 제외 • 서비스輸入: 가공서비스 지급	• 상품수출: 중계순수출 (= 중계수출 – 중계수입)	• 본원소득수지 收入: 배당

에 본원소득 收入으로 나타난다. 해외 현지법인에 1년 이상 종사하는 노동자(비거주자)가 우리나라에 근로소득을 송금할 경우 이는 국외순수취이전소득으로 GNDI에 반영된다. BOP에서는 이전소득수지 항목에 이전소득 收入으로 기록된다.

I GDP와 BOP란 무엇인가?   79

산업연관표는 일정 기간 동안 한 지역에서 모든 재화와 서비스를 생산하고 처분하는 과정에서 발생하는 모든 거래를 일정한 원칙과 형식에 따라 행렬(matrix) 형태로 기록한 종합적인 통계표이다(한국은행(2023)). '일정 기간'이라는 것은 시점과 종점이 있다는 것인데 기간에는 월, 분기, 년 등 다양한 형태가 있으나 통상 1년 단위이다. '한 지역'이라는 것은 산업연관표 작성 대상이 되는 경제활동 영역을 의미한다. 산업연관표 작성 영역은 주로 '국민경제 내'를 대상으로 하지만, 최근 들어 여러 국가를 대상으로 하거나 한 국가 내의 특정 지역 혹은 여러 지역들을 대상으로 작성하는 등 그 영역이 다양해지고 있다.67 산업연관표는 '모든 재화와 서비스의 생산 및 처분'을 포착한다. 산업연관표에서 한 산업에서 생산활동에 사용하기 위해 여타 산업에서 생산한 재화 또는 서비스를 구입하고 비용을 지불하였을 경우 해당 여타 산업 쪽에서 보면 자신의 산업에서 생산한 재화 또는 서비스를 판매하였다는 것과 동일하다. 이를 경제 전체로 확대하면 한 경제 내에서 생산된 모든 재화 및 서비스가 생산 현장에 원재료나 부재료로 사용되거나 소비, 투자, 수출과 같은 최종수요로 사용되기 때문에 수요와 공급을 망라하게 된다. 즉 산업연관표에는 모든 재화와 서비스의 거래내역이 포함되어 있다고 할 수 있다. '일정한 원칙과 형식'은 산업연관표를 작성할 때 재화와 서비스에 대한 거래내역을 표기하고 이를 처리할 때 사용하는 방식에 적용하는 기준을 의미하는데, 산업연관표와 GDP 통계 등 국민계정통계 작성시 대부분의 국가는 국민계정체계(SNA; System of National Accounts) 매뉴얼의 권고사항에 맞추어 이들을 편제하고 있다. '행렬 형태'는 2차원 평면상에서 여러 부문 간의 거래가 가로 방향과 세로 방향으로 서로 엮여 표기(생산 측면과 투입 측면 등)된다는 것으로 GDP나 물가통계 등 1차원 선상의 시계열통계와는 구조가 다르다는 것을 의미한다. GDP와 관련하여 산업연관표는 일국의 국민 경제활동을 대상으로 작성되기 때문에 국민소득과 밀

---

67 여러 국가 또는 한 국가 내의 여러 지역들을 기준으로 작성된 산업연관표로는 아시아·태평양 지역산업연관표, WIOD(World Input-Output Database), ICIO(Inter-Country Input-Output Table), 우리나라의 지역산업연관표 등이 있다.

접한 관계를 가지고 있으나 중간생산물의 산업간 거래를 포함하여 분석한다는 점에서 큰 차이가 있다.[68]

산업연관표는 공급사용표(SUT; Supply-Use Tables)와 투입산출표(IOT; Input-Output Tables)로 구분된다. 공급사용표는 1993년 SNA에서 채택된 형식으로 GDP 통계와 같은 통계편제를 위하여 작성되며 투입산출표는 주로 산업간 파급효과와 같은 경제분석을 목적으로 만들어진다.[69] 한국은행은 1960년 산업연관표 편제 시 투입산출표를 작성하여 발표하였으며 2010년부터는 투입산출표와 공급사용표를 동시에 작성해 오고 있다.[70]

공급사용표는 공급표(supply tables)와 사용표(use tables) 두 개로 구성되는데 공급표는 각 산업이 어떤 종류의 재화와 서비스를 얼마만큼 공급하였는지, 어떤 재화 또는 서비스가 각 산업에서 얼마만큼 공급되었는지의 내역을 체계적으로 기록한 표이다. 사용표는 각 산업이 생산을 위해 국내와 해외에서 공급된 상품(재화 또는 서비스) 중에서 어떤 상품을 얼마나 사용하였고 노동, 자본 등 본원적 요소의 투입에 대한 지출비용이 얼마인지를 나타낸다. 또한 소비, 투자, 수출 등 최종수요 항목들의 상품 구성도 세분하여 기록된다.

---

68 우리나라의 산업연관표는 1958년 당시 부흥부 산업개발위원회가 1957년 및 1958년 산업연관표를 만들면서 비롯되었으나 이는 일종의 시산표였다고 할 수 있다. 본격적으로는 한국은행이 1963년에 1960년 기준 산업연관표를 발표하면서 시작되었다. 1970년 산업연관표 이후 한국은행에서는 매 5년마다 산업연관표를 만들고 있으며 그 사이에 해당되는 연도의 경우 연장표를 작성해 오고 있다.

69 공급사용표는 「산업×상품」, 투입산출표는 「상품×상품」의 형식을 띄고 있다.

70 대부분의 국가에서는 공급사용표와 투입산출표 중 하나만 작성하고 있다. 공급사용표는 수학적 기법을 이용하여 투입산출표로 전환이 가능하다.

/ 공급표 형식 /

		산업			총산출 (A)	수입 (B)	총공급 (기초가격) (A+B)	가격전환벡터(C)			총공급 (구매자가격) (A+B+C)
		농림어업	제조업	서비스업				순생산물세	도소매마진	화물운임	
상품	농림수산품 공산품 서비스										
	해외직접구매										
	계										

주: ☐ 내는 기록이 없음

자료: 권태현(2020)

/ 사용표 형식(구매자가격 기준, 국산＋수입) /

		중간수요			중간수요계 (A)	최종수요			최종수요계 (B)	총수요 (A+B)
		농림어업	제조업	서비스업		소비	투자	수출		
상품	농림수산품 공산품 서비스									
	국내직접판매					(−)		(+)	(0)	(0)
	해외직접구매									
	순생산물세									
	중간투입계									
	부가가치									
	총투입계									

주: ☐ 내는 기록이 없음

자료: 권태현(2020)

투입산출표는 사용표와 형태가 유사하지만 산업별 생산활동이 아닌 상품별 생산에 사용된 상품내역이 기록되고, 국내직접판매와 해외직접구매가 총액이 아니라 각 내역이 소비와 수출의 최종수요 벡터에 상품별로 분리되어 기록되는 점이 다르다.

이때 사용은 어떤 부문이 생산을 위해 자기 부문과 다른 부문에서 생산된 것을 원·부재료로 사용한 것이기 때문에 투입과 같게 된다.

/ 투입산출표의 기본구조(구매자가격 기준) /

	중간수요			최종수요			총수요계	총산출	자가공정산출	수입	총공급계(기초가격)	가격전환벡터					총공급계
	농림수산품	공산품	서비스	소비	투자	수출						생산물세	생산물보조금(차감)	도소매마진	화물운임	가격전환계	
농림수산품 공산품 서비스																	
소계																	
순생산물세																	
중간투입계																	
피용자보수																	
영업잉여																	
고정자본소모																	
생산세 (보조금공제)																	
부가가치계																	
총투입계																	

주: ☐ 내는 기록이 없음
자료: 권태현(2020)

투입산출표를 중심으로 GDP와 산업연관표의 관계를 살펴보면 다음과 같다. 국민경제를 구성하고 있는 각 산업부문은 서로 다른 산업부문으로부터 원재료, 연료 등의 중간재를 구입하고 여기에 노동, 자본 등 본원적 요소를 결합함으로써 새로운 재화와 서비스를 생산하여 이를 다른 산업부문에 중간재로 팔거나 최종소비자에게 소비재나 자본재 등으로 판매하게 된다. 투입산출표는 이와 같은 재화와 서비스의 거래를 산업 상호 간의 중간재 거래 부분, 각 산업부문에서의 노동, 자본 등 본원적 생산요소의 구입 부분, 각 산업부문 생산물의 최종소비자에 대한 판매 부분 등 세 가지로 구분하여 기록한다.

투입산출표를 열 방향(세로 방향)으로 살펴보면 원·부재료 등의 투입을 나타내는 중간투입과 노동, 자본 등 본원적 요소의 투입을 나타내는 부가가치 두 부분으로 구성된다. 이 두 부분의 합계를 총투입액(= 총산출액)이라고 한다. 행 방향(가로 방향)으로는 모든 상품은 국내에서 산출되거나 해외에서 수입되고 이들 공급된 상품은 중간재로 판매되거나 소비, 투자, 수출 등에 사용된다. 여기서 중간재로 판매되는 것을 중간수요라고 하고 소비, 투자, 수출 등에 사용되는 것은 최종수요라고 한다. 중간수요와 최종수요의 합이 총수요액(= 총공급액)이고 총공급액에서 수입을 제외한 것이 국내 총산출액(= 총투입액)이다. 이들 관계를 정리해 보면 다음과 같다.

$$총투입액 = 중간투입액 + 부가가치투입액$$
$$= 총산출액$$
$$총수요액 = 중간수요액 + 최종수요액$$
$$= 총공급액$$
$$= 총산출액 + 수입액$$
$$= 총투입액 + 수입액$$

최종수요는 크게 소비(민간소비지출, 정부소비지출), 투자(민간고정자본형성, 정부고정자본형성, 재고증감, 귀중품순취득), 수출(재화, 서비스) 등 3개 항목으로 구분되며, 3개 항목의 합에 공제 항목인 수입을 차감한 금액은 지출측면의 GDP와 같다. 한편 부가가치는 피용자보수, 영업잉여, 고정자본소모 및 순생산물세(= 생산세 − 보조금) 등으로 구성되며 이들 합은 같은 기간 중의 생산측면 GDP와 같다.[71]

---

71 다만 투입산출표는 상품으로 분류되기 때문에 산업으로 분류된 GDP와 부문별로 부가가치가 다르고 상품가격의 평가 방법에 따라 GDP를 얻기 위해 조정해야 하는 절차가 필요하다. 투입산출표의 산출액을 평가하는 방법에는 구매자가격, 생산자가격, 기초가격 등이 있다. 구매자가격, 생산자가격, 기초가격 등은 도소매 마진이나 화물운임, 생산물세 등의 처리 방법에 따라 차이가 있다. 투입산출표를 산출액 기준으로 볼 때 구매자가격과 생산자가격은 동일하지만 기초가격은 다르다. 또한 중간재 거래와 관련한 내생부문과 최종수요 벡터의 거래 내역 기준에 대해서는 구매자가격, 생산자가격, 기초가격 모두 다르게 기록된다(권태현(2020)).

최종수요인 소비, 투자, 수출을 다시 민간이 경제주체가 되는 소비(C)와 투자(I), 정부가 주체인 정부지출(G), 그리고 수출(X)로 구분하면 이들 4개 항목의 합에 수입(M)을 차감한 금액, 즉 지출측면의 GDP(= 생산측면의 GDP = 부가가치)(Y)와 산업연관표 간 관계는 다음과 같이 다시 정리해 볼 수 있다.

총공급액 = 총수요액

총산출액 + 수입액 = 중간수요 + 최종수요

총산출액 = 중간수요 + 최종수요 − 수입액

총산출액 = 중간투입 + 부가가치(Y)

= 중간수요 + 소비(C) + 투자(I) + 정부지출(G) + 수출(X) − 수입(M)

$$Y = C + I + G + X - M$$

모든 재화와 서비스는 총공급과 총수요가 일치한다. 공급되는 재화와 서비스는 국산품과 수입품 두 부분으로 되어 있으며, 총수요는 중간수요와 최종수요로 구분되는데, 총수요에서 수입에 의한 부분을 제외할 경우 이는 국내 총산출액과 일치한다. 총산출액(=총투입액)은 중간투입과 부가가치의 합이며, 중간투입 규모는 산출을 위해 이용한 원·부재료 등 중간재의 크기인 데, 이는 국내의 자기 부문과 여타 부문에서 생산된 것을 투입하거나 수입품을 투입한 것이기 때문에 총수요 측면에서의 중간수요와 동일하다. 중간투입과 중간수요가 일치하므로 부가가치는 소비, 투자, 정부지출, 수출 등의 합에 수입을 차감한 것과 같다.[72]

---

72 좀 더 자세히 살펴보면 총산출(P)은 국산품 최종 소비재(C^d), 국산품 최종 투자재(I^d), 최종 수출재(X)와 생산을 위한 국산품 중간재(IC^d)로 구성된다. 수입(M)은 최종 소비재 수입(C^m), 최종 자본재 수입(I^m), 생산을 위한 중간재 수입(IC^m)으로 구성된다고 할 수 있다. 정부지출(G)은 소비재와 투자재에 대한 지출로 나누어지므로 최종 소비재(C)와 최종 투자재(I)에 나누어 포함되어 있는 것으로 가정한다.

$$P = C^d + I^d + X + IC^d$$
$$M = C^m + I^m + IC^m$$

여기서 총공급액인 총산출액(P)과 수입액(M)의 합은 최종수요(D)와 중간수요(IC)의 합과 같다.

▮ 투입산출표와 GDP 간 관계 ▮

	중간수요	최종수요 D				수입(-) M	총산출
		소비 C	투자 I	정부지출 G	수출 X		
중간투입	「상품 × 상품」 산업 간 순환 A	지출측면 국민소득 $Y = D - M = C + I + G + X - M$					P
부가가치	생산 또는 분배 측면 국민소득 Y						
총투입	P						

투입산출표를 이용하면 경제분석뿐만 아니라 에너지와 같은 물질의 흐름, 탄소 발자국(carbon print) 분석 등 환경 분야를 비롯한 다양한 영역에서의 분석이 가능하다. 예를 들어 위 투입산출표에서 A를 투입계수행렬이라고 할 때 최종수요(D)와 총산출(P) 간에는 식 (1) 및 식 (2)와 같은 관계가 성립한다. 투입산출모형은 이 관계식을 이용하여 최종수요의 변화나 특정 산업의 생산 변화가 전체 산업부문별로 미치는 영향을 예측할 수 있다.

$$P + M = C^d + I^d + X + IC^d + C^m + I^m + IC^m$$
$$= C + I + X + IC^d + IC^m$$
$$= D + IC$$
$$단, \ D = C + I + X$$
$$IC = IC^d + IC^m$$

또한 총산출액(P)에서 중간투입(IC)을 차감할 경우 이는 부가가치로 생산측면에서의 GDP가 되는데 이는 결국 최종수요(D)에서 수입(M)을 차감한 것과 같게 된다.

$$P - IC = C^d + I^d + X + IC^d - IC$$
$$= C^d + I^d + X + IC^d - IC^d - IC^m$$
$$= C^d + I^d + X - IC^m$$
$$= C^d + C^m + I^d + I^m + X - (C^m + I^m + IC^m)$$
$$= C + I + X - M$$
$$= D - M$$
$$= Y$$

$$A \cdot P + D - M = P \qquad (1)$$

$$P = (I - A)^{-1}(D - M) \qquad (2)$$

식 (2)는 최종수요(D)의 어떤 변화가 총산출(P)에 미치는 영향이다.

산업연관표 관련 주요 용어와 2019년 기준 산업연관표

산업연관표를 이용할 때 주로 사용되는 용어는 다음과 같다(한국은행(2023)).
- 총공급 = 국내 총산출 + 수입
- 총수요 = 국내수요(중간수요 + 소비 + 투자) + 국외수요(수출)
- 부가가치율 = 부가가치 ÷ 총산출액
- 중간투입률 = 중간투입액 ÷ 총산출액
- 중간재 국산화율 = 국산 중간재 투입액 ÷ 중간투입액
- 수입의존도 = 수입 중간재 투입액 ÷ 총산출액
- 수출률 = 수출액 ÷ 총산출액
- 수입률 = 수입액 ÷ 총공급액
- 생산유발계수: 어떤 상품의 수요가 1단위 발생하였을 때 이를 충족하기 위해 해당 상품을 만드는 부문을 포함한 모든 부문에서 직·간접적으로 유발되는 생산액의 크기
- 부가가치유발계수: 어떤 상품의 수요가 1단위 발생하였을 때 이를 충족하기 위해 해당 상품을 만드는 부문을 포함한 모든 부문에서 직·간접적으로 유발되는 부가가치의 크기
- 수입유발계수: 어떤 상품의 수요가 1단위 발생하였을 때 이를 충족하기 위해 해당 상품을 만드는 부문을 포함한 모든 부문에서 직·간접적으로 유발되는 수입액의 크기
- 취업자: 임금근로자(상용직 + 임시·일용직) + 자영업자 및 무급가족종사자
- 전업환산 취업자: 시간제 근로자의 근무시간을 전일제 근로자의 평균 근로시간 기준으로 환산한 고용량 측면의 취업자 수
- 취업(고용)계수: 산출액 10억원 생산에 소요되는 전업환산 취업자 수(임금근로자수)를 의미하며, 노동생산성과는 逆의 관계에 있음
- 취업(고용)유발계수: 국산품 수요가 10억원 발생할 경우 이를 충족하기 위해 해당상품을 만드는 부문을 포함한 전산업에서 직·간접적으로 유발되는 전업환산 취업자 수(임금근로자수)

산업연관표의 산업(2015년 기준)은 '대분류 32/중분류 78/소분류 174/기본부문 278', 상품은 '대분류 33/중분류 83/소분류 165/기본부문 381'로 구성되어 있다.

2019년 산업연관표 기준으로 우리나라의 경제구조를 살펴보면 총공급과 총수요에서 차지하는 수출과 수입 비중이 둘 다 15% 정도로 상당한 부분을 차지하고 있다.[73] 산출액에서 공산품이 차지하는 비중은 40%를 상회하고 있으며, 공산품의 비중이 낮아지는 반면 서비스업의 비중이 높아지는 모습이다. 부가가치 기준으로도 공산품에 비해 서비스업의 비중이 높아지고 있다. 총산출액과 비교한 부가가치율은 40%를 상회하며, 수입의존도는 12% 수준이다. 최종수요를 보면 소비가 50% 정도를 차지하며 수출이 30% 정도이다. 총산출액 대비 수출액과 총공급액 대비 수입액을 나타내는 수출률과 수입률은 각각 18% 내외, 14% 내외이다.

/ 우리나라의 경제구조 /

			2015년	2016년	2017년	2018년	2019년
총공급 및 총수요	총공급액(총수요액, 조원)		4,457.6	4,533.4	4,861.0	5,074.2	5,097.5
	총공급 구성비(%)	국내총산출	86.0	86.6	85.8	85.5	85.6
		수입(A)	14.0	13.4	14.2	14.5	14.4
	총수요 구성비(%)	국내수요	83.9	84.5	84.4	84.3	85.1
		수출(B)	16.1	15.5	15.6	15.7	14.9
	대외거래 비중[1)](A+B, %)		30.1	28.9	29.8	30.2	29.3
산업 구조	산출액 구성비(%)	공산품	44.5	43.3	43.4	43.1	41.7
		서비스	44.9	45.9	45.6	46.2	47.6
	부가가치 구성비(%)	공산품	29.5	29.4	29.9	29.5	28.0
		서비스	59.9	59.7	59.3	60.2	61.7
투입 구조	중간투입률[2)]		57.3	56.2	56.5	56.8	56.5
	부가가치율[3)]		42.7	43.8	43.5	43.2	43.5
	수입의존도[4)]		12.4	11.5	12.2	12.7	12.3
	중간재 국산화율[5)]		78.3	79.5	78.3	77.7	78.2
최종 수요 구성	소비		46.6	47.3	46.1	46.6	48.1
	투자		21.6	22.5	23.7	22.9	23.0
	수출		31.7	30.2	30.2	30.5	28.9
대외 거래	수출률[6)]		18.7	17.9	18.1	18.4	17.4
	수입률[7)]		14.0	13.4	14.2	14.5	14.4

주: 1) 총거래액(총공급액 또는 총수요액)에서 수출과 수입이 차지하는 비중
  2) 중간투입/총산출액 3) 부가가치/총산출액
  4) 중간재 수입액/총산출액 5) 국산품 투입액/중간투입액
  6) 수출액/총산출액 7) 수입액/총공급액
자료: 한국은행

---

73 한국은행 보도자료 『2019년 산업연관표(연장표)』(2021.6.21.) 기준으로 작성하였다.

국산품 수요 1단위당 생산·부가가치·수입 유발액인 생산유발계수, 부가가치유발계수, 수입유발계수는 각각 약 1.8, 약 0.8, 약 0.2이다. 최종수요를 충족시키기 위해 유발된 생산액인 생산유발 비중은 소비, 수출, 투자 순이며, 부가가치 규모인 부가가치 유발 비중도 소비, 수출, 투자 순이다. 수입유발 비중은 소비와 수출이 투자보다 높은 가운데 비슷한 정도를 보이고 있다.

∥ 산업연관효과 ∥

			2015년	2016년	2017년	2018년	2019년
부문별 유발계수1)	생산유발계수	전산업	1.813	1.807	1.795	1.790	1.791
	부가가치 유발계수	전산업	0.774	0.791	0.780	0.773	0.780
	수입유발계수	전산업	0.226	0.209	0.220	0.227	0.220
최종수요 유발효과2)	생산유발 비중(%)	소비	42.7	43.3	42.7	43.2	44.5
		투자	21.7	23.0	24.1	23.5	23.5
		수출	35.6	33.7	33.2	33.4	32.0
	부가가치유발 비중(%)	소비	50.5	50.5	49.7	50.1	51.4
		투자	21.3	22.3	23.2	22.7	22.8
		수출	28.2	27.2	27.1	27.2	25.8
	수입유발 비중(%)	소비	36.5	38.1	36.9	37.7	39.2
		투자	22.5	23.2	24.8	23.4	23.6
		수출	41.0	38.7	38.3	39.0	37.2

주: 1) 국산품 수요 1단위당 생산·부가가치·수입 유발 크기
　　2) 최종수요를 충족하기 위해 유발된 산출액·부가가치·수입액 비중
자료: 한국은행

　국민경제의 순환은 경제주체들의 생산, 소비, 투자 등을 나타내는 실물거래와 금융 자산 및 부채의 변동을 보여주는 금융거래로 나누어 볼 수 있다. 자금순환표는 실물활 동과 금융활동을 경제주체별로 일목요연하게 살펴볼 수 있는 통계표이다(한국은행 (2023)). 자금순환표를 이용하면 가계, 기업, 정부, 금융부문, 국외부문 등이 실물거래 를 통해 자금이 얼마나 부족하거나 남았는지, 부족한 자금을 조달하고 운용하는 과정 에서 어떤 금융거래를 하였는지 파악할 수 있다. 자금순환표의 경제주체는 가계, 기업, 정부, 금융부문, 국외부문 등 5개 부문으로 분류한다. 가계, 기업, 정부 등 각 경제주체 들은 생산활동에서 얻은 소득에서 소비를 하고 남은 금액을 투자재원으로 이용한다. 앞서 GDP 관련 지표에서 GNDI는 소비와 저축의 합과 동일하고 이는 소비와 투자의 합과도 일치한다.

$$GNDI = 소비 + 저축$$
$$= 소비 + 투자$$

　또한 GDP와 BOP의 관계에서 살펴본 것처럼 소득(GNDI)에서 소비를 차감한 부분 인 저축은 국내에 투자되거나 국외로 투자되며 GDP상 국외투자는 BOP의 경상수지 에 대응된다.

$$GNDI - 소비 = 저축 = 국내투자 + 국외투자$$
$$= 국내투자 + BOP의 경상수지$$

　가계, 기업, 정부 등의 저축은 국내와 국외로 투자되므로 저축과 투자가 일치하지만 경제주체별로는 자금의 과부족(過不足)이 발생할 수 있다. 가계의 경우 통상 저축이 투자보다 많아 자금잉여가 발생하며 기업은 저축보다 투자가 많으므로 자금부족이 일 어난다. 각 경제주체는 저축이 투자에 필요한 금액보다 많으면 투자 후 남은 금액을 금융기관에 예치하거나 금융시장에서 주식, 채권 등 금융자산을 매입하는 등 자금을 운용한다. 반대로 저축이 투자에 필요한 금액보다 작으면 금융기관으로부터 투자에 필요한 금액을 빌리거나 금융시장에서 주식, 채권 등을 발행하여 자금을 조달하게 된다. 경제주체들의 실물활동 결과 나타난 저축과 투자 금액 차이, 즉 자금 과부족(過不足)을 보여주는 것이 자금순환표의 자본계정이고, 자금 과부족(過不足)에 따라 발생하는 금융부문을 통한 자금의 운용, 조달 등을 보여주는 것이 자금순환표의 금융계정이다.[74] 자본계정에서의 저축과 투자의 차액은 금융계정에서의 자금의 운용과 조달의 차이와 일치한다.

자금순환표는 각 경제부문별로 자금을 조달하고 운용한 내역을 SNA 매뉴얼에 의거하여 작성한다(한국은행(2023)). 자금순환표는 플로우(flow) 통계인 금융거래표(financial accounts), 스톡(stock) 통계인 금융자산부채잔액표(financial balance sheets), 기타 금융자산재평가 등 거래 이외의 요인에 의한 금융자산과 부채 잔액의 변동을 기록하는 거래증감표(reconciliation table) 등으로 구성된다. 금융거래표는 일정 기간 중 각 경제부문의 금융자산·부채 취득 및 처분 결과를 나타내주는 표로서 일정 기간 중 금융 자산 및 부채의 잔액 변동액을 기록한다. 금융거래표를 중심으로 자금순환표를 설명해 보면 다음과 같다.[75]

대차대조표상 자산은 부채와 자기자본의 합과 같다.

$$실물자산 + 금융자산 = 금융부채 + 자기자본$$

좌변과 우변 항목들은 잔액통계이므로 당기말 대차대조표에서 전기말 대차대조표를 차감하여 당기 중 거래로 표시하면

$$실물자산 증감 + 금융자산 증감 = 금융부채 증감 + 자기자본 증감$$

이 되며 실물자산의 증감 및 자기자본의 증감은 각각 투자, 저축과 같으므로

---

[74] 저축·투자차액에는 소득계정상 저축뿐만 아니라 자본계정상 자본이전까지 감안하여야 한다. "<참고 Ⅰ-13> 국민소득통계와 자금순환표의 저축·투자 차액"을 참조하시오.

[75] 금융거래표 작성시 주식, 채권 등 유가증권의 경우 거래가 없더라도 가격변동과 대손상각 등으로 잔액이 변동할 수 있으므로 이러한 거래 이외의 요인에 의한 금액 변동을 제거한 실제 금융거래액만을 통계표에 반영한다.

$$투자 + 금융자산 \ 증감 = 금융부채 \ 증감 + 저축$$

$$저축 - 투자 = 금융자산 \ 증감 - 금융부채 \ 증감$$

이 된다. 이를 가계, 기업, 정부, 금융부문, 국외부문 등 각 경제주체별로 구분하여 표시한 것이 자금순환표의 금융거래표이다. 각 경제주체별로 저축이 투자보다 많을 경우 해당 경제주체는 잉여자금으로 금융자산을 매입하거나 금융부채를 상환하며, 투자가 저축을 초과할 경우에는 투자에 필요한 부족분을 메꾸기 위하여 금융부채를 증가시키거나 금융자산을 매도한다. 기업의 경우 비금융법인기업과 금융활동을 주된 영업활동으로 하는 금융기업으로 나누어 기록한다. 국외부문의 경우 실물거래에 따른 자금 과부족(過不足), 즉 저축과 투자 차이는 BOP의 경상수지에 대응되며 금융활동에 수반되는 자금의 조달과 운용은 BOP의 금융계정에 해당된다.[76, 77] 금융거래표상 금융거래는 금융기관으로부터 자금을 빌려 사용하는 간접금융, 자본시장에서 주식이나 채권 등을 발행하여 직접 자금을 조달하는 직접금융, 직접투자를 비롯하여 해외차관이나 뱅크론 등의 형태로 자금을 빌려오는 국외금융 방식으로 대별될 수 있다. 동 거래들은 금융상품별로 기록되는데 금과 SDRs, 현금 및 예금, 보험 및 연금 준비금, 채권, 대출금, 정부융자, 지분증권 및 투자펀드, 파생금융상품, 상거래신용, 직접투자, 기타대외채권채무, 기타금융자산부채 등으로 구성된다.

---

[76] 국외부문의 저축과 투자 차액에는 BOP의 경상수지뿐만 아니라 금액이 크지 않지만 자본수지도 포함된다. "<참고 I-13> 국민소득통계와 자금순환표의 저축·투자 차액"을 참조하시오.

[77] BOP 금융계정 자산·부채 잔액의 변화를 기록한 통계표가 국제투자대조표이며, 국제투자대조표는 자금순환표의 금융자산부채잔액표상 국외부문을 거주자의 입장에서 기록한 것과 같다.

/ 자금순환표 금융거래표의 구성 /

	총계		국내부문		금융법인		비금융법인기업		일반정부		가계 및 비영리단체		국외부문	
	운용	조달	운용	조달	운용	조달	운용	조달	운용	조달	운용	조달	운용	조달
실물거래														
(저축)		A		B		①		②		③		④		⑤
(투자)	C		D		⑥		⑦		⑧		⑨		⑩	
저축투자차액	A − C = 0		B − D = −⑤+⑩		① − ⑥		② − ⑦		③ − ⑧		④ − ⑨		⑤ − ⑩	
금융거래														
(예금 및 보험)														
(대출금)														
(유가증권)														
(기타)														
자금운용조달차액	= A − C = 0		= B − D = −⑤+⑩		= ① − ⑥		= ② − ⑦		= ③ − ⑧		= ④ − ⑨		= ⑤ − ⑩	

주: A = B+⑤ = ①+②+③+④+⑤, B = ①+②+③+④, C = D+⑩ = ⑥+⑦+⑧+⑨+⑩,
　　A − C = 0, A = B+⑤ = D+⑩이므로 B − D = −⑤+⑩

금융거래표를 살펴보면 경제 전체적으로 실물거래 활동에 의한 자금조달, 즉 저축과 자금운용인 투자 규모가 일치하게 되며, 금융거래의 경우도 자금조달과 자금운용 규모가 같아지게 된다. 그러나 경제주체별로는 차이가 발생하는 것이 일반적이다.

가계[78]의 경우 일반적으로 저축이 투자보다 많은 자금잉여 주체(저축·투자 차액 (+))이며 비금융법인기업은 투자가 저축을 초과하는 자금부족 주체(저축·투자 차액 (−))이다. 일반정부의 경우 세입이 세출보다 많으면 자금잉여 주체가 되고 세출이 세입보다 클 경우 자금부족 주체가 된다. 국외부문의 경우 경상수지가 흑자를 나타내면 금융거래표가 국외부문의 입장에서 기록되므로 실물거래상 저축이 (−) 조달로

---

[78] 자금순환표상 가계도 국민소득통계처럼 "가계 및 비영리단체"를 의미하는데 가계는 일반가계와 소규모 개인사업자를 모두 포함하며 비영리단체는 가계에 봉사하는 민간비영리단체(종교단체, 노동조합, 학술단체 등)를 의미한다.

표시되며 저축·투자 차액도 (−)로 나타난다. 경상수지가 흑자라는 이야기는 경제 전체(국내부문)의 저축이 국내투자보다 많다는 의미이다.[79]

금융거래의 자금 운용과 조달란에는 각각 금융자산, 금융부채 관련 거래가 기록된다. 금융거래상 자금운용란에는 금융자산의 취득과 처분 관련 내역이 나타나는데 운용란이 (+)라는 것은 금융자산 취득액이 처분액보다 커 금융자산이 순증하였음을 의미한다. (−)는 처분액이 취득액보다 많아 금융자산이 줄어든 경우이다. 자금조달란에는 금융부채의 차입과 상환 관련 내역이 나타나는데 조달란이 (+)라는 것은 금융부채 차입액이 상환액보다 커 금융부채가 순증하였음을 의미한다. (−)는 상환액이 차입액보다 많아 금융부채가 줄어든 경우이다. 경제주체별 활동을 금융거래의 측면에서 보면 가계의 경우 대체로 운용이 조달보다 많고, 즉 금융자산 증감이 금융부채 증감보다 크고(자금운용·조달 차액 (+)), 비금융법인기업의 경우 조달이 운용보

---

[79] 경상수지가 흑자 혹은 적자일 경우 자금순환표 금융거래표는 다음과 같이 기록된다.

❘ 경상수지 흑자·적자와 자금순환표 ❘

경상수지가 흑자인 경우
국내부문의 저축이 투자보다 클 때

	총계		국내부문		국외부문	
	운용	조달	운용	조달	운용	조달
실물거래						
(저축)		100		150		−50
(투자)	100		100		0	
저축투자차액	0		50		−50	
금융거래						
(예금 및 보험)						
(대출금)						
(유가증권)						
(기타)						
자금운용조달차액	0		50		−50	

경상수지가 적자인 경우
국내부문의 저축이 투자보다 작을 때

	총계		국내부문		국외부문	
	운용	조달	운용	조달	운용	조달
실물거래						
(저축)		100		80		20
(투자)	100		100		0	
저축투자차액	0		−20		20	
금융거래						
(예금 및 보험)						
(대출금)						
(유가증권)						
(기타)						
자금운용조달차액	0		−20		20	

다 많다. 즉 금융자산 증감에 비해 금융부채 증감이 상대적으로 크다(자금운용·조달 차액 (−)). 국외부문의 경우 자금운용은 국외부문의 입장에서 보아 금융자산의 취득이나 처분이므로 우리나라의 대외부채 증감을, 자금조달은 금융부채의 차입이나 상환이므로 우리나라의 대외자산 증감을 의미한다. 경상수지가 흑자를 보일 경우 국외부문의 자금조달이 운용보다 많아 금융부채 증감(우리나라의 대외자산 증감)이 금융자산 증감(우리나라의 대외부채 증감)보다 크게 나타난다(자금운용·조달 차액 (−)).

종합해 보면 자금순환표의 실물거래(자본계정)는 GDP의 저축·투자 차액에 대응되고 이는 금융거래(금융계정)의 자금 운용 및 조달 규모 차이와 이론적으로 일치한다.

$$저축 - 투자 = 금융자산 증감 - 금융부채 증감$$
$$= 자금운용 - 자금조달$$

또한 각 경제주체의 저축·투자 차액과 자금 운용·조달 규모의 차이는 이론적으로 같아야 한다. 국외부문의 경우 실물거래상 자금 과부족(過不足), 즉 저축과 투자 차이는 이론적으로 BOP의 경상수지에 대응(부호는 반대)되며 금융거래에 나타나는 자금의 운용과 조달 규모 차이는 BOP의 금융계정(부호는 반대)에 해당된다.[80, 81, 82]

---

80 국외부문의 저축과 투자 차액에는 BOP의 경상수지뿐만 아니라 자본수지도 포함된다.

81 잔액 측면에서 자금순환통계의 국내부문에 해당하는 금융 자산 및 부채 잔액은 국민대차대조표의 금융 자산·부채 잔액이 된다. 국내부문의 금융 자산 및 부채 잔액 차이는 원리적으로 국외부문의 금융자산 및 부채 잔액 차이와 규모는 같으나 부호가 반대 방향이다. 자금순환표상 국외부문은 비거주자의 입장에서 기록되기 때문이다. 자금순환표상 국외부문(비거주자)의 금융 자산 및 부채 잔액은 각각 우리나라(거주자)의 대외금융부채와 대외금융자산 잔액으로 이는 BOP 금융계정 자산·부채 잔액의 변화를 기록한 국제투자대조표와도 원리적으로 일치한다. 자금순환표의 국내부문 금융자산 및 금융부채 잔액 차이에 국민경제의 비금융자산을 합치면 국민대차대조표상 우리나라의 순자산이 되어 자금순환표(유량 및 잔액), 국제수지표(유량), 국제투자대조표(잔액), 국민대차대조표(잔액)의 연결이 이루어진다.

각 경제주체별 저축·투자 차이, 즉 자금 과부족(過不足)은 다음과 같이 다시 정리
해 볼 수 있다.

<가계의 자금 과부족>

처분가능소득 + 금융부채 증감 = 소비 + 투자 + 금융자산 증감

⇒ (처분가능소득 − 소비) − 투자 = 금융자산 증감 − 금융부채 증감

⇒ 저축 − 투자 = 금융자산 증감 − 금융부채 증감

<기업의 자금 과부족>

매출수입 + 금융부채 증감

　= 중간재구입비 + 임금 등 기타경비 + 각종 세금 및 배당 등 + 투자

　+ 금융자산 증감

⇒ (매출수입 − 중간재구입비 − 임금 등 기타경비 − 각종 세금 및 배당 등)

　 − 투자 = 금융자산 증감 − 금융부채 증감

⇒ 저축 − 투자 = 금융자산 증감 − 금융부채 증감

／ 2022년 말 금융자산 및 부채 잔액 ／

자금순환표		국민대차대조표		국제투자대조표	
국내부문		국내부문		대외금융자산	
금융자산	21,959.6조원	금융자산	21,959.6조원		21,687.2억달러
금융부채	20,982.1조원	금융부채	20,982.1조원	대외금융부채	
차이(A)	977.5조원	차이(C)	977.5조원		13,973.7억달러
국외부문		국외부문		순대외금융 자산	
금융자산	1,770.9조원	금융자산	1,770.9조원		7,713.4억달러
금융부채	2,742.3조원	금융부채	2,742.3조원		
차이(B)	−971.4조원	차이	−971.4조원		
A+B	6.4조원	비금융자산(D)	19,402.8조원		
		전체순자산(C+D)	20,380.3조원		

자료: 한국은행 ECOS(2024.3.4. 기준)

82 GDP, 국제수지표, 자금순환표, 국민대차대조표 등 국민계정통계들은 작성목적, 편제 기초자
료, 작성방법, 작성주기, 편제시차 등의 차이로 한국은행 ECOS 수록 통계가 매순간 완전하게
일치하지는 않는다. 또한 자금순환통계 작성 기준과 여타 국민계정통계 간 경제부문 및 금융
상품 분류 등에 다소 차이가 있어 시계열 비교시 유의할 필요가 있다.

<일반정부의 자금 과부족>[83]

조세수입 + 사회부담금 등 + 금융부채 증감

   = 최종소비 + 사회수혜금 + 기타경상이전 등 + 투자 + 금융자산 증감

⇒ (조세수입 + 사회부담금 등 − 최종소비 − 사회수혜금 − 기타경상이전 등)

   − 투자 = 금융자산 증감 − 금융부채 증감

⇒ 저축 − 투자 = 금융자산 증감 − 금융부채 증감

<거주자 측면에서 본 국외부문의 자금 과부족>

수출 등 + 대외채무 증감 = 수입 등 + 대외채권 증감

⇒ 수출 등 − 수입 등 = 대외채권 증감 − 대외채무 증감

⇒ 국외부문에 대한 저축·투자차액 = 대외채권 증감 − 대외채무 증감

경제 전체적으로 국내부문의 저축에서 투자로 사용하고 남은 부문은 대외채권 증감과 대외채무 증감의 차이로 나타난다.

<국내부문 전체의 자금 과부족>

투자 = 국내부문의 저축 + 국외부문의 저축

⇒ 투자 = 국내부문의 저축 + (−1) × (대외채권 증감 − 대외채무 증감)

---

83 "<참고 Ⅰ−15> 2022년 중 공공부문의 저축·투자 차액"을 참조하시오.

참고 I-13 국민소득통계와 자금순환표의 저축·투자 차액

국민소득통계는 생산계정, 소득계정, 자본계정으로 이루어져 있으며, 국민소득통계의 자본계정과 금융계정을 연결하는 것이 자금순환통계이다(한국은행(2020)).

/ 국민소득통계와 자금순환통계 /

국민소득통계상 생산계정, 소득계정, 자본계정은 가계(비영리단체 포함), 기업인 금융법인과 비금융법인, 일반정부, 국외 등 5개의 제도부문별로 기록된다.

먼저 '제도부문별 생산계정'은 총산출, 중간소비, 부가가치 등의 발생내역을 제도부문별로 체계적으로 작성한 것이다.

/ 국민소득통계 제도부문별 생산계정 /

| | 국내부문 | | | | | | | | 국내 전체 | |
| | 금융법인 | | 비금융법인 | | 일반정부 | | 가계 및 비영리단체 | | | |
	사용	원천	사용	원천	사용	원천	사용	원천	사용	원천
산출액										
중간소비										
순생산물세										
총부가가치 (기초가격)										
고정자본소모										
순부가가치										

주: ☐ 내는 기록이 없음

'제도부문별 소득계정'은 국민처분가능소득(National Disposable Income)과 이의 처분내역을 제도부문별로 나누어 작성한 것으로 피용자보수, 영업잉여, 각종 세금 등 총부가가치가 생산활동에 참여한 각 제도부문에 배분된 내역(소득발생계정), 이들이 가

계소득, 기업이윤 등으로 각 경제주체에게 귀속된 요소소득 배분 내역(소득분배계정),
제도부문 간 소득이전거래(소득분배계정), 소득 처분 내역(소득사용계정) 등을 보여준다.

/ 국민소득통계 제도부문별 소득계정 /

	국내부문								국외부문	
	금융법인		비금융법인		일반정부		가계 및 비영리단체			
	사용	원천	사용	원천	사용	원천	사용	원천	사용	원천
소득발생계정										
피용자보수										
영업잉여										
생산세 및 보조금 등										
고정자본소모										
총부가가치 (기초가격)										
순생산물세										
소득분배계정										
귀속 요소소득 배분 등	:	:	:	:	:	:	:	:	:	:
순본원소득잔액 (NNI)										
총본원소득잔액 (GNI)										
부문간 이전거래 등	:	:	:	:	:	:	:	:	:	:
순처분가능소득(NDI)										
총처분가능소득 (GNDI)										
사회적 현물이전										
순조정 처분가능소득										
총조정 처분가능소득										
소득사용계정										
최종소비지출										
실제최종소비										
연금기금의 가계 순지분 증감조정										
순저축										
총저축										

주: ☐ 내는 기록이 없음

'제도부문별 자본계정'은 제도부문별 자본의 축적과 조달 내용을 기록하는데, 가계 등 각 경제주체들은 소득계정에서 나타나는 소득에서 소비하고 남은 순저축분만 아니라 경상수지(국외), 순자본이전 등의 자본조달을 원천으로 투자활동(총고정자본형성 등)에 의한 자본축적을 하게 된다.

국민소득통계 제도부문별 자본계정

	국내부문								국외부문	
	금융법인		비금융법인		일반정부		가계 및 비영리단체			
	자산 증감	부채 및 순자산 증감	자산 증감	부채 및 순자산 증감	자산 증감	부채 및 순자산 증감	자산 증감	부채 및 순자산 증감	자산 증감	부채 및 순자산 증감
순저축(①)										
국외경상수지(②)										
순자본이전(③)										
①+②+③=④		A								
총고정자본형성 (⑤)										
고정자본소모(-) (⑥)										
재고증감(⑦)										
귀중품순취득(⑧)										
비생산비금융자 산순취득(⑨)										
⑤ - ⑥ + ⑦ + ⑧ + ⑨ = ⑩	B									
저축투자차액 (④ - ⑩ = ⑪)	A - B = C									
저축 및 자본이전에 의한 순자산 증감(⑩ + ⑪ = ④)	B + C = A	A								

주: ☐ 내는 기록이 없음

가계, 기업, 정부 등의 '저축·투자 차액'은 '소득계정의 순저축 + 자본계정의 순자본이전 - 총고정자본형성(고정자본소모분 차감) - 재고증감 - 귀중품 순취득 - 비생산비금융자산 순취득'과 같다. 국외부문의 경우 저축·투자차액은 경상수지와 자본수지

(자본이전관련)를 외국의 입장에서 기록한다. 즉 우리나라의 경상수지 및 자본수지 합과 금액 크기는 같지만 부호는 반대이다(한국은행(2020)).[84]

자금순환표의 제도부문별 저축·투자 차액은 국민소득통계의 제도부문별 자본계정상 저축·투자 차액과 같으며, '저축'은 처분가능소득에 소비를 차감한 국민소득통계의 '제도부문별 소득계정상 순저축'에 '자본계정상 순자본이전 등'을 감안하여 구한다. '제도부문별 금융계정'은 자본계정에 수반되는 금융부채의 발행을 통한 자금의 조달과 금융자산의 취득에 의한 자금의 운용내역을 나타낸다. 자본계정의 저축·투자 차액과 금융계정의 자금 과부족(過不足)은 이론적으로 일치하게 된다.

╱ 국민소득통계 및 자금순환통계 제도부문별 자본계정, 금융계정 ╱

	국내부문								국외부문	
	금융법인		비금융법인		일반정부		가계 및 비영리단체			
	운용	원천	운용	원천	운용	원천	운용	원천	운용	원천
저축		①								
투자	②									
자본계정 저축투자차액	①-② =A									
직접금융										
간접금융										
국외금융 등										
금융계정 합계	③	④								
금융계정 자금과부족		③-④ =A								

주: 1) ☐ 내는 기록이 없음
   2) 자본계정 저축투자차액과 금융계정 자금과부족은 통계자료, 편제상의 차이 등으로 반드시 일치하지는 않음

---

[84] 국외부문의 투자는 "0"이지만 자연자원(토지 등), 주파수 대역 등 외국의 비생산비금융자산 취득이 있을 수 있다.

참고 Ⅰ-14 ## 2022년 자금 조달 및 운용

2022년 우리나라의 경제활동 결과 발생한 국내부문의 자금 운용·조달 차액 규모는 39.2조원을 기록하였다.[85] 경제주체별로 가계 및 비영리단체는 자금운용과 자금조달이 각각 263.4조원, 80.6조원으로 순자금운용이 182.8조원을 기록하여 여타 부문에 자금을 공급하였다.[86] 금융법인의 경우도 순자금운용 규모가 71.5조원으로 나타났다. 비금융법인의 경우에는 자금조달과 운용이 각각 169.7조원, 345.5조원으로 175.8조원 순자금조달을 보여 여타 부문으로부터 자금을 공급받았다는 것을 알 수 있다. 일반정부의 경우도 39.3조원 순자금조달을 나타내었다. 국외부문의 경우에는 우리나라의 경상수지가 298.3억달러 흑자를 보임에 따라 자금조달과 운용이 각각 107.8조원, 68.6조원으로 39.2조원의 순자금조달을 기록하였다.

/ 2022년 자금 조달 및 운용 /

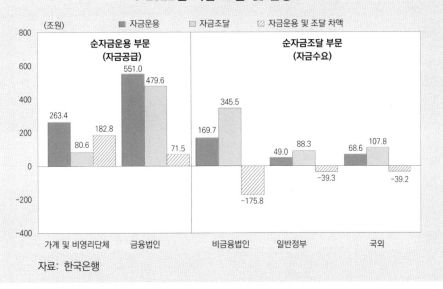

자료: 한국은행

---

85 한국은행 보도자료 『2022년 자금순환(잠정)』(2023.4.6.) 기준으로 작성하였다.

86 자금순환통계는 동일한 경제부문에 속한 경제주체 간의 상호거래를 제거하지 않은 비연결기준(non-consolidated) 통계이다.

가계 및 비영리단체가 주요 자금공급 주체로, 비금융법인기업이 주요 자금수요 주체로 나타났다. 우리나라의 경제주체별 자금 운용 및 조달 차액 변화 추이를 살펴보면 가계 및 비영리단체는 지속적으로 자금 공급원, 비금융법인기업은 자금수요 주체로 작용하였다. 정부의 경우 대체로 자금공급 주체였으나 최근 들어 자금수요 주체로 변하였다. 금융법인은 규모는 크지 않지만 자금공급 주체의 역할을 지속하였다.

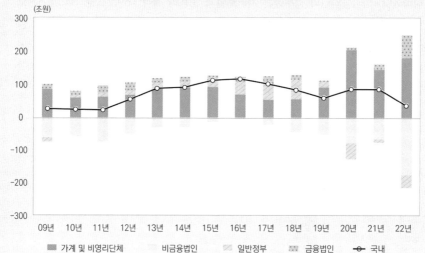

/ 자금 운용 및 조달 차액 변화 /

자료: 한국은행

참고 Ⅰ-15 **2022년 공공부문의 저축·투자 차액**

　일반정부의 저축·투자 차액을 공공부문으로 확장하면 공공부문의 수지가 도출된다. 공공부문은 일반정부(중앙정부, 지방정부, 사회보장기금)뿐만 아니라 비금융공기업과 금융공기업을 포괄한 것이다.[87] 2022년 기준 158개의 비금융공기업과 13개의 금융공기업(중앙)이 있다. 공공부문의 총수입과 총지출 차이는 공공부문의 저축·투자 차액과 같다.

　〈공공부문 총수입〉

　총수입 = 매출액(상품비상품판매수입) + 조세수입 + 재산소득수취

　　　　　+ 사회부담금 + 기타경상이전수취 + 자본이전수취

　〈공공부문 총지출〉

　총지출 = 중간소비 + 피용자보수 + 기타생산세지급 + 보조금지급

　　　　　+ 재산소득지급 + 경상세지급 + 사회수혜금 + 사회보장현물수혜

　　　　　+ 기타경상이전지급 + 자본이전지급 + 총고정자본형성

　　　　　+ 재고증감 + 비생산비금융자산순취득

　공공부문의 총수입과 총지출 차이는 공공부문의 저축·투자차액과 같다. 공공부문의 흑자(총수입 > 총지출)는 저축이 투자지출보다 큰 경우, 적자(총수입 < 총지출)는 투자지출이 저축보다 큰 경우 발생한다(한국은행(2020)).

　공공부문계정 통계를 이용하면 총수입·총지출, 순저축 혹은 수지(총수입-총지출), GDP 대비 총지출 및 수지 비율 등의 재정지표를 산출할 수 있고 재정지출의 성과 및 건전성 분석 등이 가능하다.

　2022년 우리나라 공공부문의 총수입은 1,104.0조원으로 2021년(994.9조원)에 비해 109.1조원 증가하였다.[88] 이는 일반정부의 조세수입이 큰 폭으로 늘어난 데다 공기업 매출액 등도 증가한 데 기인한다. 공공부문의 총지출은 1,199.8조원으로 2021년(1,022.2조원)에 비해 177.6조원 증가하였다. 총지출은 일반정부의 최종소비지출[89]과 기타경상이전, 공기업의 중간소비를 중심으로 증가하였다.

87　제1장의 각주 21)을 참조하시오.

88　한국은행 보도자료 『2022년 공공부문계정(잠정)』(2023.9.20.) 기준으로 작성하였다.

89　정부서비스 생산비용 관련 금액과 건강보험 급여비(사회보장 현물수혜에 포함) 등을 합한 것이다.

공공부문의 수지는 -95.8조원으로 적자폭이 2021년 27.3조원에 비해 크게 확대되었다.

▮ 공공부문 주요 재정지표[1] ▮

(조원, %, %p)

	2017	2018	2019	2020	2021 (C)	2022ᴾ (D)	(D−C)
총수입(A)	807.7 〈5.2〉	852.7 〈5.6〉	878.4 〈3.0〉	889.0 〈1.2〉	994.9 〈11.9〉	1,104.0 〈11.0〉	109.1
(조세[2])	348.3	381.0	385.0	392.6	463.3	517.2	53.8
(매출액 등[3])	207.0	209.1	209.6	202.4	220.9	255.1	34.2
(사회부담금[4])	143.9	156.0	170.3	184.1	197.5	206.3	8.8
(재산소득 수취[5])	57.2	60.5	64.3	59.4	58.2	72.7	14.5
총지출(B)	753.7 〈4.5〉	799.6 〈6.1〉	863.8 〈8.0〉	947.4 〈9.7〉	1,022.2 〈7.9〉	1,199.8 〈17.4〉	177.6
(최종소비[6])	283.0	304.7	328.7	350.1	377.8	405.7	27.9
(공기업 중간소비[7])	109.5	113.1	111.8	106.3	127.9	188.0	60.1
(투자[8])	112.6	120.1	129.4	135.0	141.3	157.8	16.5
(사회수혜금[9])	91.4	99.5	113.0	128.2	138.1	157.4	19.3
(기타경상이전[10])	62.5	64.8	74.7	122.9	132.1	174.3	42.2
수지(A−B)	54.1	53.1	14.7	−58.4	−27.3	−95.8	−68.5
명목 GDP 대비 비율							
(총수입)	(44.0)	(44.9)	(45.6)	(45.8)	(47.8)	(51.1)	(3.2)
(총지출)	(41.1)	(42.1)	(44.9)	(48.8)	(49.1)	(55.5)	(6.4)
(수지)	(2.9)	(2.8)	(0.8)	(−3.0)	(−1.3)	(−4.4)	(−3.1)
(최종소비+투자)	(21.6)	(22.4)	(23.8)	(25.0)	(25.0)	(26.1)	(1.1)

주: 1) 〈 〉내는 전년대비 증감률
2) 생산 및 수입세 + 경상세 + 자본세
3) 일반정부 상품비 상품판매 수입 + 공기업 매출액
4) 국민연금, 건강보험 등 사회보험료 수취액
5) 이자, 배당금 수입 등
6) 정부서비스 생산비용, 건강보험 급여비 등
7) 비금융공기업 + 금융공기업
8) 총고정자본형성 + 재고증감
9) 기초연금, 국민연금 지급액 등
10) 민간으로의 지원금 등
자료: 한국은행

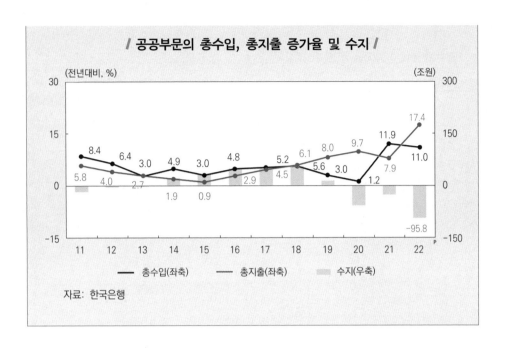

공공부문의 총수입, 총지출 증가율 및 수지

(전년대비, %)

(조원)

	11	12	13	14	15	16	17	18	19	20	21	22 P
총수입(좌축)	8.4	6.4	3.0	4.9	3.0	4.8	5.2	6.1	5.6	3.0	11.9	11.0
총지출(좌축)	5.8	4.0	2.7	1.9	0.9	2.9	4.5		8.0	9.7	7.9	17.4
수지(우축)										1.2		-95.8

─── 총수입(좌축)   ─── 총지출(좌축)   ▨ 수지(우축)

자료: 한국은행

II

우리나라의 GDP, BOP 현황과

통계표 읽는 방법

Ⅱ

우리나라의 GDP, BOP 현황과
통계표 읽는 방법

① 최근 GDP 현황

가. 2022년 경제성장[1]

　2022년 우리 경제는 실질기준으로 연간 2.6% 성장하였다. 2020년 코로나19 여파로 경제성장이 0.7% 감소하였으나 경제가 점차 회복되면서 2021년 4.3% 증가한 데 이어 플러스 성장을 지속하였다. 2022년 우리 경제성장은 상고하저(上高下低)의 모습을 보였다. 상반기 중에는 성장률이 전기비 기준 1/4분기 0.7%, 2/4분기 0.8%로 비교적 높은 모습이었다. 그러나 하반기 들어 세계 경제성장세 약화와 글로벌 교역 위축으로 우리 경제성장도 둔화되면서 성장률이 3/4분기 0.2%로 낮아지고 4/4분기에는 0.3% 감소로 전환되었다.

1　한국은행 보도자료 『2021년 국민계정(확정) 및 2022년 국민계정(잠정)』(2023.6.2.) 기준으로 작성하였다.

경제성장률 변화(계절조정계열)

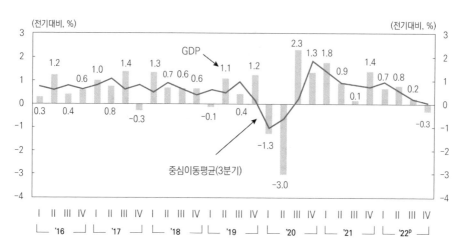

자료: 한국은행

　2022년 경제성장 내역을 먼저 지출항목별로 살펴보면 2021년에 비해 건설투자
(−1.6% → −2.8%)와 설비투자(9.3% → −0.9%)는 감소하고 수출(11.1% → 3.4%), 수
입(10.1% → 3.5%)은 증가세가 둔화되었으나 민간소비(3.6% → 4.1%)는 증가폭이 확
대되었다. 경제활동별로는 제조업(7.1% → 1.5%)의 증가폭이 축소되었으나 서비스업
(3.8% → 4.2%)의 증가폭은 확대되었다.

　실질 GNI는 실질 국외순수취요소소득(20.9조원 → 26.8조원)이 증가하였으나 교역
조건(−2.7% → −8.4%) 악화로 실질 무역손실이 크게 확대되어 0.7% 감소하였다.

국내총생산 및 부문별 증감률(2015년 연쇄가격 기준)

(전년대비, %)

	비중[1]	2018	2019	2020	2021	2022P
국내총생산(GDP)	[100.0]	2.9	2.2	−0.7	4.3	2.6
민간소비	[48.1]	3.2	2.1	−4.8	3.6	4.1
정부소비	[18.8]	5.3	6.4	5.1	5.5	4.0
건설투자	[15.5]	−4.6	−1.7	1.5	−1.6	−2.8
설비투자	[9.2]	−2.3	−6.6	7.2	9.3	−0.9
지식재산생산물투자	[7.4]	4.4	3.1	3.4	6.1	5.0
재고증감[2]	[1.0]	0.3	0.0	−0.8	−0.1	0.1
수출	[48.3]	4.0	0.2	−1.7	11.1	3.4
(재화수출)	[41.0]	3.3	−1.1	−0.2	10.7	3.6
수입	[48.3]	1.7	−1.9	−3.1	10.1	3.5
(재화수입)	[40.4]	2.0	−2.5	0.3	12.6	4.3
농림어업	[1.8]	0.2	3.9	−5.8	5.2	−1.0
제조업	[28.0]	3.3	1.1	−1.1	7.1	1.5
전기가스수도사업	[0.9]	−1.7	4.3	4.1	2.7	1.9
건설업	[5.7]	−2.8	−2.6	−1.3	−1.9	0.7
서비스업	[63.5]	3.8	3.4	−0.8	3.8	4.2
국민총소득(GNI)		1.6	0.4	0.1	3.5	−0.7

주: 1) [ ] 내는 2022년 명목 GDP(산업별로는 기초가격 총부가가치)에서 차지하는 비중(%)
   2) 재고증감은 GDP에 대한 성장기여도(%p)
자료: 한국은행

다음으로 2022년 중 GDP 성장기여도를 살펴보면 2022년에는 그 전년도에 비해 내수의 성장기여도가 3.6%p에서 2.5%p로 1.1%p 낮아지고 순수출의 기여도도 0.7%p에서 0.1%p로 0.6%p 낮아졌다. 민간의 성장기여도는 3.6%p에서 2.1%p로 1.5%p 낮아지고 정부의 기여도도 0.7%p에서 0.5%p로 0.2%p 낮아졌다.

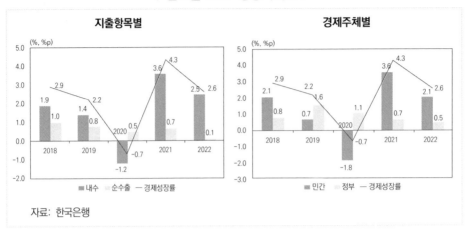

연도별 GDP 성장기여도

지출항목별

(%, %p)

■ 내수   ■ 순수출   — 경제성장률

경제주체별

(%, %p)

■ 민간   ■ 정부   — 경제성장률

자료: 한국은행

　세부적으로 지출항목별로는 내수(3.6%p → 2.5%p)의 성장기여도는 소비(2.6%p → 2.6%p)가 2021년과 비슷한 증가세를 유지하였으나 투자(1.0%p → -0.2%p) 기여도가 마이너스(-)로 전환되어 플러스(+) 폭이 축소되었다. 투자의 경우 건설투자가 -0.2%에서 -0.4%로 마이너스(-) 기여도가 확대되고 설비투자는 +0.8%에서 -0.1%로 마이너스(-)로 전환되었다. 순수출의 성장기여도(0.7%p → 0.1%p)는 수출과 수입 모두 기여도가 줄어들었으나 수출이 더 크게 위축되면서 그 폭이 축소되었다. 경제주체별로는 민간(3.6%p → 2.1%p) 및 정부(0.7%p → 0.5%p)의 성장기여도가 모두 축소되었다. 민간의 경우 소비는 1.7%에서 1.9%로 소폭 확대되었으나 투자가 설비투자를 중심으로 1.3%에서 0.1%로 1.2%p 줄어들고 순수출도 0.7%에서 0.1%로 낮아지면서 전체적으로 축소되었다. 정부는 소비가 1.0%에서 0.7%로 낮아지면서 축소되었다.

/ 지출항목별 GDP 성장기여도 /

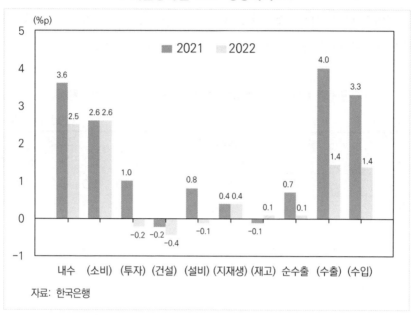

(%p)

■ 2021　■ 2022

항목	2021	2022
내수	3.6	2.5
(소비)	2.6	2.6
(투자)	1.0	-0.2
(건설)	-0.2	-0.4
(설비)	0.8	-0.1
(지재생)	0.4	0.4
(재고)	-0.1	0.1
순수출	0.7	0.1
(수출)	4.0	1.4
(수입)	3.3	1.4

자료: 한국은행

/ 경제주체별 GDP 성장기여도 /

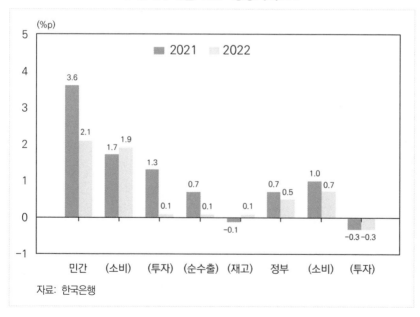

(%p)

■ 2021　■ 2022

항목	2021	2022
민간	3.6	2.1
(소비)	1.7	1.9
(투자)	1.3	0.1
(순수출)	0.7	0.1
(재고)	-0.1	0.1
정부	0.7	0.5
(소비)	1.0	0.7
(투자)	-0.3	-0.3

자료: 한국은행

경제활동별로는 제조업을 중심으로 광공업의 성장기여도가 1.8%p에서 0.4%p로 1.4%p 낮아진 반면, 서비스업은 2.2%p에서 2.4%p로 0.2%p 높아졌다. 농림어업, 전기·가스 및 수도사업, 건설업의 경우는 큰 차이를 보이지 않았다.

❚ 경제활동별 GDP 성장기여도(2015년 연쇄가격 기준, 원계열) ❚

(전년동기대비, %p)

		2021					2022ᵖ				
		I	II	III	IV	연간	I	II	III	IV	연간
생산	농림어업	0.0	0.0	0.1	0.2	0.1	0.0	0.0	0.0	0.0	0.0
	광공업	1.2	3.4	1.5	1.0	1.8	0.8	0.7	0.8	-0.7	0.4
	제조업	1.2	3.4	1.5	1.0	1.8	0.8	0.7	0.8	-0.7	0.4
	전기가스및수도사업	0.1	0.1	0.0	0.0	0.1	-0.1	0.0	0.1	0.1	0.0
	건설업	-0.1	-0.2	-0.1	0.0	-0.1	-0.1	-0.1	0.1	0.2	0.0
	서비스업1)	0.9	2.6	2.2	2.8	2.2	2.4	2.5	2.5	2.2	2.4
	순생산물세	0.3	0.5	0.3	0.2	0.3	0.0	-0.2	-0.2	-0.3	-0.2
국내총생산		2.4	6.4	4.1	4.3	4.3	3.1	2.9	3.2	1.4	2.6

주: 1) 도소매 및 숙박음식업, 운수업, 금융 및 보험업, 부동산업, 정보통신업, 사업서비스업, 공공행정 국방 및
　　사회보장, 교육서비스업, 의료보건 및 사회복지서비스업, 문화 및 기타서비스업 포함

자료: 한국은행

GDP 건설업과 건설투자의 차이

2022년 명목금액 기준으로 건설업이 전산업 생산에서 차지하는 비중은 5.7%이지만 건설투자는 국내총지출에서 15.5%를 차지하고 있다. 또한 2022년 건설투자는 전년대비 2.8% 감소하였지만 건설업은 오히려 0.7% 증가하였다.[2] 이러한 차이는 생산측면 GDP상 건설업과 지출측면 GDP상 건설투자가 측정대상이 다른 데다 포괄범위도 다르기 때문이다.

먼저 건설업 생산은 부가가치를 대상으로 하며 건설투자는 총산출을 측정한다. 건설업 생산은 건설업체가 건설활동을 통해 새롭게 만들어 낸 부가가치만을 포착하기 때문에 건설업 산출액에서 생산과정에 소요되는 철근, 시멘트 등의 중간재 수요분을 차감하여 측정한다. 또한 산업별 GDP는 기초가격(basic prices) 기준으로 작성되기 때문에 건설업 생산은 부가가치세, 취득세 등 생산물세를 포함하지 않고 있다.[3] 반면 건설투자는 건설업자가 창출한 건설상품의 총 구매가치를 측정하므로 부가가치 외에도 건설과정에 투입된 중간재, 건물 등의 구입과 이에 수반되는 세금(부가가치세, 등록세, 취득세 등)이나 수수료(중개수수료 등) 등 부대비용을 모두 포함하고 있다. 이는 지출측면 GDP가 관련 세금을 모두 포괄하는 구매자가격(purchaser prices)을 기준으로 작성되기 때문이다.[4]

포괄범위와 관련하여 건설업 생산은 분양 상황과 관계없이 건물건설, 토목건설 등 모든 건설상품을 포괄하지만, 건설투자는 건설업 산출에서 미분양 주택 등 건설재고의 증감을 차감하여 추계한다. 건설재고는 건설이 진행 중이거나 완료되었지만 미분

---

2 한국은행 ECOS(2023.11.5.) 기준이다.

3 기초가격은 생산자가격에서 생산물세를 공제하고 생산물보조금을 합한 것으로 총산출을 기초가격으로 평가하는 것은 세금이나 보조금의 부가가치에 대한 영향을 배제하는 것이 각 산업부문의 국민경제에 대한 비중, 기여도 등을 정확히 파악할 수 있고 경제분석이나 정책수립에도 유용하기 때문이다. 생산물세는 산업별로 배분되지 않으며 전체 세금 총액을 기초가격 GDP에 합산함으로써 시장가격 GDP가 산출된다.

4 구매자가격이란 구매자가 요구하는 시기 및 장소에서 한 단위의 재화 또는 서비스를 제공받기 위해 지급해야 할 모든 금액이다. 구매자가격은 생산자가격에 구매자가 부담하는 공제불능 부가가치세(non-deductible VAT)와 거래 및 운송 마진을 합하여 산출한다. 공제불능 부가가치세는 구매자가 실제로 납부한 부가가치세로 부가가치세 납부채무(매출세액)에서 공제 받을 수 있는 세액(매입세액)을 차감한 것을 말한다.

양 등으로 소유권이 이전되지 못한 상태의 자산을 의미하는데 건설재고 스톡이 늘어
나면 正(+)의 재고증감액을 차감하게 되므로 건설투자는 줄어들며 건설재고 스톡이
줄어들면 負(−)의 재고증감액을 차감하게 되므로 건설투자는 늘어나게 된다.

　　결과적으로 건설업과 건설투자는 건설업 중간투입, 건설재고, 부대비용의 변동
등에 따라 서로 다른 흐름을 보일 수 있다.

　　2022년 명목 GDP는 2,161.8조원으로 2021년 대비 3.9% 성장하였다. 미 달러화
기준으로는 환율 상승(2021년 1,144.4원 → 2022년 1,292.0원, 연평균 12.9% 상승)의 영
향으로 전년에 비해 7.9% 감소한 1조 6,733억달러를 나타내었다.

　　1인당 GNI는 4,248.7만원으로 2021년 대비 4.5% 증가하였다. 미 달러화 기준으로
는 32,886달러로 전년대비 7.4% 감소하였는데 이는 명목 GDP(7.2% → 3.9%)가 증
가하였으나 원/달러 환율(−3.0% → 12.9%)이 크게 상승한 데 주로 기인한다.

　　가계의 구매력을 보여주는 1인당 PGDI(Personal Gross Disposable Income, 가계총
처분가능소득)은 2,350.6만원으로 전년대비 6.8% 증가하였다. 미 달러화 기준으로는
주로 원/달러 환율 상승에 기인하여 18,194달러로 전년대비 5.4% 감소하였다. PGDI
는 가계(가계에 봉사하는 비영리단체 포함)의 본원소득에 정부 및 기업 등과의 이전
소득을 반영하여 산출된다. 이는 가계가 소비나 저축으로 자유로이 처분할 수 있는
소득으로 가계의 구매력을 나타내는 지표로 사용되기도 한다. 앞서 GDP 관련 지표
에서 알아본 NI(국민소득)에서 가계에게 지급되지 않는 부분인 법인소득과 정부가
받는 이자, 임료 등을 차감하면 PPI(Personal Primary Income, 가계본원소득)가 된다.[5]
PPI에 가계가 정부와 기업 및 국외부문으로부터 수취한 이전소득을 더하고 정부나
기업 및 국외부문에 지급한 이전소득을 차감하면 PDI(Personal Disposable Income,
가계처분가능소득)가 된다.

　　　PDI = PPI + 순이전소득

5　GDP, GNI, GNDI 등의 관계에 대해서는 "Ⅰ－3. 다양한 GDP 관련 지표"를 참조하시오.

순이전소득은 소득이나 부에 대한 경상세, 사회부담금, 사회수혜금 등이다. PDI에 가계의 고정자본소모[6]를 감안한 것이 PGDI이다.

$$PGDI = PDI + 가계\ 고정자본소모$$

또한 PDI에 사회적 현물이전(social transfers in kind)까지 반영하면 PADI(Personal Adjusted Disposbale Income, 가계조정처분가능소득)가 된다. 사회적 현물이전이란 정부 등이 가계에 현물 등의 형태로 제공하는 재화와 서비스로 무상교육이나 보건소의 무상진료 등을 예로 들 수 있다. 사회적 현물이전은 저소득층 생계비 지원 등과 같이 정부가 가계에 현금으로 지원하는 정부의 경상이전지출과는 구별된다.

$$PADI = PDI + 사회적\ 현물이전$$

/ 연도별 GDP 및 1인당 GNI /

	단위	2018	2019	2020	2021	2022ᵖ	
명목 GDP	조원	1,898.2	1,924.5	1,940.7	2,080.2	2,161.8	(3.9)
	억달러	17,252	16,510	16,446	18,177	16,733	(-7.9)
1인당 GNI(A)	천원	36,930	37,539	37,766	40,654	42,487	(4.5)
	달러	33,564	32,204	32,004	35,523	32,886	(-7.4)
1인당 PGDI(B)	천원	19,874	20,474	21,185	22,007	23,506	(6.8)
	달러	18,063	17,565	17,953	19,230	18,194	(-5.4)
B/A	%	53.8	54.5	56.1	54.1	55.3	
연앙추계인구	만명	5,161	5,171	5,184	5,174	5,163	(-0.2)

주: ( ) 내는 전년대비 증감률(%)
자료: 한국은행

---

6 주택에 대한 고정자본소모분이 거의 대부분을 차지한다.

2022년 1인당 GNI(미 달러화 기준) 감소 요인

2022년 1인당 GNI(미 달러화 기준)는 명목 GDP가 증가(2021년 7.2% → 2022년 3.9%)하였으나 원/달러환율이 크게 상승(-3.0% → 12.9%)한 데 주로 기인하여 32,886달러로 2021년 35,523달러에 비해 상당폭 감소(11.0% → -7.4%)하였다.[7]

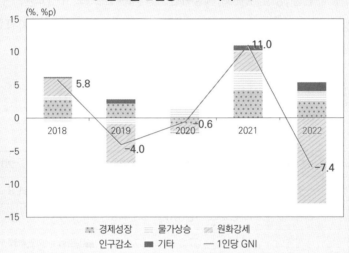

／ **연도별 1인당 GNI 기여도** ／

자료: 한국은행

2021년 기준 우리나라의 1인당 GNI(35,523달러)는 세계 36위이며, 인구 5천만 명 이상 국가 중에서는 7위이다.[8]

---

7 한국은행 보도자료 『2021년 국민계정(확정) 및 2022년 국민계정(잠정)』(2023.6.2.) 기준으로 작성하였다.

8 국가별 1인당 GNI는 UN(당해연도 시장환율)의 경우 익익년 1월경에, World Bank(3개년 평균환율)의 경우 익년 7월경에 발표한다.

주요국의 1인당 GNI 규모 및 순위(2021년 기준)

국가명	1인당 GNI (미달러)	인구 5천만명 이상	인구 2천만명 이상	인구 1천만명 이상	전체[1]
미국	70,081	1	1	1	9(8)
호주	64,490	–	2	2	12(12)
스웨덴	62,469	–	–	3	13(13)
네덜란드	56,574	–	–	4	17(17)
독일	52,885	2	3	5	21(21)
캐나다	51,741	–	4	6	23(26)
벨기에	51,639	–	–	7	25(23)
영국	46,338	3	5	8	27(31)
프랑스	45,535	4	6	9	28(30)
일본	41,162	5	7	10	33(27)
이탈리아	36,216	6	8	11	35(35)
한국[2]	35,523	7	9	12	36(36)
대만	33,756	–	10	13	38(37)
스페인	30,216	–	11	14	41(40)
중국	12,324	8	14	22	77(79)
인도	2,239	21	38	55	161(163)

주: 1) ( ) 내는 2020년 순위
   2) 한국은행 2021년 확정치(ECOS 2023.12.1.) 기준
자료: UN, 대만 통계청

다음으로 GDP 디플레이터, 저축률 등에 대해 살펴보기로 한다. 먼저 2022년 GDP 디플레이터 등락률은 1.3%로 2021년 2.8%에 비해 낮아졌다.

총저축률(34.1%)은 최종소비 증가율(8.3%)이 GNDI 증가율(4.4%)을 크게 상회함에 따라 전년(36.5%)대비 2.4%p 하락하였다.[9] 국내총투자율(32.7%)은 총자본형성 증가율(6.7%)이 GNDI 증가율(4.4%)보다 높아 전년(32.0%)에 비해 0.7%p 상승하였다. 국내총투자율과 국외투자율(1.4%)을 합하면 총저축률과 같아진다.

---

9 GDP, GNI, GNDI 등과 저축률, 투자율 등의 관계에 대해서는 "Ⅰ–3. 다양한 GDP 관련 지표"를 참조하시오.

가계순저축률은 가계소비 증가율(8.4%)이 가계소득 증가율(6.5%)을 상회함에 따라 전년 10.6%에서 9.1%로 하락하였다. 여기서 가계소득은 PDI에 사회적 현물이전과 연금기금의 가계순지분 증감 조정분이 포함된 것이다.[10] 가계소비도 사회적 현물이전이 반영되어 있다.

/ 연도별 GDP 디플레이터와 저축률 /

(%)

구분	2018	2019	2020	2021	2022P
GDP 디플레이터 등락률[1]	0.5	-0.8	1.6	2.8	1.3
총저축률	35.9	34.7	36.0	36.5	34.1
GNDI 증가율[1]	3.4	1.9	1.0	7.4	4.4
최종소비 증가율[1]	5.2	4.0	-1.1	6.7	8.3
가계순저축률	6.1	6.9	12.4	10.6	9.1
가계소득[2] 증가율[1]	4.7	4.5	3.9	4.4	6.5
가계소비[3] 증가율[1]	5.1	3.6	-2.2	6.6	8.4
국내총투자율	31.5	31.3	31.7	32.0	32.7
국외투자율	4.5	3.3	4.4	4.4	1.4

주: 1) 전년대비, %

    2) PDI(가계(순)처분가능소득) + 사회적 현물이전 + 연금기금의 가계순지분 증감 조정

    3) 가계최종소비지출 + 사회적 현물이전

자료: 한국은행

GDP 디플레이터 변화(2021년 2.8% → 2022년 1.3%)에 대해 좀 더 자세히 살펴보면 지출측면에서는 소비, 투자 등 내수 디플레이터(3.3% → 4.7%)의 상승폭이 확대되었으나, 차감 항목인 수입 디플레이터(14.2% → 26.4%)가 수출 디플레이터(11.1% → 15.8%)보다 더 큰 폭으로 상승하였다.

---

10 가계소득은 'PDI + 사회적 현물이전 + 연금기금의 가계순지분 증감 조정 = PADI + 연금기금의 가계순지분 증감 조정'이다. 고정자본소모는 제외된다.

생산측면에서는 제조업 디플레이터(3.0% → 3.0%)가 전년의 상승세를 유지하였으나, 운수업(수상운송 등)을 중심으로 서비스업 디플레이터(2.9% → 1.9%)의 상승폭이 축소되었다.

/ 주요 지출항목별 디플레이터 기여도 /

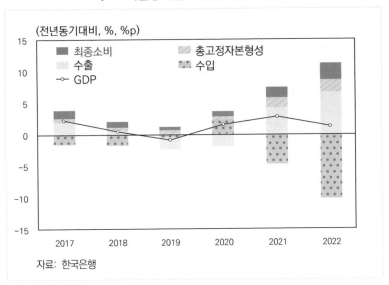

/ 주요 경제활동별 디플레이터 기여도 /

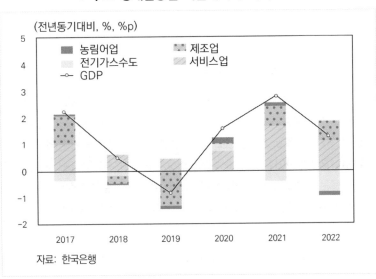

우리나라 GDP의 변화

　　우리나라의 GDP 변화 추이를 살펴보면 GDP 대비 민간소비의 비중이 크게 낮아진 반면 수출입의 비중이 높아진 모습이다. 민간소비는 1960년대 GDP 대비 90%(명목기준)에 달하였으나 최근에는 50%를 다소 하회하고 있다. 반면 수출과 수입은 증가하여 각각 50% 수준에 이르고 있다. 정부소비는 1980년대 중반 10% 수준으로 낮아진 이후 다시 조금씩 늘어나면서 20% 수준에 달하고 있다. 건설투자는 1990년대 초 20%를 넘어섰으나 현재 15% 내외를 나타내고 있다. 설비투자도 1990년대 초 15%까지 높아졌으나 지금은 10%를 하회하는 모습이다.

∥ GDP대비 지출항목별 비중 변화[1] ∥

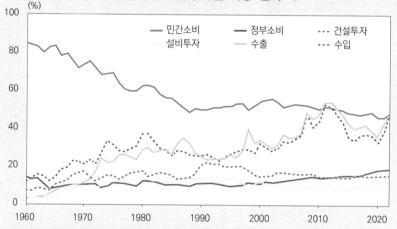

주: 1) 명목기준
자료: 한국은행 ECOS(2023.12.1. 기준)

　　우리나라 GDP 성장률을 민간과 정부 기여분으로 나누어 살펴보면 2001년 1/4분기~2023년 2/4분기 중 GDP는 매분기 평균 3.6% 성장하였는데 민간이 2.8%p, 정부가 0.8%p 기여한 것으로 나타났다. GDP 성장률 변동에 있어 민간소비(1.4%p), 민간투자(0.8%p), 순수출(0.5%p) 등 민간부문이 큰 역할을 하였다. GDP 성장률은 기여도가 높은 민간부문과 상관성이 아주 높으며 정부부문과는 陰(−)의 상관성을 보였다.[11] 민간부문과 정부부문은 GDP 성장률 변동에 대체로 서로 반

11　2001년 1/4분기~2023년 2/4분기 중 GDP 성장률과 민간 기여도, 정부 기여도의 상관계수는 각각 0.97, −0.30이다.

대 방향으로 움직여 온 것으로 관찰되었다.[12]

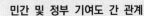

∥ GDP 변동과 민간, 정부 기여도[1) ∥

민간 및 정부 기여도와 GDP 성장률

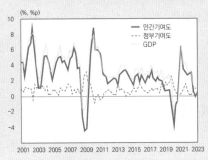

민간 및 정부 기여도 간 관계

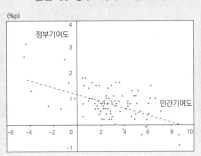

주: 1) 전년동기대비, 실질기준
자료: 한국은행 ECOS(2023.12.1. 기준)

정부지출의 대부분(약 80%)을 차지하는 정부소비는 2001년 1/4분기~2023년 2/4분기 중 매분기 평균 5.1% 성장하고 표준편차도 작았다.

∥ 지출항목별 GDP 성장률[1) ∥

(%)

	GDP	민간소비	정부소비	건설투자	설비투자	수출	수입
1970년 1/4 ~2000년 4/4							
평균(A)	9.0	7.4	5.7	10.1	15.2	17.4	13.2
표준편차	4.6	4.5	3.2	15.7	23.7	14.8	14.3
2001년 1/4 ~2023년 2/4							
평균(B)	3.6	2.7	5.1	1.8	3.8	6.6	5.8
표준편차	2.2	3.0	1.6	5.1	9.0	7.6	7.9
B/A	0.4	0.4	0.9	0.2	0.3	0.4	0.4

주: 1) 전년동기대비, 분기평균, 실질기준
자료: 한국은행 ECOS(2023.12.1. 기준)

민간부문과 정부부문의 움직임으로 미루어 볼 때 정부부문의 경우 민간에 비해 성장 기여분은 크지 않지만 정부소비를 중심으로 꾸준히 증가하면서 민간부문을 보완하여 경기 안정화에 상당한 역할을 해왔다고 할 수 있다.

---

12 민간과 정부 기여도 간 상관계수는 -0.51이다.

나. 2023년 경제성장[13]

2023년 우리 경제는 실질기준으로 연간 1.4% 성장하였다. 고물가·고금리, IT경기 부진 등의 영향으로 민간소비와 수출의 증가세가 둔화되면서 2022년 2.6%보다 성장률이 낮아졌다. 분기별로 2023년 우리 경제성장은 점차 개선되는 모습을 보였다. 성장률이 전기비 기준 1/4분기 0.3%이었으나, IT 경기가 회복되면서 2/4분기 이후 세 분기 모두 0.6%로 성장세가 높아졌다.

/ **경제성장률 변화(계절조정계열)** /

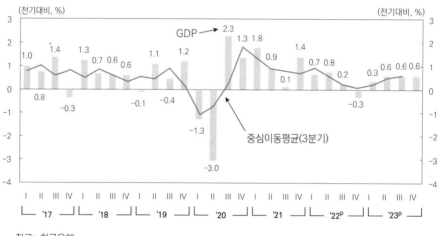

자료: 한국은행

2023년 경제성장 내역을 먼저 지출항목별로 살펴보면 2022년에 비해 건설투자 (2021년 −2.8% → 2022년 1.4%)와 설비투자(−0.9% → 0.5%)가 증가 전환하였으나, 민간소비(4.1% → 1.8%), 정부소비(4.0% → 1.3%), 수출(3.4% → 2.8%) 및 수입(3.5% → 3.0%)은 증가폭이 축소되었다. 경제활동별로는 건설업(0.7% → 2.8%)은 증가폭이 확대되었으나 제조업(1.5% → 1.0%)과 서비스업(4.2% → 2.0%)은 증가폭이 축소되었다.

---

13 한국은행 보도자료 『2023년 4/4분기 및 연간 실질 국내총생산(속보)』(2024.1.25.) 기준으로 작성하였다.

실질 GDI 증가율(1.4%)은 교역조건이 전년 수준을 유지하여 실질 GDP 성장률(1.4%)과 동일하게 나타났다.

| 국내총생산 및 부문별 증감률 |

(전년대비, %)

	2018	2019	2020	2021	2022P	2023P
국내총생산(GDP)	2.9	2.2	-0.7	4.3	2.6	1.4
민간소비	3.2	2.1	-4.8	3.6	4.1	1.8
정부소비	5.3	6.4	5.1	5.5	4.0	1.3
건설투자	-4.6	-1.7	1.5	-1.6	-2.8	1.4
설비투자	-2.3	-6.6	7.2	9.3	-0.9	0.5
지식재산생산물투자	4.4	3.1	3.4	6.1	5.0	1.6
재고증감[1]	0.3	0.0	-0.8	-0.1	0.1	-0.1
수출	4.0	0.2	-1.7	11.1	3.4	2.8
수입	1.7	-1.9	-3.1	10.1	3.5	3.0
농림어업	0.2	3.9	-5.8	5.2	-1.0	-2.2
제조업	3.3	1.1	-1.1	7.1	1.5	1.0
전기가스수도사업	-1.7	4.3	4.1	2.7	1.9	-4.5
건설업	-2.8	-2.6	-1.3	-1.9	0.7	2.8
서비스업[2]	3.8	3.4	-0.8	3.8	4.2	2.0
국내총소득(GDI)	1.6	-0.1	0.0	3.2	-1.0	1.4

주: 1) 재고증감은 GDP에 대한 성장기여도 기준(%p)

2) 도소매 및 숙박음식업, 운수업, 금융 및 보험업, 부동산업, 정보통신업, 사업서비스업, 공공행정 국방 및 사회보장, 교육서비스업, 의료보건 및 사회복지서비스업, 문화 및 기타서비스업 포함

자료: 한국은행

다음으로 2023년 중 GDP 성장기여도를 살펴보면 지출항목별로 내수 성장기여도가 소비(2.6%p → 1.1%p)를 중심으로 2022년 2.5%p에서 1.4%p로 1.1%p 축소되고, 순수출 기여도는 0.1%p에서 -0.1%p로 0.2%p 낮아지면서 소폭 마이너스(-)로 전환되었다. 경제주체별로는 정부의 성장기여도는 0.5%p에서 0.4%p로 큰 차이가 없었으나 민간의 기여도가 2.1%p에서 0.9%p로 1.2%p 큰 폭으로 낮아졌다.

연도별 GDP 성장기여도

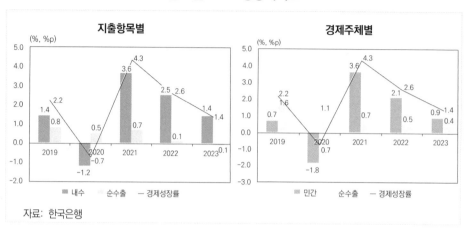

자료: 한국은행

세부적으로 지출항목별로는 내수(2.5%p → 1.4%p)의 성장기여도는 투자(−0.2%p → 0.4%p)가 플러스(+)로 전환되었으나 소비가 2.6%p에서 크게 낮아진 1.1%p로 1.5%p 축소되었다. 투자의 경우 건설투자는 −0.4%p에서 0.2%p로 0.6%p 확대되고 설비투자도 −0.1%p에서 0.0%p로 0.1%p 개선되었다. 순수출(0.1%p → −0.1%p)의 성장기여도는 수출과 수입 기여도 모두 1.4%로 2022년과 큰 차이가 없었으나, 수입 기여도가 수출 기여도를 조금 상회하면서 전체 기여도가 조금 축소되었다.

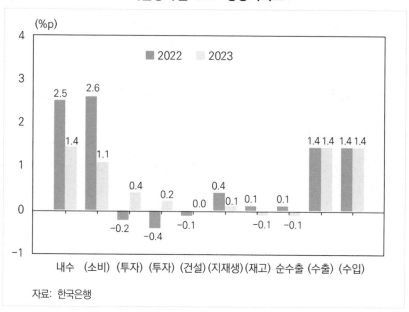

/ **지출항목별 GDP 성장기여도** /

(%p)

2022 2023

내수 (소비) (투자) (투자) (건설) (지재생) (재고) 순수출 (수출) (수입)

자료: 한국은행

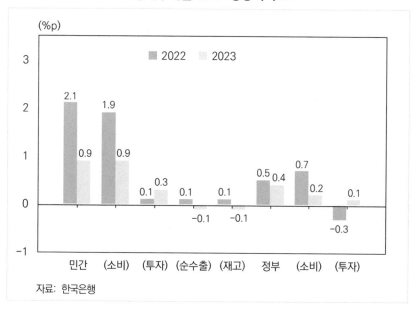

/ **경제주체별 GDP 성장기여도** /

(%p)

2022 2023

민간 (소비) (투자) (순수출) (재고) 정부 (소비) (투자)

자료: 한국은행

경제활동별로는 제조업을 중심으로 광공업의 성장기여도가 2022년(0.4%p)과 비슷한 0.3%p를 나타낸 반면, 서비스업은 2.4%p에서 1.2%p로 1.2%p 낮아졌다. 농림어업, 전기·가스 및 수도사업, 건설업의 경우는 큰 차이를 보이지 않았다.

/ 경제활동별 GDP 성장기여도(2015년 연쇄가격 기준, 원계열) /

(전년동기대비, %p)

		2022					2023ᴾ				
		I	II	III	IV	연간	I	II	III	IV	연간
생산	농림어업	0.0	0.0	0.0	0.0	0.0	-0.1	0.1	0.0	-0.1	0.0
	광공업	0.8	0.7	0.8	-0.7	0.4	-0.9	-0.2	0.3	1.6	0.3
	제조업	0.8	0.7	0.8	-0.7	0.4	-0.9	-0.2	0.3	1.6	0.3
	전기가스및수도사업	-0.1	0.0	0.1	0.1	0.0	-0.2	-0.1	0.0	0.1	0.0
	건설업	-0.1	-0.1	0.1	0.2	0.0	0.3	0.2	0.2	-0.1	0.1
	서비스업[1]	2.4	2.5	2.5	2.2	2.4	2.0	1.2	1.0	0.7	1.2
	순생산물세	0.0	-0.2	-0.2	-0.3	-0.2	-0.2	-0.3	-0.2	0.1	-0.2
국내총생산		3.1	2.9	3.2	1.4	2.6	0.9	0.9	1.4	2.2	1.4

주: 1) 도 소매 및 숙박음식업, 운수업, 금융 및 보험업, 부동산업, 정보통신업, 사업서비스업, 공공행정 국방 및 사회보장, 교육서비스업, 의료보건 및 사회복지서비스업, 문화 및 기타서비스업 포함

자료: 한국은행

2 GDP 통계 읽는 방법

가. 전기비와 전년동기비

분기 GDP 성장률을 보는 방법에는 전년동기비와 전기비가 있다. 우리나라는 분기 성장률의 주지표로 전기비 성장률(계절조정계열)을, 보조지표로 전년동기비 성장률(원계열)을 사용하며 전기비 연율은 공표하지 않고 있다. OECD는 GDP 공표 시 단기적 경기변동을 신속하게 포착하는 데 적합한 전기비 성장률을 주지표로 제공할 것을 권고하고 있으며 대부분의 OECD 회원국들이 이를 따르고 있다. 다만, 미국, 캐나다, 일본 등 몇몇 국가에서는 전기비 연율도 공표하고 있다. 특히 미국은 전기비 연율을 주지표로 사용하고 있다. 전기비 연율은 연간 성장률과의 비교가 용이한 측면이 있으나 변동성이 매우 크다는 단점이 있다.

/ 주요국의 분기 GDP 성장률 작성 및 주지표 현황 /

구분	전기비	전년동기비	전기비연율	주지표
우리나라	○	○	-	전기비
독일	○	○	-	전기비
프랑스	○	-	-	전기비
영국	○	○	-	전기비
이탈리아	○	○	-	전기비
호주	○	○	-	전기비
일본	○	○	○	전기비
캐나다	○	-	○	전기비
멕시코	○	○	○	전기비
미국	-	○	○	전기비연율
중국	○	○	-	전년동기비
브라질	○	○	-	전년동기비
인도네시아	-	○	-	전년동기비
인도	-	○	-	전년동기비
사우디아라비아	○	○	-	전년동기비
싱가포르	-	○	○	전년동기비

자료: 한국은행(2023)

앞서 언급한 바와 같이 통계적 기법을 이용하여 계절요인을 제거한 계절변동조정 계열의 전기비 GDP 성장률은 경기 전환점을 신속하게 포착하는 데 유용하다. 원계열 전년동기비 성장률의 경우 매년 반복되는 계절성을 쉽게 제거하고 지난 1년간의 변화를 파악할 수 있다는 장점이 있다. 그러나 계절패턴의 변화, 명절이나 공휴일에 의한 조업일수의 차이를 제거하지 못하는 등 한계가 있고 비교 시점이 1년 전이라 경기의 기조적 흐름을 잘 반영하지 못하는 측면이 있다.

분기 GDP 변동을 다음 예와 같은 그림을 통해 살펴보기로 한다. 두 증감률을 쉽게 비교하기 위해 원계열과 계절조정계열의 통계 수치가 같다고 가정한다. 분기 GDP가 다음 그림과 같이 순환한다고 가정할 때 전기비 증감률의 경우 1−4 시점에서 저점을 통과하여 2−1부터는 회복국면에 진입한 것으로 볼 수 있다. 그러나 전년동기비 증가율로 보았을 때에는 2−1 시점에서는 이를 정확하게 파악하기 어렵고 2−3이 되어서야 증감률이 플러스로 돌아서는 것을 확인할 수 있다. 즉 전기비는 경기가 회복되는 시점에서 성장률이 陽(+)의 부호로 전환되어 경기 전환이 바로 파악되는 반면, 전년동기비는 이보다 2분기 늦은 시점에서 성장률이 陽(+)의 부호로 전환되어 경기 전환 포착 시기가 늦어지게 되는 것이다. 이러한 점을 반영하여 분기 GDP 성장률의 경우 계절변동조정 통계의 전기비 성장률을 주지표로 사용하는 국가들이 많은 상황이다.

∥ 경기순환과 전년동기비 및 전기비 성장률 ∥

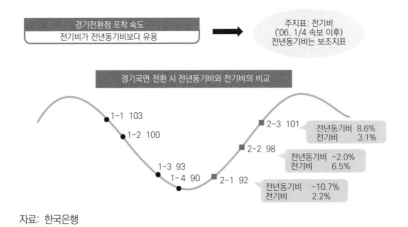

자료: 한국은행

나. 4/4분기 전기비 성장률과 익년 경제성장률

경제성장률 전망 시 4/4분기 GDP 성장률은 특히 중요하다. 4/4분기 성장률이 어느 정도이냐에 따라 다음 해의 연간 성장률이 상당히 달라지게 된다.[14] 4/4분기 전기비 경제성장률이 높은 증가세를 보일 경우 GDP의 수준이 높아지기 때문에 다음 해 전년동기비 성장률이 높아지고 결과적으로 연간 성장률도 높아진다. 예를 들어 어느 해(t년) GDP 전기비 성장률이 매분기 각각 0.7%, 0.8%, 0.2%, −0.4%(t년 성장률 2.6%)를 나타내었다고 하자. 또한 다음 해((t+1)년) 성장 흐름에는 변화가 없을 것으로 예측하였다고 하자. 즉 (t+1)년도 전기비 성장률이 매분기 0.5%로 같다고 가정한다. 이때 t년 4/4분기 성장률이 −0.4%에서 0.0%로 높아진다면 t년 연간 성장률이 소폭 높아질 뿐만 아니라 (t+1)년 경제성장률 전망치도 상향 조정된다. 다음 그림에서 t년도 4/4분기 성장률이 −0.4% 대신 0.0%이라고 하면 t년 성장률이 2.6%에서 2.7%로 높아지는 한편 (t+1)년 성장률은 −0.4%일 때의 성장률 전망치 1.3%보다 0.3%p 높은 1.6%가 된다. 4/4분기가 0.5% 및 1.0%라면 (t+1)년 성장률 전망치는 각각 1.9%, 2.3%로 높아진다.

/ 4/4분기 전기비 성장률과 익년 경제성장률 /

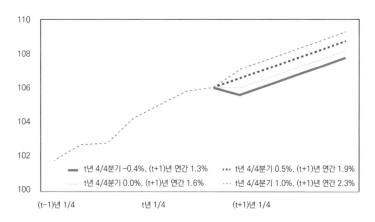

---

[14] 당해연도 여타 분기에 비해 4/4분기 전기비 성장률이 변할 경우 다음 해 연간 성장률의 변화 폭이 크게 나타난다. "<참고 Ⅱ−4> 연간 성장률과 이월효과 및 성장모멘텀"을 참조하시오.

연간 경제성장률은 직전년도$((t-1)$년)의 분기 성장의 영향을 나타내는 '이월효과(carry-over effect)'와 당해연도$(t$년)의 성장분만을 나타내는 '성장모멘텀(growth dynamics)'으로 분해 가능하다(Tödter(2011)).

$$\frac{\overline{Q_t}}{Q_{t-1}} = \frac{Q_{t-1,4}}{Q_{t-1}} \times \frac{\overline{Q_t}}{Q_{t-1,4}}$$

$$\Rightarrow \left(\frac{\overline{Q_t}}{Q_{t-1}}-1\right) \approx \left(\frac{Q_{t-1,4}}{Q_{t-1}}-1\right) + \left(\frac{\overline{Q_t}}{Q_{t-1,4}}-1\right)$$

단, $\overline{Q_t}$: t년도 분기 평균금액, $Q_{t-1,4}$: $(t-1)$년도 4/4분기 금액

이므로 연간성장률$\left(\left(\frac{\overline{Q_t}}{Q_{t-1}}-1\right)\right)$은 이월효과$\left(\left(\frac{Q_{t-1,4}}{Q_{t-1}}-1\right)\right)$와 성장모멘텀

$\left(\left(\frac{\overline{Q_t}}{Q_{t-1,4}}-1\right)\right)$의 합으로 나눌 수 있다.

이월효과는 직전년도 분기 평균금액에 대한 직전년도 4/4분기 금액 성장률로서 직전년도 4/4분기 금액이 당해 연도에도 지속되었다고 가정했을 경우의 연간성장률이다.[15]

$$\frac{Q_{t-1,4}}{Q_{t-1}} - 1 = \frac{(Q_{t-1,4} + Q_{t-1,4} + Q_{t-1,4} + Q_{t-1,4})/4}{(Q_{t-1,1} + Q_{t-1,2} + Q_{t-1,3} + Q_{t-1,4})/4} - 1$$

---

15 분기 성장률 실제치를 토대로 해당연도의 성장률을 가늠해 보기 위해 남은 분기의 성장률(전기대비)이 0%라고 가정하여 계산해 보기도 하는데, 이때 산출된 연간 경제성장률을 overhang 성장률(growth overhang)이라고 한다. 프랑스 INSEE에서는 분기 GDP 성장률 공표 시 전기비뿐만 아니라 overhang 성장률을 함께 제공하고 있다.

직전년도 4/4분기 금액이 1/4~3/4분기 금액의 평균과 같을 경우 이월효과는 0이 된다.[16]

/ 이월효과 /

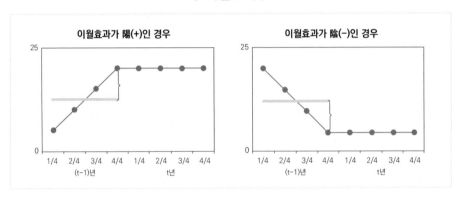

성장모멘텀은 직전년도 4/4분기 금액 대비 당해연도 분기 평균금액 성장률로 당해연도 전기비 성장률이 같다고 할 경우에는 성장모멘텀의 크기가 동일하다. 앞의 예시의 경우에서 이월효과 및 성장모멘텀은 다음 그림과 같다. t년 4/4분기 전기비 성장률을 토대로 (t+1)년 연간 성장률을 분해해 본 것이다.

---

16 이월효과가 0이라면, 즉 $\dfrac{Q_{t-1,4}}{Q_{t-1}} = 1$이라면 다음 관계가 성립한다.

$$\frac{Q_{t-1,4}}{Q_{t-1}} = 1 \iff Q_{t-1,4} = \frac{1}{4}\left(Q_{t-1,1} + Q_{t-1,2} + Q_{t-1,3} + Q_{t-1,4}\right)$$

$$\iff \frac{3}{4}Q_{t-1,4} = \frac{1}{4}\left(Q_{t-1,1} + Q_{t-1,2} + Q_{t-1,3}\right)$$

$$\iff Q_{t-1,4} = \frac{1}{3}\left(Q_{t-1,1} + Q_{t-1,2} + Q_{t-1,3}\right)$$

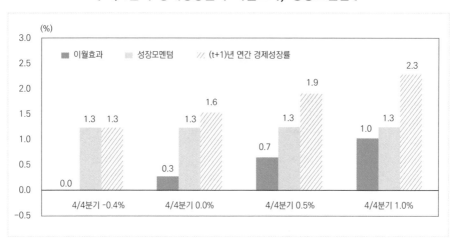

/ 4/4분기 경제성장률과 이월효과, 성장모멘텀 /

다음은 각각 이월효과가 마이너스(−)인 경우와 성장모멘텀이 달라진 경우의 예시이다. 앞의 예에서 4/4분기 전기비 성장률이 −1.0%, −0.5%가 되면 이월효과가 마이너스가 된다. 그림의 첫 번째 경우이다. 4/4분기 전기비 성장률이 0.0%인 가운데 다음 해 성장 흐름이 전기비 기준으로 매분기 각각 0.0%, 0.5%, 1.0%라면 성장모멘텀은 0.0%, 1.3%, 2.5%가 된다. 그림의 두 번째 예시이다.

/ 이월효과 및 성장모멘텀 /

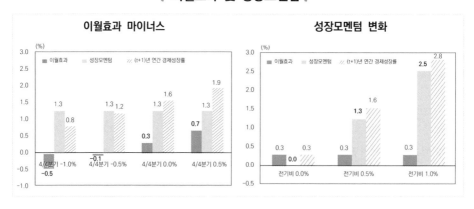

최근 수년간 연간 성장률의 이월효과와 성장모멘텀을 구해 보면 다음 그림과 같다. 코로나19 위기를 겪은 2020년의 경우 성장모멘텀이 마이너스(−)로 성장세가 크게 약화되었음을 알 수 있다.

❙ 최근 경제성장률의 이월효과 및 성장모멘텀 ❙

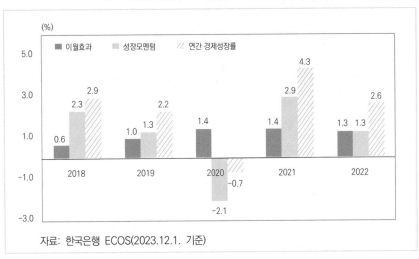

자료: 한국은행 ECOS(2023.12.1. 기준)

연간 성장률과 이월효과 및 성장모멘텀

연간 성장률을 이월효과와 성장모멘텀의 합으로 나타냈을 때 이월효과는 직전년도 3개 전기비 성장률의 가중평균, 성장모멘텀은 당해 연도 4개 전기비 성장률의 가중평균에 근사된다(Patton and Timmermann(2011), Tödter(2011)).

$$\frac{\overline{Q_t}}{\overline{Q_{t-1}}} - 1 \approx \frac{1}{4}q_{t-1,2} + \frac{2}{4}q_{t-1,3} + \frac{3}{4}q_{t-1,4} \qquad : 이월효과$$

$$+ \frac{4}{4}q_{t,1} + \frac{3}{4}q_{t,2} + \frac{2}{4}q_{t,3} + \frac{1}{4}q_{t,4} \qquad : 성장모멘텀$$

$\overline{Q_t}$: t년도 분기평균금액

$q_{t,q}$: t년도 q분기 전기비 성장률

$$\left(q_{t,1} = \frac{Q_{t,1}}{Q_{t-1,4}} - 1, \ q_{t,i} = \frac{Q_{t,i}}{Q_{t,i-1}} - 1, \ i = 2,3,4 \right)$$

연간 성장률은 직전년도 및 당해연도의 7개 전기비 성장률을 가중평균하여 산출할 수 있는데, 이는 연간 성장률이 4개 분기 전년동기비 성장률의 평균에 근사되고 각 분기 전년동기비 성장률은 해당 분기를 포함한 직전 4개 전기비 성장률의 합으로 근사되는 성질에 기인한 것이다.[17]

$$\frac{\overline{\overline{Q_t}}}{\overline{Q_{t-1}}} - 1 \approx \frac{1}{4}(r_{t,1} + r_{t,2} + r_{t,3} + r_{t,4})$$

$$r_{t,i} = \frac{Q_{t,i}}{Q_{t-1,i}} - 1 \approx q_{t-1,i+1} + \cdots + q_{t,i}$$

$$\frac{\overline{Q_t}}{\overline{Q_{t-1}}} - 1 \approx \frac{1}{4}q_{t-1,2} + \frac{2}{4}q_{t-1,3} + \frac{3}{4}q_{t-1,4}$$

$$+ \frac{4}{4}q_{t,1} + \frac{3}{4}q_{t,2} + \frac{2}{4}q_{t,3} + \frac{1}{4}q_{t,4}$$

---

17 다음 관계식이 성립한다. 예를 들어 t년도 4/4분기 전년동기비 성장률 $\gamma_{t,4}$에 대하여

$$\frac{Q_{t,4}}{Q_{t-1,4}} = \frac{Q_{t,1}}{Q_{t-1,4}} \times \frac{Q_{t,2}}{Q_{t,1}} \times \frac{Q_{t,3}}{Q_{t,2}} \times \frac{Q_{t,4}}{Q_{t,3}}$$

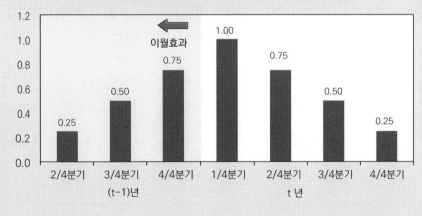

	$t-1$년도			t년도			
$r_{t,1} \approx$	$q_{t-1,2}$	$q_{t-1,3}$	$q_{t-1,4}$	$q_{t,1}$			
$r_{t,2} \approx$		$q_{t-1,3}$	$q_{t-1,4}$	$q_{t,1}$	$q_{t,2}$		
$r_{t,3} \approx$			$q_{t-1,4}$	$q_{t,1}$	$q_{t,2}$	$q_{t,3}$	
$r_{t,4} \approx$				$q_{t,1}$	$q_{t,2}$	$q_{t,3}$	$q_{t,4}$

전년동기비 합 $q_{t-1,2} + 2 q_{t-1,3} + 3 q_{t-1,4} + 4 q_{t,1} + 3 q_{t,2} + 2 q_{t,3} + q_{t,4}$

즉 연간 성장률은 7개 전기비 성장률의 가중평균과 같으며 이는 (t-1)년도 세 분기와 t년도 네 분기 성장의 영향을 나타내는 부분으로 분해할 수 있다.

/ t년 연간성장률 계산시 분기별 전기비 성장률 가중치 /

이월효과

분기	가중치
2/4분기 (t-1)년	0.25
3/4분기 (t-1)년	0.50
4/4분기 (t-1)년	0.75
1/4분기 t년	1.00
2/4분기 t년	0.75
3/4분기 t년	0.50
4/4분기 t년	0.25

$$\Rightarrow \left(\frac{Q_{t,4}}{Q_{t-1,4}} - 1\right) \approx \left(\frac{Q_{t,1}}{Q_{t-1,4}} - 1\right) + \left(\frac{Q_{t,2}}{Q_{t,1}} - 1\right) + \left(\frac{Q_{t,3}}{Q_{t,2}} - 1\right) + \left(\frac{Q_{t,4}}{Q_{t,3}} - 1\right)$$

$$\Rightarrow r_{t,4} \approx q_{t,1} + q_{t,2} + q_{t,3} + q_{t,4}$$

즉, t년 4/4분기 전년동기비 성장률은 t년 1, 2, 3, 4의 4개 전기비 성장률의 합에 근사된다.

다. 증감률 변화의 기저효과

전년동분기대비 경제성장률을 설명할 때 이번 분기 경제성장률의 변화는 지난 해 기저효과에 상당부분 기인한다는 식의 언급을 자주 볼 수 있다. 예를 들어 코로나19가 한창인 2020년 분기 기준으로 전년동기대비 실질 경제성장률이 각각 1.4%, −2.6%, −0.9%, −0.7%를 나타냈다. 2021년에는 각각 2.4%, 6.4%, 4.1%, 4.3%를 기록하여 성장률이 높아졌다. 2021년 높은 분기 성장률에는 코로나19로 인한 2021년 경기 둔화의 영향이 포함되어 있다고 할 수 있다. 이러한 경우 예를 들어 1/4분기 성장률 2.4%에서 2/4분기 성장률 6.4%로의 변화 중 얼마만큼이 기저효과에 기인한 변화분인지 궁금할 수 있다.

'기저효과(base effects)'란 전년의 증감률 움직임이 금년의 증감률에 영향을 미치는 현상을 의미하지만 명확한 정의는 없는 상황이다(ECB(2008)).[18] 여기서는 과거 논의를 바탕으로 분기 기준 시계열일 경우 기저효과가 어느 정도인지 산출하는 방법을 살펴보고 2021년 경제성장률의 분기 기저효과를 예로서 시산해 보기로 한다.

특정 시점에서 전년동분기대비 성장률의 변동($r_t - r_{t-1}$)은 금년 해당 분기의 전분기대비 변동과 전년동분기의 전분기대비 변동으로 구성된다.

$$r_t - r_{t-1} = (\ln\ Q_{y,q} - \ln\ Q_{y-1,q}) - (\ln\ Q_{y,q-1} - \ln\ Q_{y-1,q-1})$$
$$= (\ln\ Q_{y,q} - \ln\ Q_{y,q-1}) - (\ln\ Q_{y-1,q} - \ln\ Q_{y-1,q-1})$$

단, r_t는 t시점 전년동분기대비 성장률, $Q_{y,q}$은 y년 q분기의 시계열 관측치

---

18 "There is no commonly agreed definition of a base effect(ECB(2008))." ECB(2008)는 소비자물가상승률에 대하여 다음과 같은 방법을 이용하였다. "A base effect is defined as the contribution to the change in the year−on−year inflation rate in a particular month that stems from a deviation of the month−on−month rate of change in the base month(i.e. the same month one year earlier) from its usual or normal pattern, taking account of seasonal fluctuations."

이를 다시 변형하면 전년동분기 대비 성장률의 변동($r_t - r_{t-1}$)은 '전분기대비효과 (current quarter-on-quarter effects)'와 '기저효과'로 분해해 볼 수 있다.

$$r_t - r_{t-1} = (\ln Q_{y,q} - \ln Q_{y-1,q}) - (\ln Q_{y,q-1} - \ln Q_{y-1,q-1})$$

$$= (\ln Q_{y,q} - \ln Q_{y,q-1}) - (\ln Q_{y-1,q} - \ln Q_{y-1,q-1})$$

$$= \underbrace{(\ln Q_{y,q} - \ln Q_{y,q-1}) - \frac{1}{n}\sum_{i=1}^{n}(\ln Q_{y-i,q} - \ln Q_{y-i,q-1})}_{\text{전분기대비효과}}$$

$$\underbrace{+ \frac{1}{n}\sum_{i=1}^{n}(\ln Q_{y-i,q} - \ln Q_{y-i,q-1}) - (\ln Q_{y-1,q} - \ln Q_{y-1,q-1})}_{\text{기저효과}}$$

마지막 식에서 윗줄은 금년 해당 분기의 전분기대비 상승률에 해당 분기 예년 평균 전분기대비 상승률을 차감한 것으로 전분기대비효과에 해당하며, 아랫줄은 해당 분기 예년 평균 전분기대비 상승률과 전년 동분기의 전분기대비 상승률과의 차이로 기저효과로 볼 수 있다. 이 식을 따르면 전년의 성장률이 예년 평균에 비해 높았을 경우 마이너스 기저효과에 의해 금년의 성장률을 하락시키는 것으로 해석된다. 예년 평균에 대한 계산 기간은 임의적으로 설정 가능하다. 다만 기저효과는 산출시 기간 설정의 임의성뿐만 아니라 계절요인 등도 포함되어 있어 공식 통계라기보다는 참고 자료 정도로 활용할 수 있겠다.

다음은 앞의 경제성장률(원계열)을 이용하여 기저효과를 단순 시산해 본 것이다. 그 결과 2021년 1/4분기 성장률 2.4%에서 2/4분기 성장률 6.4%로 4.0%p 상승에는 0.7%p의 전분기대비효과와 3.3%p의 기저효과가 작용하고 있다고 볼 수 있다.[19] 또한 2021년 2/4분기 성장률 6.4%에서 3/4분기 성장률 4.1%로 2.3%p 하락은 전분기 대비 효과 -0.4%p와 기저효과 -1.8%p로 구성되어 있다고 볼 수 있다.

---

19 예년 10년간 평균 전분기대비 상승률$\left(\frac{1}{10}\sum_{i=1}^{10}(\ln Q_{2021-i,2} - \ln Q_{2021-i,1}) \right)$은 4.8%로 계산 되었다.

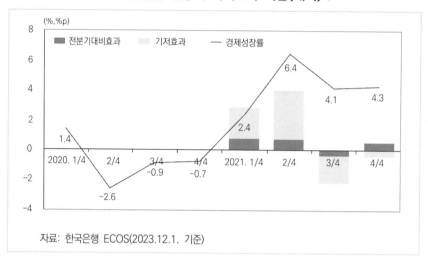

자료: 한국은행 ECOS(2023.12.1. 기준)

소비자 물가상승률과 같은 월별 시계열의 경우에도 전월대비 상승률의 변동을 같은 방법을 이용하여 전월대비효과와 기저효과로 나눌 수 있다.

$$\pi_t - \pi_{t-1} = (\ln\ p_{y,m} - \ln\ p_{y-1,m}) - (\ln\ p_{y,m-1} - \ln\ p_{y-1,m-1})$$

$$= (\ln\ p_{y,m} - \ln\ p_{y,m-1}) - (\ln\ p_{y-1,m} - \ln\ p_{y-1,m-1})$$

$$= (\ln\ p_{y,m} - \ln\ p_{y,m-1}) - \frac{1}{n}\sum_{i=1}^{n}(\ln\ p_{y-i,m} - \ln\ p_{y-i,m-1})$$

└ 전월대비효과 ┘

$$+ \frac{1}{n}\sum_{i=1}^{n}(\ln\ p_{y-i,m} - \ln\ p_{y-i,m-1}) - (\ln\ p_{y-1,m} - \ln\ p_{y-1,m-1})$$

└ 기저효과 ┘

단, π_t는 t시점 전년동월대비 물가상승률, $p_{y,m}$은 y년 m월의 물가지수

라. 기여율과 기여도

경제성장의 특징을 파악하고자 할 때 산업부문별, 지출항목별 혹은 경제주체별 등으로 구분하여 성장기여도를 살펴보는 것이 큰 도움이 된다. 한국은행에서는 경제성장률을 공표할 때 성장률 기여도를 통계부록으로 첨부하여 발표하고 있다.

❙ 경제활동별 및 지출항목별 성장기여도(2015년 연쇄가격 기준, 계절조정계열) ❙

(전기대비, %p)

| | | | 2021ᵖ | | | | 2022ᵖ | | | | 2023ᵖ |
			1/4	2/4	3/4	4/4	1/4	2/4	3/4	4/4	1/4
생산		농림어업	0.1	-0.2	0.1	0.0	0.0	-0.2	0.1	0.0	0.0
		광공업	1.0	-0.1	-0.1	0.2	0.8	-0.2	-0.2	-1.1	0.6
		제조업	1.0	-0.1	-0.1	0.2	0.8	-0.2	-0.2	-1.1	0.6
		전기가스 및 수도사업	0.1	0.0	0.0	0.0	0.1	0.0	0.0	0.0	0.0
		건설업	0.0	-0.1	-0.1	0.1	-0.1	0.0	0.1	0.1	0.1
		서비스업[1]	0.5	0.9	0.3	1.1	0.0	1.0	0.5	0.5	-0.1
		순생산물세	0.0	0.3	-0.1	0.0	-0.2	0.1	-0.1	-0.1	-0.3
		국내총생산	**1.7**	**0.8**	**0.2**	**1.3**	**0.6**	**0.7**	**0.3**	**-0.4**	**0.3**
지출	주체별	민간	1.4	0.5	0.1	0.7	1.2	0.6	0.2	-1.3	0.4
		정부	0.3	0.4	0.1	0.6	-0.6	0.2	0.1	0.9	-0.2
	항목별	내수	2.0	2.1	-0.3	1.2	-1.1	1.7	2.0	0.1	0.3
		■ 최종소비지출	0.9	2.1	0.3	1.0	-0.2	1.4	0.8	0.2	0.3
		민간	0.6	1.5	0.1	0.7	-0.2	1.3	0.8	-0.3	0.3
		정부	0.3	0.6	0.3	0.3	0.0	0.1	0.0	0.5	0.0
		■ 총고정자본형성	0.7	0.0	-0.5	0.3	-0.8	0.1	0.9	0.2	-0.3
		┌ 건설투자	0.0	-0.2	-0.3	0.3	-0.6	0.0	0.0	0.1	0.0
		├ 설비투자	0.6	0.1	-0.3	0.0	-0.3	0.0	0.7	0.2	-0.4
		└ 지식재산생산물투자	0.1	0.1	0.1	0.1	0.1	0.0	0.2	-0.1	0.1
		┌ 민간	0.7	0.2	-0.4	0.0	-0.3	0.1	0.8	-0.1	0.0
		└ 정부	0.0	-0.2	-0.1	0.3	-0.6	0.0	0.1	0.4	-0.2
		■ 재고증감 및 귀중품 순취득	0.5	0.1	0.0	0.1	0.0	0.2	0.3	-0.3	0.2
		순수출	-0.4	-1.2	0.5	0.0	1.7	-1.0	-1.8	-0.5	-0.1
		재화와 서비스의 수출	1.4	-0.3	0.4	1.2	1.6	-1.4	0.5	-2.0	1.5
		(공제)재화와 서비스의 수입	1.8	0.9	-0.1	1.2	-0.2	-0.4	2.3	-1.5	1.7
		통계상 불일치	0.0	-0.1	0.0	0.0	0.0	0.0	0.1	-0.1	0.1

주: 1) 도소매 및 숙박음식업, 운수업, 금융 및 보험업, 부동산업, 정보통신업, 사업서비스업, 공공행정 국방 및
    사회보장, 교육서비스업, 의료보건 및 사회복지서비스업, 문화 및 기타서비스업 포함
자료: 한국은행 보도자료 『2023년 1/4분기 국민소득(속보)』(2023.6.2.)

여러 구성항목들의 합으로 이루어진 통계의 증감을 분석하는 경우 기여율과 기여도가 흔히 사용된다. 전체 GDP를 Y, 구성항목별 금액을 $X_i(i = 1, 2, \cdots, n)$라고 할 때 X_i의 기여율은 다음과 같이 계산된다.

$$X_i\text{의 기여율} = \frac{X_i\text{의 증감액}}{Y\text{의 증감액}} \times 100$$

단, $i = 1, 2, \cdots, n$

기여도는 기여율에 GDP 금액의 증감률을 곱하면 되며 이는 각 구성항목이 전체 증감률에 어느 정도 기여하였는지를 보여준다. 각 구성항목별 기여율의 합이 1(= 100%)이므로 기여도의 총합은 Y의 증감률(%)과 일치한다.[20]

$$X_i\text{의 기여도} = Y\text{의 증감률} \times X_i\text{의 기여율}$$

단, $i = 1, 2, \cdots, n$

---

[20] 기여도는 X_i의 증감률에 비교년의 Y에서 X_i가 차지하는 비중을 곱하는 방법에 의해서도 구할 수 있다.

$X_i\text{의 기여도} = Y\text{의 증감률} \times X_i\text{의 기여율}$

$$= \frac{(Y_t - Y_{t-1})}{Y_{t-1}} \times \frac{(X_{i,t} - X_{i,t-1})}{(Y_t - Y_{t-1})} \times 100$$

$$= \frac{(X_{i,t} - X_{i,t-1})}{X_{i,t-1}} \times \frac{X_{i,t-1}}{Y_{t-1}} \times \frac{(Y_t - Y_{t-1})}{(Y_t - Y_{t-1})} \times 100$$

$= X_i\text{의 증감률} \times Y_{t-1}\text{에서 } X_{i,t-1}\text{이 차지하는 비중(\%)}$

다음은 계절조정하지 않은 원계열의 명목기준 주요 지출항목별 GDP 금액 통계이다.

／ 주요 지출항목별 국내총생산 금액(원계열, 명목기준) ／

(조 원)

	비중[1]	2019	2020	2021	2022[p]
국내총생산(GDP)	[100.0]	1,924.5	1,940.7	2,080.2	2,161.8
민간소비	[48.1]	935.9	900.3	956.0	1,039.4
정부소비	[18.8]	328.7	350.1	377.8	405.7
건설투자	[15.5]	291.3	299.2	319.8	335.1
설비투자	[9.2]	161.5	174.4	191.2	199.9
기　타	[8.4]	153.3	145.2	161.5	181.5
수　출	[48.3]	755.9	705.6	871.1	1,043.5
수　입	[48.3]	702.1	634.1	797.2	1,043.4

주: 1) [ ] 내는 2022년 명목 GDP에서 차지하는 비중(%)
자료: 한국은행 ECOS(2023.12.1. 기준)

이 통계를 이용하여 주요 지출항목별 GDP 기여율 및 기여도를 구해 보면 다음 표와 같다.

／ 주요 지출항목별 GDP의 기여율 및 기여도(원계열, 명목기준) ／

(%, %p)

	비중[1]	기여율			기여도		
		2020	2021	2022[p]	2020	2021	2022[p]
국내총생산(GDP)	[100.0]	100	100	100	0.8	7.2	3.9
민간소비	[48.1]	-219.5	39.9	102.2	-1.9	2.9	4.0
정부소비	[18.8]	132.1	19.8	34.3	1.1	1.4	1.3
건설투자	[15.5]	48.7	14.7	18.8	0.4	1.1	0.7
설비투자	[9.2]	79.6	12.1	10.7	0.7	0.9	0.4
기　타	[8.4]	-50.1	11.7	24.5	-0.4	0.8	1.0
수　출	[48.3]	-309.5	118.7	211.3	-2.6	8.5	8.3
수　입	[48.3]	-418.8	116.9	301.8	-3.5	8.4	11.8

주: 1) [ ] 내는 2022년 명목 GDP에서 차지하는 비중(%)
자료: 한국은행 ECOS(2023.12.1. 기준)

2020년의 경우 GDP(2019년 1,924.5조원 → 2020년 1,940.7조원, 16.2조원 증가)는 0.8% 증가였으나 민간소비(935.9조원 → 900.3조원, 35.6조원 감소)는 오히려 크게 줄어들면서 기여율이 219.5% 마이너스를 보였으며 기여도도 −1.9%p를 기록하였다. 2022년에는 GDP 금액(2021년 2,080.2조원 → 2022년 2,161.8조원, 81.6조원 증가)보다 민간소비(956.0조원 → 1,039.4조원, 83.4조원 증가)가 더 크게 증가하여 기여율이 102.2%를 나타내고 기여도는 4.0%p를 나타냈다.

그러나 GDP를 이용한 기여율과 기여도 계산시에는 다음 점에 대하여 유의하여야 한다. 명목 GDP의 경우 원계열이나 계정조정계열 모두 경제활동별 혹은 지출항목별 하위항목의 합이 전체 GDP 금액과 일치한다. 그러나 실질 GDP의 경우에는 반드시 그렇지는 않다.

실질 GDP는 편제방법상 기준년의 고정 여부에 따라 고정가중법(fixed−weighted method)과 연쇄가중법(chained−weighted method)으로 구분된다. 고정가중법은 고정된 기준년의 가격 또는 금액 가중치를 일정 기간(통상 5년) 주기의 기준년 개편시까지 계속 사용하는 방법이다. 연쇄가중법은 전년도 가격 또는 금액 가중치를 사용하여 당해 연도의 실질 GDP를 추계하는 방법으로 시간이 흐름에 따라 기준년이 직전년으로 매년 변경되는 효과가 있다. 현재 우리나라에서는 연쇄가중법을 사용하고 있다. 그런데 연쇄가중법에 의해 추계된 실질 GDP 금액 통계는 비가법적 특성에 의해 지수기준년과 그 익년을 제외하고는 총량(예: GDP)과 그 구성항목(예: 경제활동별 부가가치)의 합이 일치하지 않는다. 게다가 계절조정계열을 작성하는 과정에서도 하위 구성항목의 합이 전체 GDP 금액과 일치하지 않는 것이 일반적이다.[21] 각 국에서는 GDP 통계의 분기 성장기여도를 작성하기 위하여 가중성장률이나 성장률 차이, 가법성이 성립하도록 변환된 자료를 이용하는 등 다양한 계산 방법을 사용하여 성장

---

21 가법성은 구성항목의 합계와 총량 지표가 정확하게 일치하는 계정간 정합성을 만족함을 의미한다. 성장기여도의 가법성은 구성항목의 기여도 합계가 구성항목 합계의 기여도와 일치하거나 또는 총량을 구성하는 모든 항목의 기여도 합계가 총량의 성장률과 동일하게 되는 특성으로 정의된다.

기여도를 작성하고 있다.[22] 한국은행에서는 통계이용자의 불편을 해소하기 위하여 전년도 가격자료를 이용하여 가법성이 성립하는 PCh(Previous year price chained) 방식을 개선한 RPCh(Revised PCh) 방식에 의해 작성된 성장기여도를 공표해 오고 있다(전경배 등(2008)).

---

22 연간 성장기여도의 경우에는 연쇄시계열 대신 가법성이 성립하는 전년도 가격자료를 이용하여 쉽게 계산할 수 있다(한국은행(2009)).

가. 2022년 국제수지[23]

2022년 경상수지는 2021년 852.3억달러에 비해 그 규모가 35% 정도인 298.3억달러 흑자를 기록하였다. 이는 글로벌 경제여건 악화와 반도체 경기 둔화 등으로 상품수지가 2021년 757.3억달러에서 2022년 150.6억달러로 80% 정도 줄어든 것에 주로 기인한다. 기간별로 상반기 중 경상수지는 흑자를 지속하면서 248.7억달러 흑자를 나타내었으나, 하반기 들어서는 8월 중 −29.1억달러의 큰 폭 적자를 나타내는 등 흑자 규모가 49.6억달러로 크게 축소되었다.

/ 연도별 경상수지 변화 /

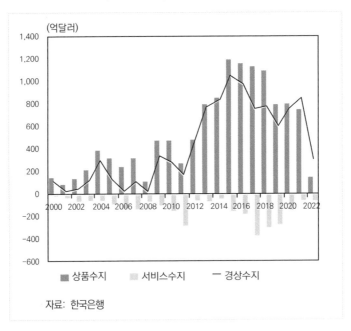

자료: 한국은행

---

23 한국은행 보도자료 『2022년 12월 국제수지(잠정)』(2023.2.8.) 기준으로 작성하였다.

월별 경상수지 변화

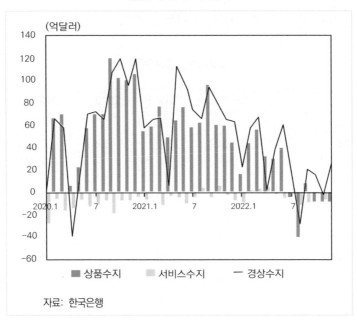

자료: 한국은행

항목별로는 상품수지와 본원소득수지는 각각 150.6억달러, 228.8억달러 흑자를 나타내었으나 서비스수지는 55.5억달러 적자를 보였다.

/ 2022년 경상수지 /

(억달러, %)

	2018	2019	2020	2021	2022
경상수지	774.9	596.8	759.0	852.3	298.3
1. 상품수지	1,100.9	798.1	806.0	757.3	150.6
1.1 수출[1), 2)]	6,262.7	5,566.7	5,179.1	6,494.8	6,904.6
	(7.9)	(−11.1)	(−7.0)	(25.4)	(6.3)
1.2 수입(FOB)[1), 2)]	5,161.8	4,768.6	4,373.0	5,737.4	6,754.0
	(10.6)	(−7.6)	(−8.3)	(31.2)	(17.7)
2. 서비스수지	−293.7	−268.5	−146.7	−52.9	−55.5
2.1 가공서비스	−73.2	−76.1	−52.6	−61.2	−60.5
2.2 운송	−25.1	−17.3	11.0	128.8	131.2
2.3 여행	−165.7	−118.7	−58.2	−70.3	−79.3
2.4 건설	97.2	67.8	58.6	42.7	52.5
2.5 지식재산권사용료	−20.6	−21.6	−29.9	−30.5	−37.5
2.6 기타사업서비스[3)]	−122.1	−123.9	−97.4	−95.7	−75.9
3. 본원소득수지	49.0	128.6	134.9	194.4	228.8
3.1 급료 및 임금	−11.8	−8.5	−6.6	−6.7	−9.0
3.2 투자소득	60.7	137.1	141.5	201.2	237.8
(배당소득)	−33.2	44.2	33.3	95.8	144.4
(이자소득)	93.9	92.9	108.2	105.4	93.4
4. 이전소득수지	−81.5	−61.5	−35.2	−46.6	−25.7

주: 1) 국제수지의 상품 수출입은 국제수지매뉴얼(BPM6)의 소유권 변동원칙에 따라 국내 및 해외에서 이루어진 거주자와 비거주자 간 모든 수출입거래를 계상하고 있어 국내에서 통관 신고된 물품을 대상으로 하는 통관기준 수출입과는 차이가 있음

    2) ( ) 내는 전년동기대비 증감률

    3) 연구개발서비스, 전문·경영컨설팅서비스, 건축·엔지니어링서비스 등으로 구성

자료: 한국은행

경상수지를 세부항목별로 살펴보면 2022년 상품수지는 수출이 2021년 대비 6.3% 늘어났으나 수입이 17.7% 증가하면서 흑자 규모가 757.3억달러에서 150.6억 달러로 크게 줄어들었다. 상품수출(통관기준)은 2021년의 경우 두 자릿수(25.7%)의 높은 증가세를 보였으나 2022년에 들어 글로벌 경기여건이 악화되고 IT 업종도 부진하면서 석유제품 및 화공품, 철강제품, 자동차 등을 중심으로 6.1% 증가하는 모습을 나타냈다.

∥ 품목별 수출[1] ∥

(억달러, %)

	2021			2022ᵖ				
	12		연중		11ʳ		12		연중	
수출총액	607.3	(18.3)	6,444.0	(25.7)	518.1	(−14.1)	549.3	(−9.6)	6,837.5	(6.1)
화공품	87.2	(25.5)	919.4	(38.1)	67.0	(−16.0)	72.2	(−17.2)	979.8	(6.6)
철강제품	51.4	(34.5)	526.2	(32.9)	41.9	(−11.3)	40.9	(−20.5)	553.3	(5.2)
기계류·정밀기기	67.4	(9.5)	709.1	(11.9)	57.7	(−7.2)	61.7	(−8.5)	709.1	(0.0)
전기·전자제품	216.4	(23.5)	2,217.9	(24.3)	160.0	(−23.8)	163.4	(−24.5)	2,242.5	(1.1)
(정보통신기기)	46.5	(16.3)	468.9	(27.5)	39.1	(−20.8)	32.2	(−30.6)	450.9	(−3.9)
(반도체)	130.1	(34.1)	1,304.4	(28.1)	87.4	(−28.6)	94.0	(−27.8)	1,321.4	(1.3)
(가전제품)	7.4	(22.2)	84.2	(16.0)	5.0	(−33.3)	5.3	(−27.9)	100.0	(18.8)
승용차	40.5	(18.5)	443.2	(24.4)	51.8	(31.9)	52.1	(28.5)	517.1	(16.7)
자동차부품	20.4	(−1.5)	219.3	(21.6)	17.9	(1.0)	19.2	(−5.8)	226.2	(3.1)
선박	13.4	(−50.8)	223.8	(16.9)	10.6	(−69.5)	24.5	(82.9)	175.9	(−21.4)
석유제품	39.2	(78.9)	388.1	(57.0)	48.6	(20.4)	47.6	(21.2)	633.8	(63.3)

주: 1) 통관기준, ( ) 내는 전년동기대비 증감률

자료: 관세청

상품수입(통관기준)은 원자재, 자본재와 소비재 수입 모두 증가세가 둔화되면서 전체적으로 2021년 31.5%에 비해 크게 낮아진 18.9% 증가하였다.

원자재 수입이 2021년 46.7% 증가에서 2022년 30.1% 증가로, 자본재와 소비재 수입도 각각 20.2%에서 7.5%, 18.3%에서 9.1%로 증가세가 둔화되었다.

품목별 수입[1]

(억달러, %)

	2021		2022p		
	12	연중	11ᅡ	12	연중
수입총액	611.6 (37.0)	6,150.9 (31.5)	588.5 (2.6)	596.2 (-2.5)	7,312.2 (18.9)
원자재	317.3 (63.7)	3,026.3 (46.7)	304.4 (4.6)	319.5 (0.7)	3,936.4 (30.1)
원유	70.9 (86.2)	670.1 (50.7)	80.6 (21.8)	82.9 (16.9)	1,058.5 (57.9)
(도입단가, $/배럴)[2]	81.6 (80.9)	69.8 (53.9)	97.2 (18.0)	95.2 (16.7)	102.7 (47.1)
(도입물량, 백만배럴)	86.9 (2.9)	960.1 (-2.1)	82.9 (3.2)	87.1 (0.2)	1,030.8 (7.4)
가스	40.8 (120.2)	308.4 (63.0)	52.5 (43.9)	62.1 (52.2)	567.4 (84.0)
광물	32.6 (48.3)	333.4 (56.0)	19.9 (-31.1)	22.4 (-31.1)	313.4 (-6.0)
화공품	60.6 (33.7)	604.5 (30.3)	53.7 (0.4)	56.0 (-7.6)	701.9 (16.1)
석유제품	26.3 (168.7)	241.2 (85.2)	20.3 (-12.2)	19.6 (-25.6)	268.1 (11.1)
철강재	19.4 (36.8)	222.0 (45.9)	17.5 (-7.9)	16.9 (-12.6)	226.9 (2.2)
비철금속	18.5 (54.3)	184.0 (56.7)	13.0 (-18.7)	12.6 (-32.1)	194.7 (5.8)
자본재	203.4 (18.5)	2,128.4 (20.2)	195.0 (0.4)	190.4 (-6.4)	2,288.8 (7.5)
기계류·정밀기기	64.8 (7.6)	700.0 (20.9)	57.4 (1.1)	65.8 (1.5)	686.5 (-1.9)
전기·전자기기	126.1 (26.8)	1,276.2 (21.5)	125.8 (2.3)	112.6 (-10.8)	1,447.4 (13.4)
(정보통신기기)	30.7 (9.5)	332.4 (17.3)	22.5 (-25.6)	21.3 (-30.7)	323.4 (-2.7)
(반도체)	65.8 (38.5)	633.7 (21.8)	70.4 (12.4)	58.5 (-11.2)	764.9 (20.7)
수송장비	10.2 (3.3)	130.1 (9.6)	10.2 (-21.0)	10.3 (1.0)	132.4 (1.8)
소비재	90.9 (12.3)	996.3 (18.3)	89.0 (0.8)	86.4 (-4.9)	1,086.9 (9.1)
곡물	9.0 (47.1)	89.5 (26.5)	10.1 (25.2)	9.3 (3.4)	113.3 (26.6)
직접소비재	24.0 (20.5)	256.7 (15.2)	22.6 (-5.5)	22.5 (-5.9)	290.4 (13.2)
내구소비재	38.4 (1.1)	421.8 (20.9)	37.2 (6.2)	34.3 (-10.7)	427.7 (1.4)
(가전제품)	5.9 (-3.3)	74.4 (12.4)	5.5 (-18.7)	5.4 (-8.1)	79.6 (6.9)
(승용차)	11.0 (-28.9)	129.3 (7.2)	16.1 (64.0)	12.1 (9.9)	140.5 (8.6)
비내구소비재	19.6 (15.1)	228.3 (14.4)	19.1 (-10.3)	20.4 (4.1)	255.5 (11.9)
에너지류[3]	157.7 (111.9)	1,366.8 (58.9)	174.9 (20.2)	186.7 (18.4)	2,177.1 (59.3)
비에너지류	453.9 (22.0)	4,784.2 (25.4)	413.6 (-3.4)	409.5 (-9.8)	5,135.1 (7.3)

주: 1) 통관기준, ( ) 내는 전년동기대비 증감률

　　2) 원유수입금액(관세청) ÷ 원유도입물량(한국석유공사)

　　3) 에너지류 포괄범위: 원유, 석탄, 가스 및 석유제품

자료: 관세청, 한국석유공사

서비스수지는 운송수지 흑자 규모가 2021년 128.8억달러에서 2022년 131.2억달러로 소폭 늘어난 반면, 여행수지 적자가 70.3억달러에서 79.3억달러로 늘어나면서 전체 적자폭이 52.9억달러에서 55.5억달러로 다소 확대되었다. 운송수지는 수출화물운임 가격이 상반기 중 높은 수준을 보이면서 화물운송수입이 증가함에 따라 연간 기준 역대 최대 규모인 131.2억달러 흑자를 기록하였다.[24, 25]

여행수지는 코로나19 여파로 급감한 대내외 이동이 활발해지면서 적자폭이 2021년에 비해 다소 확대되었다.[26]

---

24 SCFI(Shanghai Containerized Freight Index)는 2022년 상반기 중 전년동기대비 49.2% 올랐으나 하반기에는 글로벌 교역 악화로 47.5% 낮아졌다.

25 운송수입(收入)도 483.4억달러로 역대 최고 수준을 나타냈다.

26 출국자 수는 2020년 4,276천명 → 2021년 1,223천명(전년대비 -71.4%) → 2022년 6,554천명(436.1%), 입국자 수는 2,519천명 → 967천명(-61.6%) → 3,198천명(230.7%)로 변하였다. 출국자 수가 입국자 수에 비해 더 빠른 회복을 나타냈다.

운송수지와 화물운임지수

자료: 한국은행

여행수지와 출·입국자 수

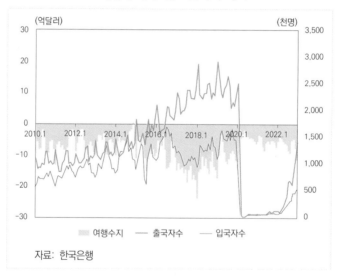

자료: 한국은행

 본원소득수지는 배당지급 감소에 따른 배당수지 흑자 규모 증가에 힘입어 흑자폭
이 2021년 194.4억달러에서 228.8억달러로 확대되었다. 배당소득수지는 2021년 95.8
억달러에서 2022년 144.4억달러로 48.6억달러 늘어났는데, 이는 배당지급이 연간
296.9억달러에서 242.9억달러로 54.0억달러 줄어든 것에 주로 기인한다.

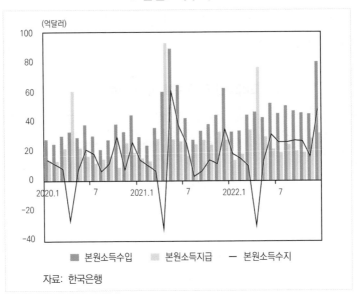

∥ 본원소득수지 ∥

자료: 한국은행

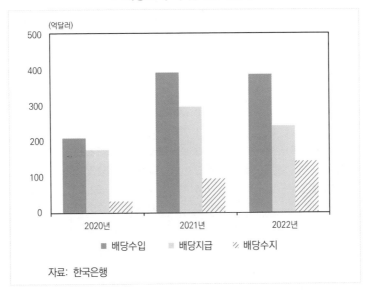

∥ 배당소득 수입 및 지급 ∥

자료: 한국은행

이전소득수지는 대미달러환율 상승 등의 영향으로 이전지급이 감소하면서 적자 규모가 46.6억달러에서 25.7억달러로 축소되었다.

2022년 금융계정은 순자산이 388.3억달러 증가하였다. 주요 항목별로는 직접투자와 증권투자가 각각 484.1억달러, 253.8억달러 증가하였으나 기타투자는 146.5억달러 감소하였다. 준비자산은 외환보유액이 줄어들면서 278.8억달러 줄어들었다.

/ 2022년 금융계정 및 자본수지 /

(억달러)

	2021ʳ		2022ᵖ		
	12	연중	11ʳ	12	연중
금융계정[1]	71.2	784.9	22.6	50.6	388.3
1. 직접투자	98.9	439.4	30.6	30.2	484.1
1.1 직접투자[자산]	126.9	660.0	36.6	55.1	664.1
1.2 직접투자[부채]	28.0	220.6	6.0	24.8	180.0
2. 증권투자	58.9	193.6	25.9	74.3	253.8
2.1 증권투자[자산]	121.4	784.5	40.8	43.7	456.4
주식	101.9	685.3	45.1	29.5	406.0
부채성증권	19.5	99.2	-4.4	14.2	50.4
2.2 증권투자[부채]	62.6	590.9	14.9	-30.5	202.5
주식	31.7	-149.6	22.4	2.0	-47.5
부채성증권[2]	30.8	740.5	-7.5	-32.5	250.0
3. 파생금융상품	5.9	-0.6	4.7	1.8	75.7
4. 기타투자	-71.3	4.0	-22.2	-94.6	-146.5
4.1 기타투자[자산]	-3.0	267.2	-9.3	-146.3	38.2
(대출)	-7.3	0.3	29.5	15.9	168.0
(현금및예금)	12.0	140.3	-4.3	-102.2	25.1
(기타자산[3])	-32.1	13.1	-32.4	-56.0	-115.0
4.2 기타투자[부채]	68.3	263.2	12.9	-51.7	184.7
(차입)	90.2	80.8	-12.7	-34.0	84.5
(현금및예금)	-8.4	38.7	22.2	-7.8	60.7
(기타부채[3])	-28.0	-41.8	5.6	-13.3	24.1
5. 준비자산	-21.2	148.5	-16.4	38.9	-278.8
자본수지	-0.1	-1.6	-1.4	0.2	0.0

주: 1) 순자산 기준, 자산·부채 증가는 (+), 자산·부채 감소는 (-)
    2) 거주자가 해외에서 발행한 채권중 비거주자와의 거래분 포함
    3) 매입외환, 매도외환 등
자료: 한국은행

세부적으로 직접투자는 내국인 해외직접투자가 664.1억달러 증가하고 외국인 국내 직접투자는 180.0억달러 증가하였다. 내국인의 해외증권투자는 456.4억달러 증가하였는데 내국인의 해외주식투자가 406.0억달러 늘어나고 해외채권투자는 50.4억달러 증가하였다. 외국인의 국내증권투자는 202.5억달러 증가하였다. 외국인의 주식투자는 47.5억달러 감소하였으나 채권투자는 250.0억달러 증가하였다. 파생금융상품은 75.7억달러 증가하였다.[27] 기타투자는 자산이 대출 증가에 힘입어 38.2억달러 늘어났으나 부채도 차입과 현금 및 예금을 중심으로 184.7억달러 증가하면서 전체적으로는 146.5억달러 감소하였다. 준비자산은 278.8억달러 줄어들었다.[28]

/ **직접투자수지** /

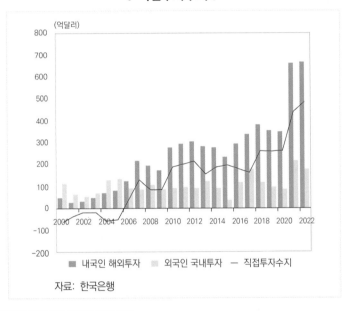

자료: 한국은행

---

27 파생금융상품이 플러스($+$)를 보인 것은 거래로 인해 실현·청산된 손실(부채의 마이너스($-$))이 이익(자산의 마이너스($-$))보다 컸다는 것을 의미한다.

28 준비자산은 준비자산(외환보유액) 잔액 증감액 중 비거래적 요인에 의하여 변동한 부분을 제외하여 산출한다. 준비자산 잔액은 당해 기간 중 발생 운용수익이나 운용관련 수수료 지급 등 거래적 요인뿐만 아니라 환율 등락 등 비거래적 요인에 의해서도 변하게 되는데 국제수지표에서는 거래적 요인에 의한 잔액 변동분만을 계상한다. 2022년 말 외환보유액(4,231.6억달러)은 2021년말(4,631.2억달러) 대비 399.6억달러 줄어들었다(한국은행 보도자료 『2023년 10월 말 외환보유액』(2023.11.3.).

/ 증권투자수지 /

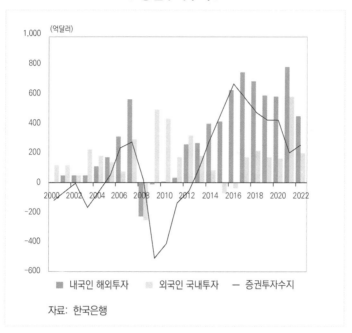

자료: 한국은행

참고 Ⅱ-5 **우리나라의 경상수지 구조**

우리나라의 경상수지는 상품수지와 본원소득수지가 흑자를 보이고 서비스수지는 적자를 나타내는 구조이다. 본원소득수지는 2011년 이후 흑자로 전환되었으며 서비스수지의 적자 규모는 최근 들어 줄어드는 모습이다.

/ 우리나라의 주요 항목별 경상수지 변화 /

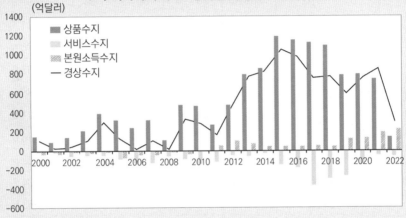

자료: 한국은행

주요국의 경상수지 구조를 살펴보면 경상수지 적자국들의 경우 대부분 상품수지가 적자를 나타내고 있다. 특히 미국과 영국은 상품수지를 중심으로 큰 폭의 경상수지 적자를 보이고 있다. 미국의 경우 서비스수지와 본원소득수지가 흑자를 기록하고 있으나 그 규모가 상품수지 적자 크기에 미치지 못하고 있으며 영국도 서비스수지가 흑자이나 상품수지 적자 규모에 못 미치는 모습이다. 경상수지 흑자국들은 거의 모두 상품수지가 흑자를 보이고 있다. 독일의 경우 상품수지뿐만 아니라 본원소득수지도 큰 폭의 흑자를 기록하고 있으며 일본은 경상수지 흑자의 대부분이 본원소득수지에서 발생하고 있다. 우리나라와 이탈리아, 사우디아라비아도 상품수지와 함께 본원소득수지가 흑자인 모습이다. 이전소득수지는 상당수의 국가들에서 적자를 보이고 있다.

주요국 경상수지 구조(2015~2022년 평균)

(억달러)

	국가	경상수지	상품	서비스	본원소득	이전소득
경상수지 적자국	미국	-5,576.7	-9,052.8	2,723.8	2,023.0	-1,270.6
	영국	-1,061.5	-2,048.4	1,583.5	-281.8	-314.8
	캐나다	-340.2	-121.1	-133.9	-53.8	-31.4
	프랑스	-182.4	-653.4	307.3	663.6	-499.9
	호주	-70.4	368.7	-30.4	-397.2	-11.4
	멕시코	-138.3	-63.3	-127.5	-323.8	376.4
경상수지 흑자국	독일	2,862.5	2,401.2	-151.8	1,196.1	-582.9
	일본	1,660.9	31.9	-207.5	2,024.6	-188.1
	중국	2,254.6	5,070.7	-2,012.2	-825.5	21.6
	네덜란드	603.1	730.6	147.1	-188.6	-86.0
	한국	758.0	889.5	-188.0	109.9	-53.5
	이탈리아	453.3	534.0	-59.8	163.2	-184.2
	싱가포르	650.7	1,067.9	68.1	-431.8	-53.5
	러시아	870.5	1,632.3	-272.8	-414.5	-74.5
	사우디아라비아	265.5	1,134.6	-582.5	124.5	-411.1

자료: IMF

2022년 BOP와 IIP 변화

BOP의 금융계정과 IIP의 증감내역 중 「거래에 의한 변동」은 개념상 일치하는데 2022년 BOP와 IIP는 다음 표와 같다. 2022년말 대외금융자산(2조 1,271억달러)은 거주자의 증권투자(2021년 8,347억달러 → 2022년 7,392억달러, 전년대비 954억달러 감소)를 중심으로 2021년말(2조 1,784억달러)에 비해 513억달러 감소하였으며, 대외금융부채(1조 3,805억달러)는 비거주자의 증권투자(9,910억달러 → 8,088억달러, −1,821억달러)가 줄면서 전년말(1조 5,188억달러)에 비하여 1,383억달러 감소하였다. 이에 따라 대외금융자산에서 대외금융부채를 차감한 2022년말 우리나라의 순대외금융자산(대외금융자산 − 대외금융부채, Net IIP)은 7,466억달러로 2021년말 6,596억달러에 비해 870억달러 증가하였다.

/ 2022년 BOP와 IIP[1] /

(억달러)

〈BOP〉	
경상수지	298
− 상품수지	151
− 서비스수지	−56
− 본원소득수지	229
− 이전소득수지	−26
자본수지	0

〈IIP〉	기초잔액 (2021년말)		거래요인	비거래요인	기말잔액 (2022년말)
대외금융자산(A)	21,784		861	−1,374	21,271
− 직접투자	5,662		633	−226	6,068
− 증권투자	8,347		460	−1,415	7,392
− 파생금융상품	273		−	368	641
− 기타투자	2,871		47	20	2,938
− 준비자산	4,631		−279	−121	4,232
대외금융부채(B)	15,188		554	−1,937	13,805
− 직접투자	2,603		159	−189	2,573
− 증권투자	9,910		210	−2,031	8,088
− 파생금융상품	320		−	351	670
− 기타투자	2,356		186	−68	2,473
순대외금융자산 (A−B)	6,596		307	563	7,466
		오차 및 누락	…		

주: BOP상 경상수지와 자본수지는 한국은행 보도자료 『2022년 12월 국제수지(잠정)』(2023.2.8.), IIP 부문은 『2022년 국제투자대조표(잠정)』(2023.2.22.) 기준으로 작성. 편제방법(파생금융상품 등)과 편제시차, 통계 잠·확정 등으로 두 통계 간에는 다소 차이가 발생
자료: 한국은행

우리나라의 순대외금융자산은 2014년 이후 흑자로 전환되었다. 순대외금융자산이 흑자를 나타내면서 우리나라 본원소득수지도 2011년 이후 흑자 기조를 유지하고 있다.

┃ 순대외금융자산 ┃

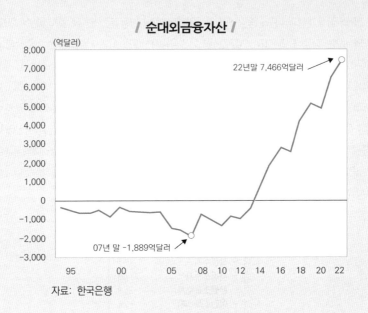

자료: 한국은행

┃ 본원소득수지 ┃

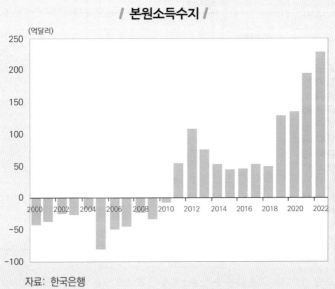

자료: 한국은행

국내총생산(GDP), 국제수지(BOP)의 이해와 경제분석

나. 2023년 국제수지[29]

2023년 경상수지는 354.9억달러로 흑자를 기록하여 2022년 258.3억달러에 비해 흑자폭이 96.6억달러 확대되었다. 경상수지의 분기별 흐름을 살펴보면 경상수지는 1/4분기 59.6억달러 적자를 나타내었으나 에너지가격 하락 등으로[30] 상품수지가 개선되면서[31] 2/4분기에 들어 71.1억달러로 흑자로 전환된 데 이어 3/4분기에는 흑자 규모가 156.0억달러로 늘어나고 4/4분기에도 187.4억달러의 흑자를 보이는 등 양호한 흐름을 나타내었다.

/ 연도별 경상수지 변화 /

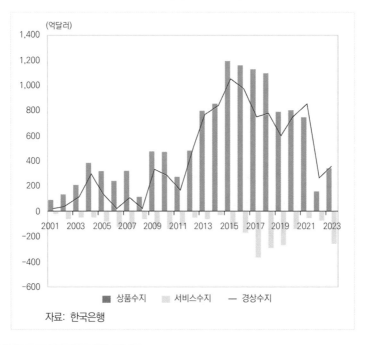

자료: 한국은행

---

29 한국은행 보도자료 『2023년 12월 국제수지(잠정)』(2024.2.7.) 기준으로 작성하였다. 2022년의 경우 국제수지 확정 작업에 따라 통계수치가 수정되었다. 이에 따라 앞의 2022년 국제수지 현황과 수치상 차이가 있을 수 있다.

30 원유도입단가가 2022년 배럴당 102.8달러에서 2023년에는 85.7달러로 16.6% 하락하였다.

31 상품수지는 2023년 1/4분기 97.8억달러 적자를 보였으나 2/4분기 64.1억달러 흑자로 전환되고 3/4분기와 4/4분기에는 각각 171.2억달러, 203.5억달러 흑자를 기록하였다.

/ 월별 경상수지 변화 /

(억달러)

■ 상품수지　▧ 서비스수지　— 경상수지

자료: 한국은행

　항목별로는 서비스수지가 운송 및 여행수지를 중심으로 256.6억달러 적자를 나타
내었으나, 상품수지가 340.9억달러 흑자를 나타내고 본원소득수지도 배당소득을 중
심으로 316.1억달러 흑자를 기록하였다.

(억달러, %)

	2019	2020	2021	2022	2023
경상수지	596.8	759.0	852.3	258.3	354.9
1. 상품수지	798.1	806.0	757.3	156.2	340.9
1.1 수출[1), 2)]	5,566.7	5,179.1	6,494.8	6,943.2	6,450.5
	(−11.1)	(−7.0)	(25.4)	(6.9)	(−7.1)
1.2 수입(FOB)[1), 2)]	4,768.6	4,373.0	5,737.4	6,787.0	6,109.6
	(−7.6)	(−8.3)	(31.2)	(18.3)	(−10.0)
2. 서비스수지	−268.5	−146.7	−52.9	−72.5	−256.6
2.1 가공서비스	−76.1	−52.6	−61.2	−62.1	−67.9
2.2 운송	−17.3	11.0	128.8	131.0	−15.5
2.3 여행	−118.7	−58.2	−70.3	−83.7	−125.3
2.4 건설	67.8	58.6	42.7	48.4	45.0
2.5 지식재산권사용료	−21.6	−29.9	−30.5	−37.4	−33.0
2.6 기타사업서비스[3)]	−123.9	−97.4	−95.7	−70.3	−92.2
3. 본원소득수지	128.6	134.9	194.4	203.5	316.1
3.1 급료 및 임금	−8.5	−6.6	−6.7	−8.4	−16.2
3.2 투자소득	137.1	141.5	201.2	211.9	332.3
(배당소득)	44.2	33.3	95.8	122.1	244.2
(이자소득)	92.9	108.2	105.4	89.8	88.1
4. 이전소득수지	−61.5	−35.2	−46.6	−28.9	−45.5

주: 1) 국제수지의 상품 수출입은 국제수지매뉴얼(BPM6)의 소유권 변동원칙에 따라 국내 및 해외에서 이루어
　　　진 거주자와 비거주자 간 모든 수출입거래를 계상하고 있어 국내에서 통관 신고된 물품을 대상으로 하
　　　는 통관기준 수출입과는 차이가 있음

　　2) (　) 내는 전년동기대비 증감률

　　3) 연구개발서비스, 전문·경영컨설팅서비스, 건축·엔지니어링서비스 등으로 구성

자료: 한국은행

　　경상수지를 세부 항목별로 살펴보면 상품수지는 글로벌 경기 둔화, 에너지가격 하
락 등으로 수출이 7.1% 줄어들고 수입도 10.0% 감소하면서 수출과 수입 규모 모두
축소되었다. 그러나 수입이 더 크게 줄어들면서 흑자 규모는 2022년 156.2억달러에
서 2023년 340.9억달러로 184.7억달러 확대되었다. 상품수출(통관기준)은 2022년의

경우 6.1% 증가하였으나 2023년에는 승용차, 선박 등을 제외한 대부분 품목의 수출이 줄어들면서 7.5% 감소하였다.

❙ 품목별 수출[1] ❙

(억달러, %)

	2022				2023ᵖ					
	12		연중		11ʳ		12		연중	
수출총액	548.5	(-9.7)	6,835.8	(6.1)	556.1	(7.4)	576.1	(5.0)	6,323.8	(-7.5)
화공품	72.4	(-16.9)	980.1	(6.6)	68.9	(2.7)	67.8	(-6.3)	865.4	(-11.7)
철강제품	40.8	(-20.5)	553.2	(5.1)	38.5	(-8.2)	38.6	(-5.5)	498.4	(-9.9)
기계류·정밀기기	61.5	(-8.7)	708.9	(-0.0)	67.6	(17.3)	66.6	(8.4)	726.5	(2.5)
전기·전자제품	163.3	(-24.5)	2,242.2	(1.1)	172.7	(8.0)	178.4	(9.2)	1,810.9	(-19.2)
(정보통신기기)	32.1	(-30.9)	450.7	(-3.9)	37.5	(-4.0)	28.1	(-12.6)	360.7	(-20.0)
(반도체)	94.0	(-27.8)	1,321.5	(1.3)	96.9	(10.8)	111.9	(19.1)	1,006.7	(-23.8)
(가전제품)	5.3	(-28.1)	100.0	(18.8)	7.2	(44.2)	6.4	(20.3)	81.0	(-19.0)
승용차	52.0	(28.3)	516.8	(16.6)	63.4	(22.9)	62.0	(19.2)	682.7	(32.1)
자동차부품	19.2	(-5.8)	226.2	(3.1)	18.5	(3.3)	17.1	(-10.8)	222.3	(-1.7)
선박	24.5	(82.7)	175.9	(-21.4)	13.8	(30.3)	35.4	(44.4)	208.6	(18.6)
석유제품	47.1	(20.0)	633.2	(63.1)	45.6	(-6.1)	45.3	(-3.9)	524.4	(-17.2)

주: 1) 통관기준, ( ) 내는 전년동기대비 증감률
자료: 관세청

상품수입(통관기준)은 2022년에는 18.9% 증가였으나 2023년에는 원자재, 자본재, 소비재 모두 수입이 줄어들면서 전체적으로 12.1% 감소하였다. 원자재 수입이 에너지 가격 하락으로 2022년 30.1% 증가에서 2023년 16.6% 감소로 큰 폭으로 축소되었으며, 자본재와 소비재 수입도 각각 7.5% 증가에서 7.6% 감소, 9.1% 증가에서 5.5% 감소로 나타났다.

∥ 품목별 수입[1] ∥

(억달러, %)

구분	2022		2023ᵖ		
	12	연중	11r	12	연중
수입총액	596.2 (-2.5)	7,313.7 (18.9)	519.9 (-11.6)	531.6 (-10.8)	6,425.9 (-12.1)
원자재	319.4 (0.7)	3,937.8 (30.1)	264.2 (-13.2)	274.8 (-14.0)	3,284.4 (-16.6)
원유	82.9 (16.9)	1,059.6 (58.1)	78.5 (-2.7)	79.0 (-4.7)	861.9 (-18.7)
(도입단가, $/배럴)[2]	95.1 (16.6)	102.8 (47.3)	91.6 (-5.7)	87.9 (-7.6)	85.7 (-16.6)
(도입물량, 백만배럴)	87.1 (0.2)	1,030.8 (7.4)	85.7 (3.3)	89.9 (3.2)	1,005.8 (-2.4)
가스	62.1 (52.2)	567.5 (84.0)	28.8 (-45.2)	43.1 (-30.6)	411.7 (-27.5)
광물	22.4 (-31.1)	313.4 (-6.0)	21.7 (8.8)	21.6 (-3.5)	270.9 (-13.6)
화공품	56.0 (-7.6)	701.8 (16.1)	49.5 (-7.8)	46.5 (-17.0)	647.9 (-7.7)
석유제품	19.6 (-25.6)	268.1 (11.1)	22.4 (10.4)	18.7 (-4.6)	232.8 (-13.2)
철강재	16.9 (-12.6)	226.9 (2.2)	16.4 (-6.4)	16.0 (-5.4)	212.6 (-6.3)
비철금속	12.6 (-32.1)	194.6 (5.7)	11.9 (-8.6)	11.4 (-9.3)	158.8 (-18.4)
자본재	190.4 (-6.4)	2,289.0 (7.5)	172.2 (-11.7)	175.4 (-7.9)	2,114.5 (-7.6)
기계류·정밀기기	65.8 (1.4)	686.5 (-1.9)	50.2 (-12.6)	58.6 (-10.9)	660.7 (-3.8)
전기·전자기기	112.6 (-10.7)	1,447.5 (13.4)	108.3 (-13.9)	102.0 (-9.4)	1,293.2 (-10.7)
(정보통신기기)	21.3 (-30.6)	323.5 (-2.7)	23.5 (4.6)	20.1 (-5.8)	280.5 (-13.3)
(반도체)	58.5 (-11.2)	764.9 (20.7)	53.6 (-23.8)	53.9 (-7.7)	639.9 (-16.3)
수송장비	10.3 (1.1)	132.5 (1.8)	12.1 (18.5)	13.3 (29.0)	137.0 (3.4)
소비재	86.4 (-4.9)	1,086.9 (9.1)	83.5 (-6.2)	81.4 (-5.8)	1,027.0 (-5.5)
곡물	9.3 (3.4)	113.3 (26.6)	7.7 (-23.4)	7.6 (-17.9)	97.6 (-13.8)
직접소비재	22.5 (-5.9)	290.4 (13.2)	22.4 (-0.9)	21.8 (-3.2)	275.1 (-5.3)
내구소비재	34.3 (-10.7)	427.7 (1.4)	34.7 (-6.6)	33.3 (-2.8)	407.3 (-4.8)
(가전제품)	5.4 (-8.1)	79.6 (7.0)	6.9 (25.3)	6.0 (11.6)	75.8 (-4.7)
(승용차)	12.1 (9.9)	140.5 (8.6)	11.9 (-26.3)	11.7 (-3.1)	145.1 (3.3)
비내구소비재	20.4 (4.1)	255.5 (11.9)	18.6 (-2.6)	18.7 (-8.2)	247.0 (-3.4)
에너지류[3]	186.7 (18.4)	2,178.6 (59.4)	142.5 (-18.5)	156.1 (-16.4)	1,708.0 (-21.6)
비에너지류	409.6 (-9.8)	5,135.1 (7.3)	377.4 (-8.8)	375.4 (-8.3)	4,717.9 (-8.1)

주: 1) 통관기준, ( ) 내는 전년동기대비 증감률

　　2) 원유수입금액(관세청) ÷ 원유도입물량(한국석유공사)

　　3) 에너지류 포괄범위: 원유, 석탄, 가스 및 석유제품

자료: 관세청, 한국석유공사

서비스수지는 운송수지가 2022년 131.0억달러 흑자에서 2023년 15.5억달러 적자로 전환되고 여행수지도 83.7억달러 적자에서 125.3억달러 적자로 적자폭이 확대되면서, 전체적으로 적자폭이 72.5억달러에서 256.6억달러로 크게 늘어났다. 운송수지는 수출화물운임 하락 등으로 수입(收入)이 크게 줄어들면서 적자 전환(131.0억달러 → −15.5억달러)하고,[32] 해외여행 증가로 지출이 늘어나 여행수지 적자(−83.7억달러 → −125.3억달러) 규모가 확대되었다.[33]

❘ 운송수지와 화물운임지수 ❘

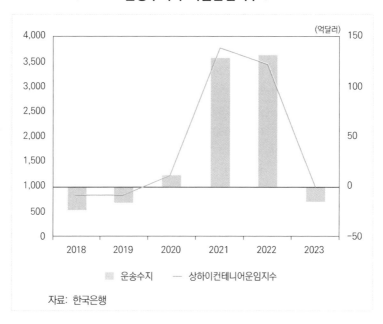

자료: 한국은행

---

[32] 2023년에는 SCFI가 1,004로 2021년 3.767, 2022년 3,446에 비해 크게 낮아졌다.

[33] 출국자 수가 2019년 28,717천명에서 코로나19 여파로 2021년 1,223천명까지 줄어들었으나 점차 늘어나 2023년에는 22,716천명으로 코로나19 이전 수준에 근접하였다.

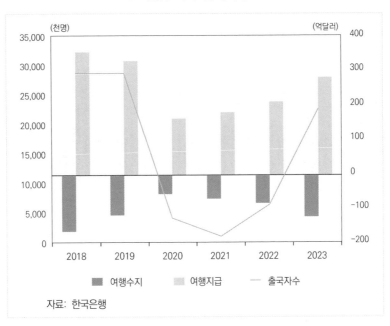

/ 여행수지와 출국자수 /

자료: 한국은행

　본원소득수지는 법인세 개정[34] 등의 영향으로 국내기업의 해외자회사 배당수입이 크게 증가하면서 2022년 203.5억달러보다 112.6억달러 늘어난 316.1억달러를 기록하였다. 본원소득수지의 구성 항목인 배당소득수지는 2022년 122.1억달러에서 2023년 244.2억달러로 흑자 규모가 122.1억달러 확대되었는데 이는 배당수입이 증가(401.8억달러 → 455.1억달러)하고 배당지급은 줄어든 것(279.8억달러 → 210.9억달러)에 따른 것이다.

---

34 법인세법 개정안 시행('23.1.1.)에 따라 해외자회사로부터의 배당소득에 대한 과세 방식이 외국납부세액공제 방식에서 익금불산입(면제) 방식으로 변경되었다.

❙ 본원소득수지 ❙

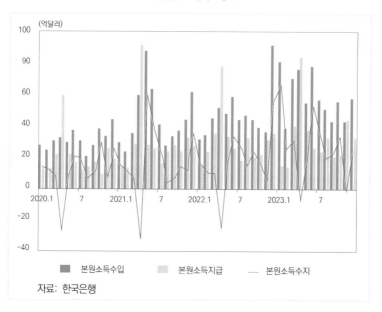

본원소득수입 ∎ 본원소득지급 ▨ 본원소득수지 ─

자료: 한국은행

❙ 배당소득 수입 및 지급 ❙

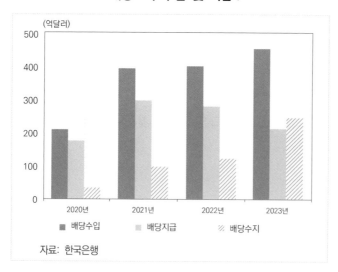

배당수입 ∎ 배당지급 ▨ 배당수지 ▨

자료: 한국은행

이전소득수지는 45.5억달러 적자를 나타내었다.

2023년 금융계정은 순자산이 323.9억달러 증가하였다. 직접투자가 193.6억달러, 증권투자가 74.5억달러 증가하였으며 기타투자도 96.4억달러 증가하였다. 준비자산은 35.8억달러 감소하였다.

/ 2023년 금융계정 및 자본수지 /

(억달러)

	2022ʳ		2023ᵖ		
	12	연중	11ʳ	12	연중
금융계정[1]	29.9	270.6	11.3	56.8	323.9
1. 직접투자	12.4	407.5	28.9	44.2	193.6
1.1 직접투자[자산]	43.4	658.0	47.1	58.3	345.4
1.2 직접투자[부채]	31.0	250.4	18.2	14.1	151.8
2. 증권투자	74.3	258.3	−22.0	2.1	74.5
2.1 증권투자[자산]	43.8	456.0	39.9	30.4	453.7
주식	29.5	405.7	20.5	29.1	297.6
부채성증권	14.3	50.3	19.4	1.4	156.1
2.2 증권투자[부채]	−30.6	197.8	61.9	28.3	379.2
주식	2.0	−51.0	30.8	26.5	116.2
부채성증권[2]	−32.6	248.7	31.2	1.9	263.0
3. 파생금융상품	0.6	74.4	−2.3	12.7	−4.8
4. 기타투자	−96.4	−190.7	0.5	−16.1	96.4
4.1 기타투자[자산]	−144.5	55.1	12.4	−60.2	−120.5
(대출)	16.5	162.7	−42.2	−4.1	−58.1
(현금및예금)	−102.3	41.3	49.7	−42.6	−23.1
(기타자산[3])	−52.6	−114.7	−4.1	−15.8	−31.6
4.2 기타투자[부채]	−48.1	245.8	11.9	−44.1	−216.9
(차입)	−32.0	95.1	−12.9	−31.4	−105.1
(현금및예금)	−9.1	61.4	16.7	1.5	−76.1
(기타부채[3])	−12.9	32.3	7.6	−14.3	−7.5
5. 준비자산	38.9	−278.9	6.2	14.0	−35.8
자본수지	0.2	0.0	−0.1	0.0	0.4

주: 1) 순자산 기준, 자산·부채 증가는 (+), 자산·부채 감소는 (−)

    2) 거주자가 해외에서 발행한 채권중 비거주자와의 거래분 포함

    3) 매입외환, 매도외환 등

자료: 한국은행

세부적으로 직접투자는 내국인 해외직접투자가 345.4억달러 증가하고 외국인 국내
직접투자는 151.8억달러 증가하였다. 증권투자의 경우 내국인 해외증권투자는 주식
을 중심으로 453.7억달러 증가하고 외국인 국내증권투자는 채권을 중심으로 379.2억
달러 증가하였다. 내국인 해외증권투자는 주식의 경우 2022년 하반기 금리 인상이
시작된 이후 감소하면서[35] 2023년에는 2022년 405.7억달러에 비해 크게 줄어든
297.6억달러 증가하였으며, 채권은 금리 인하 기대를 바탕으로 장기채 투자가 늘어
나면서 2022년 50.3억달러보다 확대된 156.1억달러 증가하였다. 외국인의 국내증권
투자는 기관을 중심으로 장기채 투자가 지속된 데다 주식투자도 2022년 51.0억달러
순매도에서 2023년 116.2억달러 순매수로 전환되면서[36] 2023년에는 2022년 198.7억
달러에 비해 크게 확대된 379.2억달러 순유입되었다. 기타투자는 자산이 대출을 중
심으로 120.5억달러 감소하고, 부채가 차입을 중심으로 216.9억달러 감소하였다. 준
비자산은 외환보유액이 줄어들면서 35.8억달러 감소하였다.[37]

---

[35] 개인과 비금융기업 등의 해외주식투자는 2019년 21.3억달러에서 2020년 194.9억달러, 2021년
208.7억달러로 증가 규모가 점차 늘어났으나 2022년에는 그 규모가 119.1억달러로 줄어들고
2023년에는 18.0억달러 감소하는 모습을 보였다.

[36] 외국인의 국내주식투자는 2008년 금융위기 이후 코로나 직전인 2019년까지 연평균 76.2억달
러 수준의 순매수를 지속해왔으나 2020년 이후 3년 연속 순매도를 기록하였다.

[37] 2023년 말 외환보유액은 4,201.5억달러로 2022년 말 4,231.6억달러에 비해 30.1억달러 감소하
였다(한국은행 보도자료 『2024년 1월말 외환보유액』(2024.2.5.)).

/ 직접투자수지 /

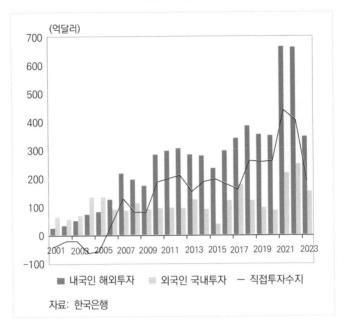

자료: 한국은행

/ 증권투자수지 /

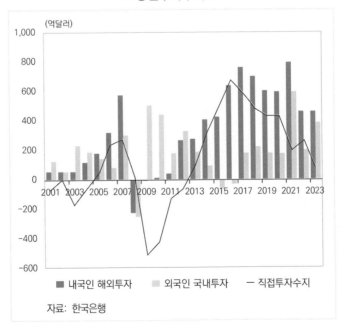

자료: 한국은행

Ⅲ

국민계정과 경제분석

III

국민계정과 경제분석

1 GDP와 경제예측

가. GDP와 경제전망

경제정책을 수행하기 위해서는 경제전망이 필수적이다. 경제전망의 대상이 되는 대표적인 경제변수가 GDP이다. 경제전망을 하는 이유는 경제주체들에게 미래에 대한 청사진을 보여줌으로써 안정적인 경제생활의 영위가 가능하도록 하며, 통화정책이나 재정정책을 포함한 각종 경제정책 결정의 판단 기준이 되기 때문이고, 경제분석이나 정책 결정에 대한 사후 평가를 하기 위함이기도 하다. 한국은행을 비롯하여 국제기구나 연구기관 등에서는 일정 주기를 두고 GDP, 물가 등에 대한 경제전망을 하고 있다.

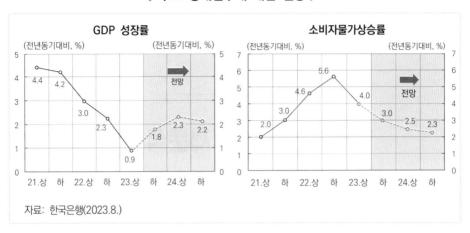

| 주요 경제변수에 대한 전망 |

GDP 성장률

소비자물가상승률

자료: 한국은행(2023.8.)

경제전망 시작에 앞서 먼저 전망의 목적과 대상을 명확히 설정해야 할 필요가 있다. 전망이 정책과정의 일부로서 하나의 소통 수단인지, 혹은 가계, 기업 등의 경제활동 수행에 도움이 되는 정보로서 경제변수의 변화를 맞추는 것 자체가 중요한지 고민해야 한다. 즉 이전 전망의 전제와 전망치 등을 바탕으로 달라진 현 상황과 이를 야기한 요인이 무엇인지 설명하고, 이에 의거하여 새로운 전망치를 도출하고 소통하는 데 중점을 둘 것인지, 또는 이에 관계없이 전망치 자체의 예측력을 높이는 데 주력할 것인지 등을 결정해야 한다. 둘째로 전망 대상의 범위와 주기를 설정해야 한다. 경제성장, 물가, 경상수지, 고용 등 전망의 범위는 작을 수도 클 수도 있다. 통화정책과 긴밀한 미래 금리경로를 제시할 수도 있다. 전망 주기는 월, 분기, 연간 단위나 정책결정 일정 등을 고려해 볼 수 있다. 셋째로 미래 전망이라고 하더라도 단기 성장률 변화를 보고 싶은지 혹은 장기 성장경로 제시가 목적인지, 지표들의 증감률에 중점을 둘 것인지 또는 수준이 더 중요한지, 단일 전망치만 제공할 것인지 혹은 불확실성 평가나 시나리오 분석도 병행할 것인지 등 전망에 담길 내용을 구체화해야 한다.

목적이 정해지면 이를 달성하기 위한 수단이 다음 고려 사항이다. 경제전망을 하기 위해서는 경제모형이 필요하고 주관적 판단도 가미되어야 한다. 특히 어떤 모형을 사용할 것인지가 아주 중요하다. 전망기관에서는 대부분 여러 모형을 사용하여 경제전망을 하고 있다. 한국은행의 경우 경제전망의 여러 목적을 고려하면서 DSGE (Dynamic Stochastic General Equilibrium) 모형과 같은 이론적 정합성에 중점을 둔 모형을 근간으로 하고, 연립방정식모형이나 VAR(Vector Auto-regression) 모형, 기계학습모형, 혼합주기모형 등 시계열모형을 통해 현실 설명력을 보완하는 다모형접근방식(multi-model approach)에 의한 거시경제모형시스템을 구축하고 있다(이승윤 등 (2017)).

/ 한국은행 전망모형 시스템 /

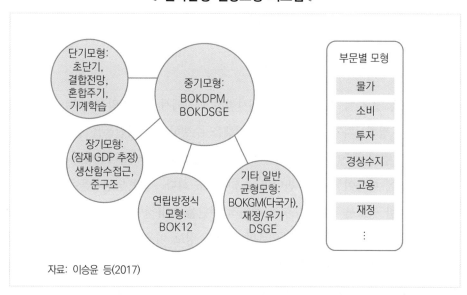

자료: 이승윤 등(2017)

경제동향을 분석하고 경제전망 작업을 수행하며 시뮬레이션 등으로 정책대응 방향을 마련하기 위해서는 경제모형이 필요하다. 그렇지만 모든 경제상황을 모형에 반영한다는 것은 현실적으로 불가능하다. 모형으로 설명하기 어려운 충격요인이 끊임없이 발생하고 금리, 환율 등 경제변수와 GDP 등 전망대상 변수 간 관계도 늘 변화하고 있기 때문이다. 따라서 모형에서 도출된 전망치나 전망경로에 대한 1차 결과물들을 정성적으로 평가해야 할 필요가 있다. 여기에 경제모형과 더불어 경제전망의 중요한 한 요인인 주관적 판단이 개입하게 된다. 주관적 판단은 모형으로 포착하지 못한 부분을 어떻게, 어느 정도로 감안할 것인지 살펴보는 것이다. 이를 위해 주로 분기 통계를 이용하여 구축된 GDP 관련 모형에서 다루기 힘든 월간, 주간 혹은 일별 자료를 이용하거나 심리지수, 산업동향, 주가 및 환율과 같은 초빈도(high fre-quency) 시장지표 등 각종 모니터링 정보를 활용하는 한편, 시계열분석모형이나 회귀분석모형 등 다양한 보조모형에서 얻어진 정보를 종합적으로 이용한다. 또한 파업이나 천재지변, 기후 변화 등과 같은 모형 외적 충격의 영향도 다각도로 살펴본다. 주관적 판단은 경제전망의 필수 요인이지만 관찰 시계가 짧고 영향의 반영 정도를 체계화하기 쉽지 않으므로 전망의 시간적 일관성(time consistency)이 낮고 정합성이 체계적으로 갖춰지기 어려운 단점이 있다.

나. GDP 전망과 주요 경제모형

가계, 기업, 정부 등 경제주체들의 의사결정 과정에서 경제전망은 매우 중요한 역할을 하는데 정책시차가 있는 거시경제정책을 수행하여 경기진폭을 줄이고자 하는 경우 정확한 경제전망이 정책의 성공 여부를 결정짓게 된다. 경제전망은 경제활동의 수준과 방향에 대하여 정확히 판단하는 것이기도 하다. 전망 담당자들은 많은 자료 속에서 유용한 정보를 추출, 모형과 주관적 판단을 이용하여 미래에 전개될 경제상황을 예견한다. 주관적 판단에만 의존한 전망은 정보 이용상 한계가 있고 비체계적이며 시간이 경과함에 따라 일관성을 확보하기 어렵다. 모형이 없는 상태에서 경제전망 작업을 하는 경우 전망 담당자는 매일, 매주, 매달 발표되는 경제지표, 경제뉴스 등 제한된 정보를 이용할 가능성이 높아 전망이 최신 자료에 좌우되기 쉽고 특정 정보에 민감하게 반응하여 자꾸 수정되기 마련이다. 또한 외부충격에 대한 경제반응 정도를 주관적으로 결정하게 되고 그 크기도 그때그때마다 달라지기 때문에 일관성 있게 적용하기 어려운 점이 있다. 이러한 까닭으로 전망 과정에서는 경제모형이 중요하게 된다.[1]

---

1 주관적 판단에도 장·단점이 있고, 모형에만 의존할 경우 일단 모형이 구축된 다음에는 모형의 로직(logic)과 추정된 탄성치에 제약을 크게 받기 때문에 경제전망은 결국 직관과 모형을 어떻게 융합시키느냐의 문제로 귀착된다.

경제전망 모형으로는 대규모 연립방정식 모형(large-scale simultaneous equation model)과 DSGE(Dynamic Stochastic General Equilibrium) 모형이 주로 사용되어 왔다.

1960년대부터 1980년대까지 주요국 중앙은행에서는 J. M. Keynes(1883~1946)의 거시경제이론에 토대를 두고 가격변동이 제한적인 가운데 총수요에 의해 생산이 결정되는 IS-LM 분석에 기반하여 대규모 연립방정식 모형을 구축하고 이를 경제전망 및 정책효과 분석에 활용하여 왔다. 경제주체의 적응적 기대(adaptive expectation)[2]를 가정하였으며 설명변수로 시차변수(time lagged variables)를 추가하여 변수 동학(variable dynamics)을 구현하였다. Engle and Granger(1987)에 의한 오차수정모형(error correction model)이 개발되면서 장기 공적분 행태식과 수준변수의 차분시차항, 오차수정항 등으로 이루어진 단기 행태식을 설정하여 모형 동학은 한층 개선되었다.

대규모 연립방정식 모형은 새로운 설명변수를 추가하고 새로운 방정식을 도입하거나 모형을 변형하기가 어렵지 않아 다양한 경제현상의 설명과 예측력 제고에 유리한 장점이 있다. 또한 모형에 반영된 설명변수들 사이의 관계를 직관적으로 이해할 수 있기 때문에 대중 경제주체들과의 커뮤니케이션도 쉬워지는 측면이 있다. 그러나 이 모형들은 개별방정식의 모수 추정을 대부분 회귀분석(regression analysis)에 의존하여 추정계수의 크기가 과거의 평균적인 행태를 반영하기 때문에 경제구조 변화나 큰 경제충격이 있는 경우 모형의 유효성이 크게 저하되고 루카스 비판(Lucas critique)[3]에 취약하다는 문제가 있다. 또한 주로 국민계정 체계상 GDP, 소비, 투자 등 총수요 측면에서 모형이 설정되기 때문에 가계, 기업, 정부 등 경제주체의 최적화 결정(optimization in decision-making)에 의한 미시이론적 기반(micro-foundation)이 부족하고 모형의

---

2 과거의 자료를 바탕으로 예상오차를 조금씩 수정해 나가면서 미래를 예측하는 것이다. 예를 들어 지난 해 인플레이션을 통해 올해 물가상승률이 어떻게 될 것인지를 추정해 보는 것이 이에 해당한다.

3 각 경제주체의 기대가 정책변화 등에 따라 바뀌게 된다면 추정된 변수들 사이의 관계가 더 이상 유효하지 않게 된다는 것이다. 예를 들어 개별방정식에 포함된 설명변수의 계수들은 모수 값들의 결합체인데 정책당국의 정책변화는 이들 모수 값들의 결합 형태를 바꿀 수도 있기 때문에 단순하게 회귀분석을 통해 추정된 계수는 유효성을 상실할 수 있다(Lucas(1976)).

충격이 구조적 충격[4]이 아닌 다양한 외생적 충격들이 섞여 있는 비구조적 충격으로 특정 충격의 효과를 한정하여 정확히 추정하기 어렵다는 단점이 있다.

우리나라에서는 한국은행과 KDI 등 주요 정책연구소에서 이러한 형태의 거시계량 모형을 구축하여 경제전망에 활용하고 있다. 특히 한국은행은 1970년대부터 대규모 연립방정식 모형을 개발, 운용하기 시작하였으며(한국은행(2000)) 경제구조 변화, 경제이론의 발전, 정보 갱신 및 통계 개발, 컴퓨팅 능력의 향상 등을 반영하여 수시로 모형 개선 작업을 지속(BOK04 모형, BOK12 모형 등)해 오고 있다(황상필 등(2005), 손민규 등(2013)). 최근에는 2019년에 이루어진 한국은행 국민계정 2015년 기준년 개편 결과를 반영하여 BOK20 모형이 구축되었다(박경훈 등(2020)).

대규모 연립방정식 모형을 한국은행이 구축한 모형을 중심으로 개략적으로 설명하면 다음과 같다. BOK12 모형, BOK20 모형들은 소득지출을 중시하는 케인지언 체계에 바탕을 둔 일반균형 개념의 연립방정식 모형으로 오차수정모형의 형태로 설계되고 개별 방정식의 계수는 회귀분석 방법에 의하여 추정된다. 지출 측면의 국민계정 체계에 나누어 GDP는 소비, 투자, 수출입 등의 합으로 이루어지고 각 지출항목(소비, 투자, 수출입 등)은 이에 영향을 미치는 설명변수에 의한 방정식으로 구성되어 있다.[5]

---

4 기술충격, 통화정책충격, 재정정책충격 등과 같은 독립적이고 외생적인 충격을 의미한다.
5 생산 측면의 GDP에 바탕을 두고 농림수산업, 개별 제조업, 개별 서비스업 등 산업별로 방정식을 설정하여 모형을 구축할 수도 있다. 생산 측면에서 보면 GDP(Y)는 각 산업별, 즉 농림어업(A), 제조업(B), 건설업(C), 서비스업(D) 등으로부터 발생하는 부가가치의 합이므로

$$Y = A + B + C + D$$

라 할 수 있다.
각 산업의 동인이 되는 변수들로 각 산업에 대한 행태식을 추정하여 연립방정식모형을 구축하면 생산 측면에서의 경제분석과 전망이 가능해진다. 예를 들어 제조업(B)은

$$B = f(소득, 금리, 가격, 환율 등)$$

의 형태로 방정식을 설정해 볼 수 있다.

GDP = 소비 + 투자 + 수출 − 수입 + 기타

소비 = f(소득, 금리 등)

투자 = f(소득, 금리 등)

수출 = f(세계교역량, 환율 등)

수입 = f(소득, 환율 등)

GDP와 같은 정의식을 제외한 소비, 투자, 수출입 함수들은 장·단기방정식으로 이루어진다. 예를 들어 소비는 장기적으로 국민총소득이나 금융기관 금리 등에 의하여 결정되지만 단기적으로는 오차수정 과정(실제 소비지출과 장기식에 의하여 도출된 예측치 간 차이)과 가계신용 증감이나 주택가격 변화 등 소비에 단기적으로 영향을 미치는 요인들에 의하여 설명되도록 구성된다.

장기식: 소비 = f(소득, 금리 등)

단기식: △소비 = f(△소득, △금리, △가계신용, △주택가격, 오차수정항 등)

오차수정항 = 소비 − 장기식에 의한 소비 예측치

이와 같은 방식을 이용하여 최종수요, 물가, 대외거래, 고용, 재정, 금융시장과 부동산시장 등 각 경제블록을 구축하고 경제변수를 이용하여 블록 간 상호관계를 설정한다. 이로부터 주가, 금리, 환율 등 가격변수의 변화나 경제충격 등이 어떤 경로를 거쳐, 어느 정도로, 얼마만큼의 시차를 두고 경제 전체에 영향을 미치는지 모형에 포착된 인과관계를 통하여 체계적으로 파악하게 된다.

/ 한국은행 BOK20 모형의 모형 흐름도 /

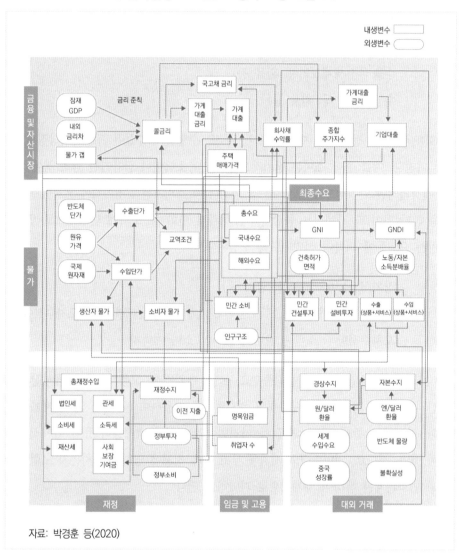

자료: 박경훈 등(2020)

최근 구축된 한국은행 BOK20 모형은 최종수요, 대외거래, 물가, 임금 및 고용, 금융 및 자산시장, 재정부문 등 총 6개 블록으로 구성되어 있다. 이들 부문은 모두 37개 행태방정식과 10개의 정의식으로 이루어져 있다.

다음으로 DSGE 모형은 합리적 기대(rational expectation)[6]와 동태적 최적화(dynamic optimization)를 성공적으로 구현한 신고전파의 실물경기변동(real business cycle) 이론이 정착되면서 본격적으로 개발되었다. 1990년대에는 신고전파 DSGE 모형에 재화가격 및 임금의 경직성(stickiness) 등 시장의 불완전성을 추가하여 통화정책이 경기변동에 미치는 영향 분석이 가능한 뉴케인지언(New Keynesian) 모형으로 발전되면서 거시경제학의 기본적인 분석모형으로 자리 잡았다. DSGE 모형이 거시계량모형의 주류로 등장할 수 있었던 것에는 컴퓨팅 기술의 향상도 크게 작용하였다. 또한 미래 기대변수를 포함하는 대규모 연립방정식 체계에서도 모형의 해를 쉽게 구할 수 있는 stack-time 알고리듬의 개발은 합리적 기대가 거시계량모형 체계 내에 효율적으로 반영될 수 있는 토대가 되었다. 2000대 이전까지 DSGE 모형은 모수의 추정을 주로 캘리브레이션(calibration) 방식에 의존했기 때문에 모형의 예측력이 상대적으로 낮았으며 이러한 한계 때문에 동 모형은 주로 정책효과 분석에 활용되었다. 그러나 2000년대 들어 GMM(Generalized Method of Moments), MLE(Maximum Likelihood Estimation), 베이지언(Bayesian) 방식[7] 등 다양한 통계학적 기법을 이용하여 모수 추정이 가능해지고 시뮬레이션 능력이 향상됨에 따라 모형의 현실 설명력이 크게 높아졌다. 이에 따라 통계적인 추정 방식을 이용한 대규모 DSGE 모형이 IMF를 비롯하여 선진국 중앙은행의 주류 모형으로 자리 잡게 되었다. 우리나라에서는 한국은행이 DSGE 모형 개발을 지속해 오고 있다.

---

6 과거 정보를 이용하여 미래를 예측하는 적응적 기대와 달리 가계나 기업 등 경제주체들이 활용 가능한 모든 정보를 이용하여 경제상황의 변화를 합리적으로 예측한다는 것이다. 따라서 예측이 약간 틀린다고 하더라도 체계적인 오차는 발생하지 않고 전체적으로는 옳게 예측된다. 이 가설은 고전학파 경제학자들이 말한 것처럼 사람들은 합리적으로 현상을 판단할 수 있기 때문에 정부가 어떤 정책을 펴더라도 이를 합리적으로 예상하여 행동한다는 점을 시사한다. 이 가설이 맞다면 정부가 정책을 통하여 GDP, 실업률 등을 어느 정도 통제할 수 있다는 케인즈주의자들의 주장이 옳지 않게 된다.

7 사람들이 확률을 예측할 때 선험적인 사전확률(prior probability distribution)을 인지하고 있으며 사전확률과 실제로 관측되는 확률을 종합하여 사건에 대한 사후 확률(posterior probability distribution)을 추정한다는 것이다. 컴퓨팅 기술이 발전하면서 시뮬레이션에 의해 사후 확률을 계산하는 방법이 널리 활용되고 있다.

DSGE 모형의 개념 및 특징을 간략히 설명해 보면 다음과 같다. DSGE 모형은 각 경제주체들이 각종 임의의 충격이 발생하는 경제상황에 대한 합리적 기대를 바탕으로 최적 의사결정을 하는 가운데 균형에서 모든 시장이 청산되는 구조를 가지고 있다. 가계는 생산요소를 공급하는 한편 재화 및 서비스 소비의 주체로서 효용 극대화를 도모하며 기업은 생산요소를 수요하고 재화와 서비스를 공급하는데 이윤 극대화를 추구한다. 정부와 중앙은행은 경제정책 등을 통하여 각종 경제충격을 최소화하고 정책효율성을 극대화 한다.

/ DSGE 모형 각 경제주체들의 경제적 역할 및 목적 /

주체	역할	목적
가계	효용극대화	– 생산요소 공급 – 재화 및 서비스 수요
기업	이윤극대화	– 생산요소 수요 – 재화 및 서비스 공급
정부	재정정책	– 시장구조 및 시장의 원활한 운영을 위한 룰(rule) 조성 – 충격반응 최소화 – 정책효율성 극대화
중앙은행	통화정책	– 시장구조 및 시장의 원활한 운영을 위한 룰(rule) 조성 – 충격반응 최소화 – 정책효율성 극대화

DSGE 모형은 경제주체들의 현재 경제행위가 미래와 직접 연계되는 기간 간 대체 (intertemporal substitution)[8]의 개념이 고려된 동태적(dynamic) 모형이며 국내외에서 임의로 발생하는 각종 충격(기술충격, 선호충격, 통화정책충격 등)에 경제주체들이 반응하는 과정으로 경기순환 및 경제현상을 설명하고자 하는 확률적(stochastic) 모형 이다.

❘ DSGE 모형상 외생적 충격의 발생과 경제전망 ❘

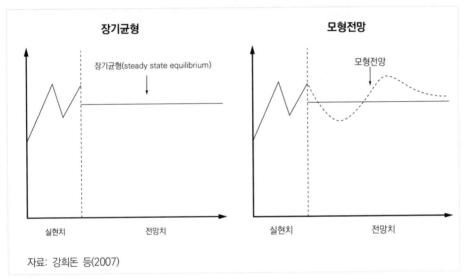

자료: 강희돈 등(2007)

아울러 재화시장, 노동시장, 금융시장 등 부문별 시장에서 결정되는 각 경제주체 들의 최적화 행위가 동시적·종합적인 시각에서 고려되는 일반균형(general equili-brium) 모형이다.

---

8 예를 들면 가계의 경우 소비를 결정할 때 현재 소득뿐만 아니라 과거 발생 소득과 미래 발생 할 것으로 예상되는 소득까지 모두 고려한다.

/ DSGE 모형의 경제주체 및 변수 간 관계 /

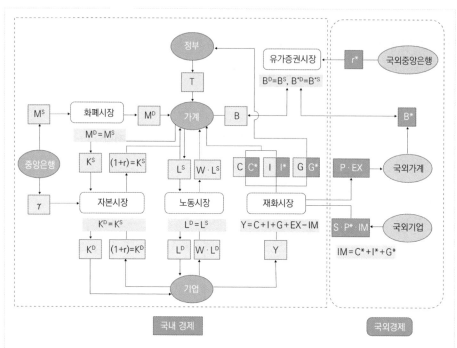

	가계		생산자		정부		중앙 은행	판매업자		종합 (시장청산)
	국내재	국외재	내수재	수출재	국내재	국외재		국내 채권	국외 채권	
소 비	C	C*								$\tilde{C}=C+C^*$
정부소비					G	G*				$\tilde{G}=G+G^*$
투자(자본)	I	I*	K^D							$\tilde{I}=I+I^*$
순 수 출				EX						EX
생 산			Y							$\Rightarrow Y=\tilde{C}+\tilde{I}+\tilde{G}+(EX-IM)$
노동공급	N^S									
고 용			N^D							$N^D=N^S$
국내채권								B		$\int_0^1 B(h)_t dh=0$
국외채권									B*	B* 공급 가능
통화수요	M^D									
통화공급							M^S			$M^D=M^S$

주: 1) 수입: IM = C* + I* + G*

자료: 강희돈 등(2007)

DSGE 모형은 경제주체, 경제변수, 모수(parameter) 등 3가지 모형요소로 구성된다. 경제주체는 가계, 기업, 정부 및 중앙은행 등으로 이들은 서로 유기적으로 연결되어 경제행위를 통해 각자의 만족을 극대화한다. 경제변수는 내생변수(endogenous variable)와 외생변수(exogenous variable)로 구성된다. 내생변수는 경제상황을 나타내는 상태변수(state variable)와 경제주체들의 의사결정을 나타내는 결정변수(decision variable)로 다시 나누어진다. 외생변수는 경제주체들의 의사결정에 영향을 미쳐 경제전체의 경기변동이나 경제성장의 동인 역할을 하는 경제충격(shock)들이다. 모수는 경제환경(기술수준 포함), 경제주체들의 선호(preference), 가격결정 메카니즘 및 거시경제 정책결정 구조 등에 대한 정보를 담고 있는 상수(constant)이다. 이와 같은 모형 구조 하에서 경제주체들은 각자의 이익 극대화를 도모하는데 균형에서는 모든 시장의 수급 불균형이 청산되며 이 과정에서 거시경제변수 간 상호관계가 설정된다.

한국은행은 BOK12, BOK20 모형과 같은 대규모 연립방정식 모형을 구축하는 한편 BOKDSGE 모형을 구축(강희돈 등(2007), 배병호 등(2018))하여 정책효과 분석과 경제전망에 활용하고 있다.

이상에서 GDP와 관련하여 경제동향 분석 및 경제전망에 사용되고 있는 대규모 기본모형에 대하여 살펴보았다. 경제분석과 전망에는 이들 모형뿐만 아니라 많은 다른 모형들이 사용되고 있다. 앞선 모형들을 변경하거나 확장하기도 하고 다른 장점이 있는 여타 모형들도 각 상황에 맞게 사용한다.[9] 대규모 연립방정식 모형을 확장하여 고용이나 재정블록(손민규 등(2013))을 추가하고 DSGE 모형의 경우 새로운 외생적 충격 분석이 가능하도록 모형을 변형하거나(지정구·한경수(2016), 지정구·배병호(2016)) 다른 특화 모형과 연계하여 충격반응을 살펴보기도 한다(지정구 등(2020)).[10] 가계, 기

---

9 경제이론에 보다 중점을 둔 모형들과 실제 데이터 부합성을 중시하는 모형들을 다양하게 구축하여 경제전망 및 정책시뮬레이션 분석 등에 보완적으로 활용한다. 이론적 정합성이 높은 모형일수록 균형을 달성하는 과정에서 현실 설명력이 높지 않고 큰 충격에 의한 경제변화 예측에 실패하기 쉽다. 거시계량모형은 대체로 이론적 정합성과 현실 설명력 간 상충관계(trade-off)가 있다. 이론적 정합성이 높으면 현실 설명력이 낮고 현실 설명력이 높으면 이론적 정합성이 낮은 경향이 흔히 관찰된다.

업 등 개별 경제주체가 처한 상황을 잘 반영할 수 있도록 경제주체를 세분화하고 재화 및 서비스를 분석 목적에 맞게 나누어 분석하기도 한다(김도완 등(2018), 최영준 등(2018)). 또 글로벌 모형을 구축하여 유가충격 등 글로벌 경제환경 변화를 적시에 반

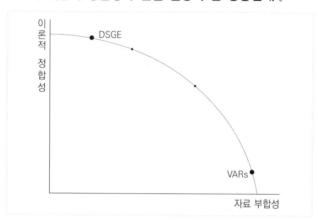

/ 이론적 정합성과 현실 설명력 간 상충관계 /

시계열분석모형 중 하나인 VAR(Vector Auto−regression) 모형은 아주 기본적인 경제이론에 근거하여 경제모형에 포함된 경제변수들의 시차변수들 사이에 존재하는 통계적인 특성을 포착하여 경제전망에 이용하는데 많은 연구들이 VAR 모형의 분석 결과들이 여타 모형에 비해 뛰어나다는 사실을 보여주고 있다. 이는 VAR 모형이 제한된 설명변수를 사용하고 자기시차변수를 포함시켜 경제변수 간 공동변화(co−movemnet)를 잘 포착함으로써 모형 변수들의 단기동학을 잘 설명하기 때문이다. 반면 DSGE 모형은 이론적 정합성이 매우 높은 것으로 평가된다. DSGE 모형은 합리적 기대하에 가계나 기업의 최적화 행위를 기반으로 하는 미시적 기초 위에 세워졌기 때문에 이론적 정합성이 매우 높다. 그러나 현실 설명력이 떨어지고 단기시계에서 전망 예측력이 높지 않은 단점이 있다. 이와 같은 현상은 DSGE 모형이 모형화할 수 있는 범위가 제한적이기 때문이다. 경제변수의 움직임에 영향을 주는 설명변수가 수학적 해를 도출할 수 있는 범위 내로 제한되고 예상치 못하게 발생하는 충격이 자유로이 포함되도록 모형을 수정하기가 쉽지 않으며 새로운 이론적 접근 모색 등 많은 노력이 필요하게 된다. 예를 들어, 가계의 효용극대화에 바탕을 두고 있는 소비함수는 항상소득과 이자율 등 일부 변수만을 설명변수로 포함하는데, 소비는 은행의 대출태도나 고용 사정 등 여타 많은 요인들에 의해 영향을 받기 때문에 이들을 제대로 감안하지 못할 경우 DSGE 모형의 현실 설명력이 제한될 수밖에 없다. 이들 모형을 양 극단으로 이론적 정합성과 현실 설명력을 절충한 여러 모형들이 있다.

10 지정구 등(2020)은 코로나19 확산이 우리나라 경제에 미치는 영향을 분석하기 위하여 감염병 확산 및 예측을 위해 활용되는 대표적 모형인 SIR(Susceptible, Infected, Recovered) 모형을 뉴케인지언 DSGE 모형에 블록 형태로 포함하였다.

영할 수 있도록 구축한 모형들도 있다(김웅 등(2012), 강환구 등(2014)). 아울러 단기 예측력의 정도를 제고하기 위해 VAR 모형 등을 추가하기도 한다(최병재 등(2013)). 주요국 정부 및 중앙은행, 국제기구 등은 불확실성하에서 경제전망 및 정책분석의 실효성을 높이기 위해 복수의 모형(suite of models)을 필요에 맞게 활용하는 추세이다(Burgess et al.(2013), Dieppe et al.(2018), Gervais and Gosselin(2014)).[11]

---

11 앞서 본 바와 같이 한국은행도 다양한 모형들을 이용하여 경제전망 작업을 수행하고 있다(이승윤 등(2017)).

참고 Ⅲ-1 경제모형의 발전 방향

경제전망에 사용되는 거시계량모형은 일국의 경제를 분석하고 예측하며 정책을 수립함에 있어 큰 도움을 주는 수단이다. 케인즈 경제학의 태동 이후 이를 토대로 구축되어 온 거시계량모형은 시대 상황에 따라 나름대로의 역할을 수행해 온 것으로 평가된다.[12] IS-LM 모형에 의거한 대규모 연립방정식 모형은 1950년대 후반, 1960년대의 경제안정 및 성장에 크게 기여하였고 유가충격에 의한 스태그플레이션(stagflation) 이후 중앙은행의 목표가 된 물가안정목표제와 함께 발전한 DSGE 모형도 물가안정을 비롯하여 경제안정에 크게 기여하여 왔다고 할 수 있다. 그동안 거시계량모형은 이론체계, 모형 규모나 추정기법 등 여러 측면에서 발전하여 왔지만 현실 정합성, 전망 능력, 신뢰성 면에서 여전히 개선의 여지가 있다(황상필(2020)).

거시계량모형은 경제주체의 행태 및 경제구조와 경제제도의 변화, 경제이론 및 계량경제학의 발달 등에 맞추어 끊임없이 갱신됨으로써 그 유용성을 높여나가야 할 것이다. 발전 방향에 대하여 부연해 보자면 먼저 규모와 복잡성이 확대되고 있는 금융시장의 현상을 잘 반영할 필요가 있다. 금융위기를 겪으면서 경제모형에 대한 신뢰가 저하되고 모형에 대한 근본적인 패러다임 변화가 필요하다는 비판에 직면하고 있다. 금융위기를 전후하여 경제이론이나 경제전망 모형이 금융위기에 대한 대응에 실패한 요인 중 하나는 매크로 레버리지 증가와 밀접한 연관이 있는 금융부문의 중요성을 간과하였기 때문이다. 금융시장의 뚜렷한 확장세와 복잡성(시스템 및 상품) 증가에도 불구하고 금융이 실물의 베일(veil)에 불과하다는 시각에 지배되었으며[13] 금융시장이 효율적이라는 생각과 경제주체들이 합리적으로 경제행위를 영위한다는 전제 하에 금

---

[12] 거시경제현상에 대한 체계적인 실증분석은 케인즈(1936)의 「The General Theory of Employment, Interest and Money」가 출간되고 통계기법이 비약적으로 발전하면서 다양한 형태로 진행되었다. 특히 1940년대 들어 일반이론에서 제시된 거시경제이론을 바탕으로 국민경제의 구조와 변동 행태를 연립방정식 체계로 모형화한 Klein(1946)의 「Keynesian Revolution」, Klein·Goldberger(1955)의 「Econometric Model of U.S: 1929－52」 등의 책들이 출간되면서 거시계량모형을 이용한 경제예측 및 실증분석 체계의 기초가 확립되었다.

[13] 고전경제학에서는 재화나 서비스의 실물적 흐름이 있을 경우 반대로 금융적 움직임이 발생하기 때문에 금융은 실물현상의 베일에 불과하다고 보았다. 그러나 Friedrich Hayek(1899~1992), Irving Fisher(1867~1947), J. M. Keynes(1883~1946) 등은 금융시스템, 특히 은행시스템이 어떻게 운영되는가 하는 것이 거시경제 안정에 크게 중요하다고 생각하였다. 이러한 생

융시장은 빠르게 균형을 찾아가고 안정을 이룬다고 보았다.[14] 아울러 현대 경제에서 중요한 역할을 담당하는 은행 등 금융기관의 중요성도 제대로 감안하지 못했다.[15, 16, 17] 이에 따라 모형들은 금융 심화와 복잡성 증가, 이에 따른 부채 증가로 인해 금융시스템 자체가 경제불안정의 원인이 될 수 있다는 것을 모형에 충분히 반영하지 못했다.[18] 금융위기 이후 이러한 생각들은 상당 부분 잘못된 것으로 평가받았으며 기존 모형에 대한 반성과 함께 다각도의 개선방안이 제시되었다.[19] 금융시장의 리스크 요인을 파악하기 위해 금융상황지수(FCI; Financial Conditions Index), 금융안정지

각은 1970년대 들어 고전경제학의 사고가 다시 부활하면서 거부되거나 무시되었다.

14 2008년 금융위기 이전 금융시장과 관련한 가장 중요한 거시경제이론은 효율적 시장가설 (efficient market hypothesis)과 합리적 기대가설이다. 효율적 시장가설은 증권가격이 모든 이용 가능한 정보를 완전히, 합리적으로 반영하기 때문에 금융시장에서는 오직 새로운 정보만이 증권가격에 영향을 미치며, 지나간 분석 정보나 비합리적 충동 등은 증권가격에 영향을 주지 못한다는 것이다. 이 두 이론하에서 금융시장은 각 경제주체들의 합리적 평가를 잘 반영하여 효율적으로 운용된다. 합리적 기대가설은 제3장의 각주 6)을 참조하시오.

15 현대 경제에서 은행은 단순히 기존의 예금을 투자자금으로 연결시키는 역할만 하는 것이 아니라 통화, 신용, 구매력을 새로이 창출한다. 또한 은행 대출의 대부분은 신규 기업투자보다 소비 활동이나 부동산 등 자산 매입에 사용된다.

16 현대경제학과 중앙은행은 은행시스템을 고려하지 않는 경제모델을 따르더라도 경제의 통화운영을 잘 파악할 수 있고, 중앙은행이 금리 수준을 잘 조절하여 인플레이션만 잘 관리하면 거시경제는 안정이 이루어진다고 주장하고 있다. 대부분의 중앙은행이 채택하고 있는 물가안정목표제는 이에 따른 것이다. Lucas(2003)는 '경기침체 방지의 핵심문제가 지난 수십 년 동안 사실상 해결되었다'고 주장하였다.

17 영란은행 총재였던 Mervyn King은 2012년 강연에서 현대 화폐경제학의 주류 모델은 금융중개에 대한 설명이 없으며 통화와 신용, 그리고 은행의 의미 있는 역할이 없다고 지적하였다.

18 Rajan and Zingales(2004)는 실물경제에 대한 금융시장의 영향에 대해 '지난 30년간 전 세계적으로 사실상 혁명에 가까운 금융시스템의 극적인 변화로 많은 진보와 발전이 이루어졌다. 이제 우리는 모두를 위한 금융 유토피아(utopia of finance for all)에 근접했다'고 주장하였다. Levine(2005)는 경제사를 계량분석을 통해 살펴본 결과 '금융 심화(financial deepening)는 사회경제적으로 전반적으로 유익하였다'는 결론을 도출하였다. 특히 GDP 대비 민간신용 비중과 경제성장, 주식시장 회전율과 경제성장 간에 正(+)의 상관관계가 있다고 분석하였다. 또한 보다 많은 신용창출과 풍부한 시장유동성이 사회적으로 유용한 작용을 한 것을 보였다. 그러나 이런 생각은 금융위기를 겪으면서 비판받고 있다(Turner(2017)).

19 Blanchard(2018)는 현행 DSGE 모형이 문제가 있긴 하지만 이론적 기반이 올바르기 때문에 폐기되기보다는 개선되어야 하며, 각기 다른 목적을 위해서는 다른 모형을 사용하여야 한다고 언급하였다. 핵심모형(models upon common core), 기본이론모형(foundational theory

수(FSI; Financial Stability Index)들을 작성하는[20] 한편 금융시스템에 대한 스트레스 테스트(stress test)를 도입하고, DSGE 모형 내에 은행 등 금융기관을 포함하여 모형화하는 움직임이 확산되고 있다.

다음으로 제4차 산업혁명이 경제전망 모형에 미칠 영향에 대해 잘 살펴볼 필요가 있다. 제4차 산업혁명의 도래와 함께 디지털 혁명이 가속화되면서 경제·경영환경이 급속히 변하고 있다. 디지털 혁명이 기술융합의 근간을 이루는 필수불가결한 요소로 등장하고, 이로 인해 우리는 경제적, 사회적 측면에서 지금까지와는 전혀 다른 경험을 하고 있다. 디지털 상품은 과거 비용기반 가격설정과 달리 가치기반으로 가격책정이 이루어지기 때문에 전통적인 수요·공급 곡선에 따라 생산량과 가격이 결정되는 원리와 엄청난 차이가 발생할 수 있다. 과거에는 가격에 따른 수요가 주어졌을 때 원자재 및 중간재 투입비용, 노동비용에 적정이윤(markup profit)을 더하여 균형가격이 형성되었다면 디지털 경제에서는 소비가 늘어날수록 제품의 가치가 올라가는 망외부성(network externality)의 존재로 가격 형성이 달라지게 된다. 많이 사용할수록 많은 데이터가 축적되고 가치가 더욱 올라가게 되는 것이다(소비에 대한 규모의 경제). 또한 상품과 서비스의 구분이 모호해지고[21] 상품에 비해 양적으로 측정하는 것이 상대적으로 어려운 서비스의 비중이 높아지면서 과거와 같이 물질적 생산량에 중점을 둔 통계들의 정보로서의 가치가 빈약해지며, 상품과 서비스가 양적, 질적으로 급속히 변화하기 때문에 이를 통계적으로 포착하는 것이 매우 어려워지고 있다.[22, 23]

models), 정책모형(policy models), 응용모형(toy models), 전망모형(forecasting models) 등 다섯 종류의 일반균형모형들이 필요하며, 이를 하나의 모형으로 통합하는 것은 비생산적이라고 주장하였다.

20 이승용 등(2014)은 우리나라의 50개 금융변수를 선정하여 동 변수의 1990년 이후 월별 시계열 자료로 불균형패널을 구축한 다음 주성분 추출방식을 이용하여 월별 FCI를 작성하였다. 작성된 FCI는 과거 금융상황에 대한 설명력, 거시경제변수에 대한 예측력 등에서 매우 우수한 것으로 나타났다. 한국은행에서는 또한 금융안정분석보고서에 FSI를 작성, 수록해 오고 있다. FSI는 금융안정관련 실물 및 금융부문의 20개 월별지표를 표준화하여 산출한 종합지수이다.

21 예를 들어 구글, 테슬라와 같은 기업들이 이동서비스 사업에 진출하면서 자동차산업의 성격이 제조업인지, 서비스업인지 구분이 모호하게 된다.

22 반도체의 경우 신제품 출시 당시에는 가격이 높지만 물량증가와 함께 가격이 급격히 떨어지게 되는데 이러한 상황에서 반도체 가격지수를 산정한다는 것은 매우 어렵다. 또한 가격이 떨어지면서 생산이 증가하고 이에 따라 판매총액에 변화가 생길 경우 이것이 경제에 긍정적인 것인지, 부정적인 것인지 판단하는 것도 쉽지 않다. 어느 정도가 부가가치 증가분으로 귀속될 것인지 가늠하는 것이 어렵기 때문이다.

23 통계편제 사정상 일정 시차를 두고 뒤늦게 발표되는 산업연관표를 이용하여 앞으로 2~3년간

제품간, 산업간 보완성이 엄청난 속도로 확대되고 있는 것도 과거와 다른 점이다. 하드웨어·소프트웨어로 구현되는 디지털 기술이 보편화되고 산업발전의 기본 근간이 되면서 제조업에는 스마트공장, 지능형 로봇, 3D 프린팅 등이 도입되고, IT기업의 금융업 진출에서 보듯이 서비스업도 산업간 구분이 모호해지는 등 근본체계가 변하고 있다. 사회구조도 크게 변화될 것인데 단순·반복적인 일자리가 감소하고 탄력적 고용 형태가 증가하면서 과거 임금이 부가가치의 큰 부분을 차지한 경제가 임금이 미미하고 기업이나 정부로부터의 이전소득이 큰 비중을 차지하는 경제로 변할 전망이다.

/ 제4차 산업혁명의 동인 및 파급 효과 /

동 인		파급 효과
지능정보 기술 A.I. Big Data Mobile IoT	→	산업구조의 변화 • 데이터와 지식이 경쟁의 원천 • 소비자 맞춤형 제품 및 서비스 제공 – 시장대응에 따른 Reshoring 발생 • 플랫폼 및 생태계 경쟁 중심 • 승자독식 플랫폼 경쟁과 새로운 성장 기회 – 네트워크 효과 – 작은 기업도 글로벌 진출이 용이 (Micro Multi Nationals)
		고용구조의 변화 • 자동화 및 신산업분야 고용 창출 • 고부가가치·창의업무 중심으로 업무재편성 • 탄력적 고용, 플랫폼 종사자 등 비정형적 고용 확대 • 단기고용, 지식노동 제공 형태의 일자리 증가
		삶의 모습·환경 변화 • 삶의 편의성 증진 – 의료비 절감 및 의료품질·접근성 향상 – 언어인지 및 자동번역기술 발전 • 안전한 생활환경 – 무인시스템 도입 및 빅데이터를 활용한 범죄 예측 모델 활용 – 교통정보의 실시간 공유 및 교통흐름의 지능적 제어 • 맞춤형 서비스 – 맞춤형 학습의 보편화, 창의·인성 교육 확대 – 복지사각지대에 대한 예측 강화 • 역기능 발생 가능성 – 양극화 심화, 신기술관련 분쟁 증가 – 사생활침해 우려, 해킹 등에 따른 국가시스템 위해 소지

자료: 정부 보도자료 『제4차 산업혁명에 대응한 지능정보사회 중장기 종합대책(안)』(2016.12.)

경제전망 모형은 기본적으로 경제 내 경제변수들 간의 관계에 있어서 어떤 균형이 있다고 가정한다. 이에 따라 모형은 균형에로의 복귀에 제약될 수 밖에 없으며 이론적 정합성이 높은 모형일수록 균형을 달성하는 과정에서 현실 설명력이 높지 않고 큰 충격에 의한 경제변화 예측에 실패하기가 쉽다. 지금과 같이 경제환경 변화가 빠르게 진행되는 상황에서는 균형 자체가 지속적으로 움직일 가능성이 높다.[24] 기존 모형을 개선, 정비하는 것도 중요하지만 각 모형의 이론적 제약과 현실적 한계를 충분히 인식하고 균형 수준이 달라지는 징후를 다면적으로 파악하여 파급 영향과 향후 전개 과정에 대해 미리 짐작해 보는 것이 무엇보다 중요하다.[25] 상대적으로 이론적 정합성이 높은 모형과 현실 설명력이 높은 모형을 같이 이용하거나 구조모형과 비구조모형을 종합할 필요가 있다.[26] 또한 다양한 시계열 정보와 빅데이터 분석 등을 이용하여 경제전망의 정도(精度)를 지속적으로 높여나가야 한다.[27, 28]

의 산업구조 변화를 예측한다는 것은 매우 어려울 것이다.

24 금융위기 이후 '뉴 노멀(new normal)'이라는 용어가 흔하게 사용되고 있다. 이러한 현상은 경제상황 변화 자체가 과거와 달라진 단계에 있음을 시사하고 있다.

25 DSGE 모형들은 금융기관의 정보수집 시차나 제도적 경직성 등을 일정 부분 반영할 수 있지만 기본적으로 시장청산과 정상상태로의 복귀를 전제로 하기 때문에 위기를 제대로 포착하기 어려운 구조를 가지고 있다.

26 최근 정부나 주요 선진국 중앙은행들이 다모형시스템(suite of models)을 사용하고 있는 것은 이러한 움직임과 무관하지 않다.

27 최병재 등(2014)은 월별 자료를 이용한 예측조합에 의한 전망 방법을 개발하여 단기 경제전망치 도출에 활용하였다. 이 방법에 의하면 다양한 정보변수와 전망 모형群을 이용하여 많은 수의 전망치를 산출한 뒤 과거 실적을 기준으로 적절하게 결합하여 최종 경제성장률 전망치를 산출한다. 적절한 예측조합을 사용하여 선택한 후 산출한 결합전망치는 다양한 변수에 포함된 정보와 서로 다른 전망모형의 장점을 결합할 수 있으므로 하나의 특정 모형을 사용할 때보다 전망성과가 개선될 수 있다. 또한 이승윤 등(2017)은 기계학습(machine learning)모형과 혼합주기(mixed freqency)모형을 이용하여 단기 전망 精度를 제고하였다. 기계학습모형은 비선형회귀모형의 일종으로 데이터가 추가될 때마다 자기학습 과정을 통해 지속적으로 예측력을 개선할 수 있는 방법을 탐색하는 알고리즘을 포함하며, 혼합주기모형은 분기 경제성장률 전망을 위해 주기가 짧은 월별 자료를 분기화하는 과정 없이 직접 설명변수로 사용하는 방식으로 월별자료 분기화를 위한 결측치 추정 과정에서 발생하는 예측오차를 배제하여 전망 예측력이 개선되는 것으로 알려져 있다.

28 김한준 등(2021)은 국내 경제뉴스 기사에 포함된 텍스트를 통합, 연계하여 경제심리지수에 영향을 미치는 보다 정확한 키워드 및 정보를 추출하는 방법에 대하여 연구하였다. 또한 한국은행에서는 인터넷 포털사이트의 경제기사 텍스트를 웹크롤링(web crawling) 기법으로 수집하고 이를

경제분만 아니라 모든 측면에서 불확실성이 크게 높아졌다. 이제 超불확실성 시대로 접어들었다.[29] 금융위기 이후 불확실성이 언론 등 소통 측면분만 아니라 현황 판단이나 정책결정 과정 등에 상시적으로 사용되면서 불확실성이라는 말은 이제 현대 경제학에서 없어서는 안 될 용어가 되었다. 과거와 달리 우리는 무엇을 모르는지조차 모르는(unknown unknowns) 시대에 살고 있다.[30] 일례로 최근 코로나19 확산과 이로 인한 충격은 의학의 발달로 이미 극복되었다고 생각했던 감염병에 의해 전혀 예상치 못한 어려움을 글로벌하게 경험한 경우라고 할 수 있다. 현 상황에서 겪고 있는 위기도 문제이지만 위기 해결과정에서 행해진 정책대응들이 앞으로 어떠한 결과를 야기할지 아무도 쉽게 판단 내릴 수 없는 상황이다. 불확실성은 경제주체들이 의사결정을 내리는 데 비용을 야기한다. 가계나 기업이 소비나 투자 등을 결정할 때 경제전망의 불확실성에 노출되게 되면 의사결정을 지연시키는 등 경제주체의 행태가 변하게 되는데, 이 행위가 적정하지 않았다면 사회적 비용이 발생하게 된다. 이는 정책당국자도 마찬가지이다. 경제전망의 불확실성을 충분히 인식하여 잘못된 전망에 기초한 의사결정비용을 최소화해야 할 필요가 있다.[31,32,33]

기반으로 표본문장을 추출한 뒤 각 문장에 나타난 긍정, 부정, 중립의 감성을 기계학습 방법으로 분류, 긍정과 부정 문장수의 차이를 계산하여 이를 지수화 한 뉴스심리지수(NSI; News Sentiment Index)를 개발하였다(서범석 등(2022)). 동 지수는 2022년 2월부터 매주 '일별' 및 '월별' 지수로 산출되어 한국은행 경제통계시스템(ecos.bok.or.kr)에 실험적 통계로 발표되고 있다.

29 케인지언 경제학자였던 Galbraith(1977)는 오일 쇼크 이후 앞날을 내다보기 어려운 시대를 '불확실성의 시대(The age of Uncertainty)'라고 정의하였다. 금융위기시 글로벌 금융위기를 예측한 바 있는 Rubini(2013)는 금융위기 이후 저성장·저물가·저금리의 '뉴 노멀(new normal) 시대'에 이어 불확실성이 상시화되면서 기존의 경제이론으로 설명되지 않고 경제예측마저 의미가 없어지게 된 지금이 '뉴 애버노멀(new abnormal) 시대'에 들어섰다고 말하였다. 또한 Eichengreen(2017)은 Galbraith의 「불확실성 시대」 발간 40주년을 맞이하여 현 시대를 '超불확실성 시대(The age of Hyper-Uncertainty)'라고 명명하였다.

30 2002년 2월 미국 국방부장관 Rumsfeld는 국방부 브리핑(Defence Department Briefing)에서 지식의 유형을 다음과 같이 이야기한 바 있다.

"There are known knowns; there are things we know we know. We also know there are known unknowns; that is to say we know there are some things we do not know. But there are unknown unknowns – there are things we do not know we don't know."

31 경제학에서는 '불확실성(uncertainty)'과 '리스크(risk)'를 구분하여 분석하는 것이 일반적이다. Knight(1921)에 의하면 사건의 확률분포가 알려져 있거나, 과거 데이터로부터 확률을 측정할 수 있고 확률의 법칙을 사용하여 계산할 수 있는 경우를 '리스크'라고 하고, 확률분포가 알려

져 있지 않거나, 객관적인 방법으로 추측하고, 계산하고, 측정하는 것이 불가능한 경우를 '불확실성'이라고 하였다. 그러나 통상적으로 사용되는 경제 불확실성의 개념에는 Knight가 정의한 불확실성과 리스크의 개념이 구분되지 않고 있으며, 편의상 불확실성 확대를 확률분포의 위험(분산) 증가로 표현하는 경우가 많다. Bloom(2014)은 불확실성 개념이 Knight의 리스크와 불확실성이 혼합(mixture)되어 있기 때문에 불확실성을 완벽히 측정하는 변수는 없고 다양한 대리변수가 존재한다고 주장하였다.

32 경제 불확실성은 비관측 변수(unobservable variable)이기 때문에 간접적인 방법으로만 측정이 가능하다. 간접적인 측정방법은 크게 두 가지로 서베이 자료를 이용하거나 경제모형을 이용하는 방법이 있다. 서베이 자료를 이용한 측정법은 민간 및 전문가의 불확실성 수준 관련 설문조사에 대한 응답의 이산(dispersion) 정도, 신문·잡지 등에 나타난 불확실 관련 키워드 사용빈도 등으로 불확실성 수준을 측정하는 방법이다. 또한 경제모형을 이용할 경우 GARCH 나 옵션가격결정 모형 등을 통하여 환율·주식시장 수익률 등의 변동성으로 불확실성 수준에 대한 측정이 가능하다(이현창 등(2016)). 베이지언(Bayesian) 방법을 이용하여 주관적인 확률을 도입, 불확실성의 정도를 측정하고 의사결정을 내리는 데 참고할 수도 있다. 다만 주관적인 확률이라는 것이 너무 제한적이거나 반대로 너무 광범위하기 때문에 복수의 사전 확률분포(multiple prior probability distribution)를 사용하거나 과거 일어난 사건의 유사성 빈도(similarity−weighted relative frequency)를 파악하여 확률분포를 추정하는 데 이용하는 방법 등도 제시되고 있다(Gilboa(2008)).

33 경제모형에서는 과거 자료들을 이용하여 불확실성을 측정하고, 이를 경제행위와 연결하여 분석하거나 불확실성이 경제지표의 변동성 등에 미치는 영향을 분석하여 경제예측에 반영한다. 이현창 등(2016)은 대외의존도가 높은 우리 경제의 실정을 반영할 수 있도록 불확실성관련 지표를 경제전망, 금융시장, 대외부문으로 나누어 선정하고 이들 지표의 공통요인을 추출하는 방식으로 2003년 이후 우리 경제의 불확실성 수준을 시산하였다. 아울러 불확실성이 확대되는 경우 경제성장률과 물가상승률은 하락한다고 분석하였다. 정원석 등(2016)은 불확실성 확대에 따른 경제적 영향을 내수와 대외교역 부문으로 나누어 국내 거시경제관련 불확실성이 높아질 경우 심리위축, 금융비용 상승 등의 부정적 영향과 함께 예비적 저축유인 확대 등을 통해 실물부문이 영향을 받으며, 특히 금융위기 이후 그 효과가 확대된 것으로 언급하였다. 또한 국내의 불확실성 확대는 실물변수의 정책변화 민감도를 약화시켜 통화정책의 효과를 제약하게 되는데 이러한 통화정책 제약효과는 불확실성 수준이 높고 지속기간이 길수록 크다고 주장하였다. 불확실성을 경제전망에 도입하는 다른 방법은 경제성장률과 인플레이션 등 경제전망치의 불확실성을 보여주는 방법이다. 경제전망치의 범위를 제시하거나 전망치의 확률분포를 보여주는 팬차트(fan chart) 방식이 그 예이다(이동진 등(2017)). 또한 기준 전망치와 함께 시나리오별 전망을 제시하기도 한다.

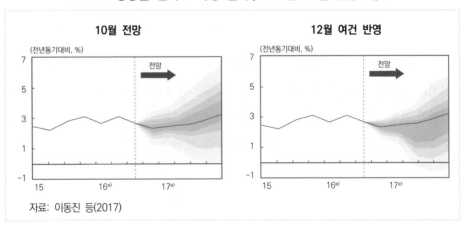

/ **GDP 성장률 팬차트 작성 결과(2016년 10월 전망 시)** /

10월 전망

(전년동기대비, %)

전망

자료: 이동진 등(2017)

12월 여건 반영

(전년동기대비, %)

전망

2 GDP와 잠재성장률

우리 경제는 외환위기와 글로벌 금융위기를 겪으면서 경제성장세가 크게 둔화되고 있는 모습이다. 1990년대까지 10% 수준에 육박하였던 성장률이 외환위기 이후 2000년대 들어 5% 정도로 하락하고, 글로벌 금융위기 후인 2010년대에는 3%대, 최근에는 2%대로 낮아졌다. 경제성장률이 낮아지면서 잠재성장률도 크게 낮아진 상황이다.[34]

/ 경제성장률 변화[1) /

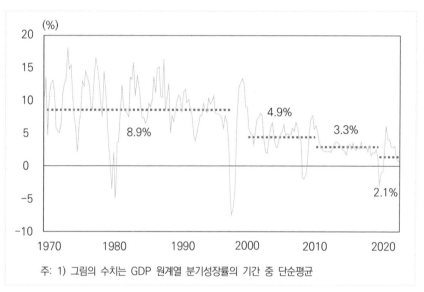

주: 1) 그림의 수치는 GDP 원계열 분기성장률의 기간 중 단순평균

공급 측면에서 경제성장을 바라보면 GDP는 노동(L)과 자본(K)을 결합하여 부가가치(Y)를 생산하는 것이라고 할 수 있다. 이때 잠재 GDP(Potential GDP)(Y^*)는 한 나라가 호황이나 불황에 관계 없이 완전고용 수준의 노동력(L^*)과 정상 가동 상태의 자본(K^*)을 투입하여 창출 가능한 GDP를 말한다.

---

34 한국은행 ECOS 2023.12.1. 기준이다.

$$Y = f(L,\ K)$$

$$Y^* = f(L^*,\ K^*)$$

잠재 GDP는 실제 GDP와 달리 장기적 개념으로서 완전고용 산출량(full employment output) 또는 자연산출량(natural level of output)에 해당하는 GDP이다. 실제 GDP와 잠재 GDP의 차이를 GDP갭(GDP gap)이라고 한다.

$$GDP갭 = 실제\ GDP(Y) - 잠재\ GDP(Y^*)$$

만약 실제 GDP가 잠재 GDP보다 작아 GDP갭이 陰(−)이면 노동이나 자본 등 생산요소가 완전고용이나 정상 수준의 가동 상태에서 사용되지 못함을 의미하며 이는 경기가 침체인 상황이라고 할 수 있다. 반대로 GDP갭이 陽(+)이면 생산요소가 완전고용이나 정상 수준을 넘어선 상태에서 이용되고 있는 것으로 이때 경기는 호황 국면에 있다고 할 수 있다. 따라서 GDP갭은 수요 면에서의 초과 압력을 가늠함에 있어 매우 중요한 경제지표이기도 하다.[35] 한편 잠재 GDP에 해당하는 경제성장률을 구하면 이것이 잠재성장률이 된다.

---

35 케인즈의 거시경제이론은 단기이론이라고 할 수 있다. 실제 GDP가 단기적으로 주어진 잠재 GDP에 못 미칠 때에는 소비나 투자 등 총수요의 증대에 의하여 실제 GDP를 잠재 GDP 수준까지 증가시킬 수 있다는 것이다. 장기적으로는 잠재 GDP 자체의 증가가 더 중요한데 이는 생산능력의 증대에 의하며 달성되며 투자가 무엇보다 중요한 역할을 한다. 생산능력의 증대가 투자를 통해 달성될 수 있기 때문이다. 경제성장을 위한 투자지출은 공장, 기계류, 운송 및 통신시설 등 자본설비에 대한 지출이나 혁신을 위한 연구개발(research and development; R&D) 투자 형태로 이루어진다. 경제성장이 이루어지기 위해서는 자원이 민간이나 정부 등의 소비로부터 투자에 대한 지출로 전환되어야 한다. 이 과정에서 저축은 소비로부터 투자재 생산으로 자원을 배분하는 데 아주 중요한 역할을 한다. 만약 저축이 충분하지 못하면 경제의 공급능력이 확장되기 어려우며 장기적으로 경제성장은 정체되게 된다. 이를 공급제약형 성장(supply−constrained growth)이라고 한다. 한편 소비 등 총수요가 총공급, 즉 잠재 GDP 수준에 미달할 경우에는 저축이 증가할수록 실제 GDP의 증가가 어려운데 이 경우 소비에 사용되지 못하고 늘어난 저축이 투자에도 투입되지 못함으로써 결과적으로 생산은 더욱 감소하게 된다. 이러한 현상을 수요제약형 성장(demand−constrained growth)이라고 한다. 한 나라의 구체적인 경제상황에 따라 공급제약형 성장 혹은 수요제약형 성장이 지배적인 형태로 나타나게 된다.

잠재 GDP는 실제 관측이 불가능하기 때문에 시계열접근법, 구조모형접근법, 생산함수접근법 등 다양한 방식으로 추정되고 있다. 시계열접근법은 실제 GDP 시계열의 통계적인 특성만을 활용하여 잠재 GDP를 추정하는 기법으로 HP(Hodrick–Prescott) 필터링 등을 이용하여 계절조정 실질 GDP 시계열로부터 장기적인 추세를 추출하여 잠재 GDP를 추정한다.

HP 필터는 시계열(y_t)이 추세요인(y_t^T)과 순환요인(y_t^c)으로 구성된다는 가정하에 추세요인과 순환요인을 구한다.

$$y_t = \ln(Y_t)$$
$$y_t = y_t^T + y_t^c$$

다음 식에 의해 추세요인과 순환요인을 구할 때 추세요인 y_t^T는 잠재 GDP(로그(log) 형태), 식의 첫 번째 항 $(y_t - y_t^T)$는 순환요인이자 GDP갭에 해당된다.[36,37] 한편 GDP갭은 GDP 수준에 영향을 받기 때문에 GDP갭을 구해진 잠재 GDP로 나눈 GDP갭률을 공개하는 경우가 일반적이다.

$$\min_{y_t^T} \sum_{t=1}^{T} (y_t - y_t^T)^2 + \lambda \sum_{t=2}^{T-1} ((y_{t+1}^T - y_t^T) - (y_t^T - y_{t-1}^T))^2$$

---

36 $\lambda = 0$이면 $y_t = y_t^T$이며, $\lambda \to \infty$이면 $(y_{t+1}^T - y_t^T) - (y_t^T - y_{t-1}^T) = 0$, 즉 추세변화요인이 상수로 선형 추세를 의미한다. 일반적으로 분기자료일 경우 $\lambda = 1,600$, 월자료일 경우 $\lambda = 14,400$, 연간자료일 경우 $\lambda = 100$을 사용한다. 주로 분기자료를 이용하므로 $\lambda = 1,600$을 부여한다.

37 HP를 이용하여 추세요인을 구할 경우 최근에 가까워질수록 시계열 통계의 끝 부분 관측치들에 큰 영향을 받게 된다. 이에 따라 시계열의 미래 부분을 ARIMA 모형 등으로 전망하여 연장한 다음 추세요인을 구하기도 한다.

∥ HP 필터링을 이용한 실제 GDP와 잠재 GDP 시산(예시)[1] ∥

주: 1) 1970년 1/4분기부터 2023년 2/4분기 중 계절조정계열 실질 GDP를
이용하여 시산

생산함수접근법은 실제 생산에 투입된 노동과 자본 등 생산요소 및 총요소생산성
(total factor productivity)과 생산량 간의 관계를 나타내는 생산함수를 추정한 후 잠재
GDP를 도출하게 된다. 이를 위해 먼저 단기적인 호황이나 불황에 관계 없는, 즉 완
전고용 수준의 실업률(자연실업률)과 정상 수준의 자본 가동률(자연가동률)에 부합하
는 노동 및 자본 투입량(각각 자연 노동량, 자연 자본스톡)을 산출하고 다음으로 추세
적인 총요소생산성을 구한다. 이렇게 구해진 노동 및 자본 투입량, 총요소생산성을
앞에서 구한 생산함수에 대입하면 잠재 GDP가 산출된다. 생산함수가 콥－더글러스
(Cobb－Douglass) 형태일 경우

$$\text{생산함수} \quad Y_t = A_t L_t^\alpha K_t^\beta$$
$$\text{잠재 GDP} \quad Y^* = A_t^* L_t^{*\hat{\alpha}} K_t^{*\hat{\beta}}$$

식에서 A_t^* 는 총요소생산성 추정치이며 L_t^* 는 자연 노동량으로 '경제활동인구 ×
(1－자연실업률)'이다.[38] K_t^* 는 자연 자본스톡으로 '자본스톡 × 자연가동률'이다.[39]

---

38 우리나라에서는 노동이 가능한 인구를 만 15세 이상(군인, 재소자 등 제외)으로 정의하고 있
으며 이는 경제활동인구와 비경제활동인구로 크게 나누어진다. 경제활동인구는 만 15세 이상
인구 중 수입이 있는 일에 종사하고 있거나 취업을 하기 위하여 구직활동 중에 있는 사람들로

$\hat{\alpha}$ 및 $\hat{\beta}$는 생산함수의 추정계수이다.

보다 구체적으로 다음과 같이 추정한다.

$$Y_t = A_t L_t^{\alpha} K_t^{\beta}$$
$$\Rightarrow \ln(Y_t) = \ln(A_t) + \alpha \ln(L_t) + \beta \ln(K_t)$$
$$\Rightarrow \ln\left(\frac{Y_t}{L_t}\right) = \ln(A_t) + \beta \ln\left(\frac{K_t}{L_t}\right), \ \alpha + \beta = 1$$

위의 마지막 식을 추정하여 $\ln(A_t)$와 $\hat{\alpha}$ 및 $\hat{\beta}$를 구하고 $\ln(A_t)$의 추세적 요인을 추출한다.

$$\ln(A_t) = \tau_0 + \tau_1 t + \mu_t$$

취업자와 실업자로 다시 나누어진다. 비경제활동인구는 만 15세 이상 인구 중 집안에서 가사 또는 육아를 전담하는 주부, 학교에 다니는 학생, 일을 할 수 없는 연로자 및 심신장애자, 자발적으로 자선사업이나 종교 단체에 관여하는 사람(전업자 제외), 구직단념자 등이다.

❚ 노동가능인구의 구성(2023년 기준) ❚

노동가능인구 45,407천명	경제활동인구 29,203천명	취업자 28,416천명
		실업자 787천명
	비경제활동인구 16,204천명	

자료: 통계청

39 GDP와 국민계정 간의 관계에서 살펴본 바와 같이 자본스톡은 국민계정체계의 중요한 통계중 하나인 국민대차대조표(스톡(stock) 통계)의 주요 구성 요소이며, GDP상 투자(총고정자본형성)와 이로부터 형성된 자본스톡, 자본스톡을 통해 측정되는 고정자본소모는 국민계정 내 스톡(stock)-플로우(flow) 관계의 토대가 된다. 국민대차대조표에 의한 생산자산의 자본스톡은 생산성 분석이나 잠재 GDP 추정 등에 이용된다. 재화나 서비스의 생산과정에는 여러 자재와 노동, 자본 등이 투입되며 각 자본재는 생산적 서비스, 소위 자본서비스를 제공한다. 따라서 생산과정에 투입된 자본의 물량을 자본서비스물량이라고 하기도 한다. 각 자본재가 제공하는 자본서비스는 생산자본스톡에 비례한다고 볼 수 있으며 자본서비스물량은 제공된 자본서비스를 자본재의 사용자비용으로 가중 합산하여 산출한다. 자연 자본스톡은 생산자본스톡이나 자본서비스물량 등을 이용하여 구해진다. 국민대차대조표에 대한 보다 자세한 내용은 "<참고 Ⅲ-3> 2022년 국민대차대조표"를 참조하시오.

여기서 총요소생산성 추정치 $\ln(A_t^*)$를 얻기 위하여 위 식과 달리 총요소생산성에 영향을 미치는 법, 제도, 인적자본투자, 산업구조 등을 설명변수로 고려할 수도 있다.

$$\ln(A_t) = f(\text{법, 제도, 인적자본투자, 산업구조, } \cdots)$$

$\ln(A_t^*)$, $\ln(L_t^*)$, $\ln(K_t^*)$를 다음 식에 대입하면 잠재 GDP가 도출된다.

$$\ln(Y_t^*) = \ln(A_t^*) + \hat{\alpha}\, \ln(L_t^*) + \hat{\beta}\, \ln(K_t^*)$$

우리나라의 15세 이상 인구는 2032년 4,726만명을 정점으로 줄어들 전망이고(통계청(2023.12.)) 자본물량지수로 본 자본스톡도 증가세가 둔화되고 있어 향후 잠재성장률 개선이 쉽지 않을 것으로 보인다. 체계적인 대책을 수립하여 이를 극복해야 하는 상황이다.

／ 노동 및 자본 투입 변화 ／

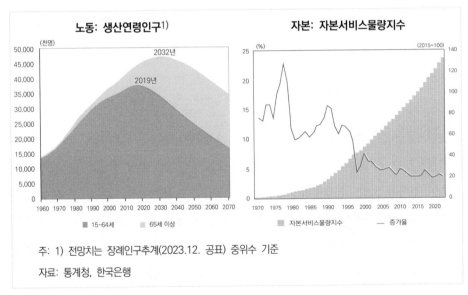

주: 1) 전망치는 장래인구추계(2023.12. 공표) 중위수 기준

자료: 통계청, 한국은행

구조모형접근법은 경제이론에 근거하여 GDP에 영향을 주는 다양한 변수들을 모형화하여 잠재 GDP를 추정하는 방법으로 구조(structural) VAR 모형, 은닉인자(latent component) 모형, DSGE 모형 등을 활용하고 있다. 은닉인자모형이 많이 사용되고

있는데 이 모형은 관측변수(observable variable)인 실제 GDP를 비관측변수인 잠재 GDP 및 GDP갭으로 구성된 상태공간모형(state space model)으로 설정하고 칼만필터(Kalman filter)를 이용하여 이를 추정한다(Kuttner(1994), Laubach(2001), Laubach and Williams(2003), Basistha and Nelson(2007), Benes et al.(2010)). 은닉인자모형의 기본 형태는 다음과 같다. r_t는 실질금리이다.

관측방정식 $\ln(Y_t) = \ln(Y_t^*) + y_t$

상태방정식

(잠재 GDP) $\ln(Y_t^*) = g_t^* + \ln(Y_{t-1}^*) + \epsilon_t^{y^*}$

(잠재성장률) $g_t^* = \tau g_c + (1-\tau)g_{t-1}^* + \epsilon_t^{g^*}$

(GDP갭) $y_t = \phi_1 y_{t-1} + \phi_2 y_{t-1} + \phi_3 r_t + \epsilon_t^y$

이 식들에 다음과 같은 물가방정식을 추가하기도 하는데, 이는 추가적인 인플레이션 압력을 야기하지 않을 경우 GDP갭이 0이라는 이론적 조건이 부여된 것으로 해석할 수 있다. π_t 및 π_t^{imp}는 각각 인플레이션율 및 수입물가상승률이다.

(필립스곡선) $\pi_t = \beta_1 \pi_{t-1} + \beta_2 y_t + \beta_3 \pi_t^{imp} + \epsilon_t^\pi$

그간 GDP갭의 추정과 추정된 GDP갭의 경제적인 영향에 대한 많은 분석이 이루어져 왔다. 한국은행에서는 일정 기간을 두고 잠재 GDP 추정 방법과 그 결과 등에 대하여 소개해 오고 있으며(박양수 등(2014), 강환구 등(2015), 김도완 등(2017), 권지호 등(2019), 정원석 등(2021)) 중립적 실질금리(neutral real interest rate) 추정(김민수 등(2013))[40], 물가 등 경제변수나 경제정책과의 관계(이승용 등(2007), 박양수 등(2013))에 대해서도 연구하고 있다. 특히 박양수 등(2014)은 2000년대 중반 이

---

40 중립실질금리란 중·장기 시계에서 실제 GDP가 잠재 GDP 수준과 일치하고 인플레이션 압력이 안정된 상황에서의 균형 실질정책금리 수준을 의미한다. 중립적 실질금리는 DSGE 모형이나 통화정책반응과 자본이동 등을 감안한 준구조모형(semi-structural model)을 이용하여 추정한다.

후 금융불균형 심화로 인플레이션의 안정이 성장의 지속 가능성을 담보하지 못할 수 있는 상황하에서 인플레이션 및 금융안정을 동시에 고려하는 금융중립적 잠재 GDP 및 GDP갭의 개념과 모형설정 방식을 소개하였다.[41] 이에 의하면 우리나라의 금융중립적 GDP갭은 외환위기 직후 및 2000년대 중반 들어 기존 방식의 GDP갭 추정 결과와 상당한 차이가 발생하였다.[42] 한편 권지호 등(2019)의 우리나라 잠재성장률 추정 결과에 따르면 우리 경제의 잠재성장률 하락 속도가 기존 전망보다 빨라진 가운데 2016~2020년 중 잠재성장률은 2.7~2.8% 수준인 것으로 추정되었다. 정원석 등(2021)은 코로나19를 감안하여 우리 경제의 잠재성장률을 재추정한 결과 2021~2022년 중 잠재성장률이 2% 수준으로 낮아진 것으로 보고하였으며[43] 김지연 등(2022)은 2023

---

41 금융충격에 의해 실물경기 변동이 증폭될 경우 잠재 GDP를 과대 또는 과소 계상할 수 있기 때문에 경기변동의 폭을 파악하는 데 필요한 GDP갭도 과소 또는 과대 추정 되는 결과가 발생할 수 있다. 이에 따라 기존의 GDP갭을 바탕으로 경제안정화 정책을 수행할 경우 금융 및 자산시장의 버블을 막지 못하거나 금융위기 등으로 인한 경기침체에 적절하게 대응하지 못할 수 있다.

❘ 금융충격과 잠재 GDP ❘

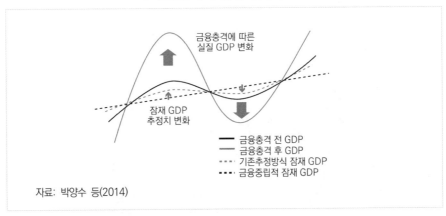

자료: 박양수 등(2014)

42 외환위기 직후 GDP갭률은 기존 추정치에 비해 마이너스(-) 폭이 크고 마이너스(-) 기간도 길게 나타나는 반면, 카드사태 직후인 2000년대 중반부터 글로벌 금융위기 직전까지는 GDP 갭률들의 플러스(+) 폭이 크게 나타났다. 이는 거시안정화 정책을 수행하는 과정에서 금융안정까지 고려하는 경우 외환위기 직후에는 거시경제정책이 보다 적극적인 부양기조를 유지할 필요가 있었고, 2000년대 중반 이후에는 보다 긴축적인 방향으로 운용될 필요가 있었음을 시사한다(박양수 등(2014)).

~2027년 중 우리 경제의 잠재성장률이 2.0% 정도일 것으로 전망하였다. 최근 자료에 의하면 우리나라의 2023년 및 2024년 잠재성장률이 OECD의 경우 각각 1.9%, 1.7%, IMF의 경우 모두 2.2%일 것으로 추정되었다.

⫻ 우리나라의 잠재성장률 변화 ⫻

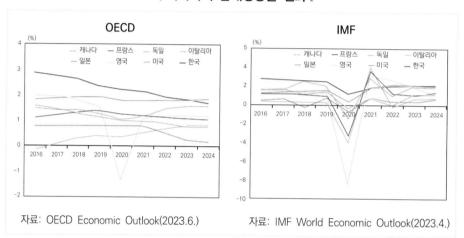

자료: OECD Economic Outlook(2023.6.)

자료: IMF World Economic Outlook(2023.4.)

⫻ 금융충격을 고려한 GDP갭률의 추정 ⫻

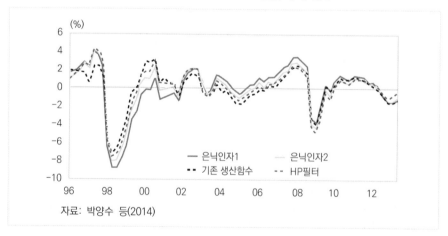

자료: 박양수 등(2014)

---

43 코로나19 위기를 감안한 결과 2019~2020년 중 잠재성장률이 2.5~2.6%에서 2.2% 내외로 낮아진 것으로 추정되었다. 코로나 충격을 반영할 수 있도록 기존 모형에 팬데믹 기간 더미변수(dummy variable)를 추가하여 추정하였다. 추정의 불확실성이 크다고 할 수 있다.

주요국의 GDP 규모와 잠재성장률

World Bank(2022.9.30.)에 의하면 2021년 기준 미국 GDP는 229,961억달러로 우리나라 17,985억달러의 약 13배 수준이다.[44] 다음은 중국 177,341억달러로 우리나라의 약 10배 수준이다. 우리나라는 비교 가능한 약 180개국 중 10위 정도를 차지하고 있다.

／ 주요국의 명목 GDP 규모 ／

(억달러)

국가명	2019		2020		2021	
	순위	규모	순위	규모	순위	규모
미국	1	213,726	1	208,937	1	229,961
중국	2	142,799	2	146,877	2	177,341
일본	3	51,233	3	50,401	3	49,374
독일	4	38,883	4	38,464	4	42,231
영국	5	28,787	5	27,569	5	31,869
인도	6	28,316	6	26,677	6	31,734
프랑스	7	27,289	7	26,303	7	29,375
이탈리아	8	20,113	8	18,926	8	20,999
캐나다	10	17,420	9	16,454	9	19,908
대한민국	**12**	**16,514**	**10**	**16,379**	**10**	**17,985**
러시아	11	16,931	11	14,883	11	17,758
브라질	9	18,733	12	14,486	12	16,090
호주	14	13,920	13	13,278	13	15,427
스페인	13	13,930	14	12,815	14	14,253
멕시코	15	12,694	15	10,871	15	12,930
인도네시아	16	11,191	16	10,587	16	11,861
네덜란드	17	9,102	17	9,139	17	10,180
사우디아라비아	18	8,036	20	7,034	18	8,335
터키	19	7,610	19	7,200	19	8,153
스위스	20	7,318	18	7,522	20	8,129

자료: World Bank(2022.9.30.)

---

44 우리나라의 경우 적용환율 차이 등으로 한국은행 발표 수치(18,177억달러, ECOS 2023.12.1. 기준)와 조금 차이가 있다.

IMF 발표(2023.4.)에 의한 주요국의 잠재성장률을 보면 2022~2024년 기준 미국, 영국이 각각 2.1%, 2.0%로 2% 수준인 반면 독일, 일본, 이탈리아는 각각 0.8%, 0.5%, 0.5%로 1%를 하회할 것으로 추정되었다. 캐나다와 프랑스는 각각 1.7%, 1.3%, 우리나라는 2.2%이다. 우리나라의 경우 2000년대 초반 5% 수준에서 2% 수준으로 다른 나라에 비해 큰 폭으로 낮아졌다.

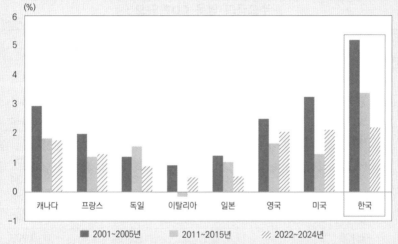

/ 주요국의 잠재성장률 변화 /

자료: IMF World Economic Outlook(2023.4.)

2022년 국민대차대조표

국민대차대조표는 특정 시점에서 국민경제 또는 각 경제주체가 보유하고 있는 유·무형 실물자산, 금융자산 및 금융부채의 규모와 그 증감을 기록한 스톡(stock) 통계이다. 국민대차대조표는 비금융자산과 순금융자산(= 금융자산 - 금융부채)으로 구분되는데, 금융자산 및 금융부채 잔액은 자금순환통계의 국내부문에 해당하는 금융자산 및 금융부채 잔액과 같다. 순금융자산은 국내부문 간 금융자산 및 금융부채가 서로 상계되기 때문에 순대외금융자산(= 대외금융자산 - 대외금융부채)과도 같다.

비금융자산은 금융자산이 아닌 여타 자산으로 생산활동의 결과물인지 아닌지에 따라 생산자산(produced assets)과 비생산자산(non-produced assets)으로 나누어진다. 생산자산은 생산과정을 거쳐 만들어진 자산으로 건설자산(주거용 건물, 비주거용 건물, 토목건설), 설비자산(운송장비, 기계류, 육성생물자원), 지식재산생산물(연구개발, 기타 지식재산생산물), 재고자산으로 세분되며, 비생산자산은 생산에 의하지 않은 자연 상태로 존재하는 것으로 토지자산(건물 부속토지, 농경지, 임야 등), 지하자원(금속광물·천연가스, 비금속광물), 입목자산(침엽수림, 활엽수림, 혼효림)으로 구분된다.

／ 국민대차대조표의 비금융자산 구분 ／

대분류	중분류		소분류
생산자산	고정자산	건설자산	주거용 건물, 비주거용 건물, 토목건설
		설비자산	운송장비, 기계류, 육성생물자원
		지식재산생산물	연구개발, 기타 지식재산생산물
	재고자산		
비생산자산	토지자산		건물 부속토지, 농경지, 임야 등
	지하자원		금속광물·천연가스, 비금속광물
	입목자산		침엽수림, 활엽수림, 혼효림

2022년말 기준 우리나라의 국민순자산은 20,380조원이다.[45] 순금융자산이 978조원이며 비금융자산은 19,403조원이다. 비금융자산의 절반 정도가 토지자산(10,489조

---

45 한국은행·통계청 보도자료 『2022년 국민대차대조표 결과(잠정)』(2023.7.20.) 기준으로 작성하였다.

원)을 중심으로 한 비생산자산(10,544조원)이다. 생산자산(8,859조원)의 대부분은 건설자산(6,526조원)이다.

| 2022년 국민대차대조표 |

(조원, %, 배)

	2020	2021ᴾ	증감액	증감률	2022ᴾ	증감액	증감률
국민순자산	17,940.1 [9.2]	19,938.8 [9.6]	1,998.8	11.1	20,380.3 [9.4]	441.5	2.2
• 비금융자산	17,410.0	19,126.5	1,716.5	9.9	19,402.8	276.3	1.4
생산자산	7,649.0	8,464.1	815.1	10.7	8,858.6	394.4	4.7
고정자산	7,219.3	7,978.0	758.7	10.5	8,334.4	356.4	4.5
(건설자산)	5,686.9	6,312.1	625.2	11.0	6,525.6	213.5	3.4
(설비자산)	962.8	1,039.9	77.1	8.0	1,122.9	83.0	8.0
(지식재산 생산물)	569.5	626.0	56.5	9.9	685.9	59.9	9.6
재고자산	429.8	486.1	56.4	13.1	524.2	38.0	7.8
비생산자산	9,760.9	10,662.3	901.4	9.2	10,544.2	−118.1	−1.1
토지자산	9,709.1	10,608.4	899.2	9.3	10,489.4	−118.9	−1.1
지하자원	25.5	25.1	−0.4	−1.6	23.9	−1.1	−4.5
입목자산	26.3	28.9	2.6	9.7	30.9	2.0	6.8
• 순금융자산	530.1	812.4	282.3	53.3	977.5	165.2	20.3
금융자산	19,183.8	21,282.9	2,099.1	10.9	21,959.6	676.6	3.2
금융부채	18,653.7	20,470.6	1,816.9	9.7	20,982.1	511.5	2.5

주: [ ] 내는 GDP대비 배율(배)
자료: 한국은행·통계청 보도자료 『2022년 국민대차대조표 결과(잠정)』(2023.7.20.)

비금융자산을 부동산과 기타 비금융자산으로 나누어보면 2022년말 우리나라의 부동산 규모는 14,710조원으로 비금융자산 전체(19,403조원)의 75.8%를 차지한다. 순자산(20,380조원) 대비로는 72.2%이다. 비금융자산과 순자산의 상당 부분이 부동산이다. 고령화, 저출산 등 인구구조 변화 등으로 생산을 위한 노동투입 증가율이 크게 변화하기 어렵다는 점을 감안할 때, 성장잠재력 확충을 위해서는 생산자산인 설비자산, 지식재산생산물 등에 대한 투자 확대와 함께 질적 성장 개선을 통하여 생산성을 제고할 필요가 있다.

우리나라의 자산 구성

	2020년말			2021년말P			2022년말P		
	금액 (조원)	전년 대비 증가율 (%)	비중 (%)	금액 (조원)	전년 대비 증가율 (%)	비중 (%)	금액 (조원)	전년 대비 증가율 (%)	비중 (%)
국민순자산(A+B)	17,940	8.3	100	19,939	11.1	100	20,380	2.2	100
비금융자산(A)	17,410	9.0	97.0	19,126	9.9	95.9	19,403	1.4	95.2
부동산	13,411	10.2	74.8	14,745	9.9	74.0	14,710	-0.2	72.2
주택[1]	5,780	14.5	32.2	6,552	13.4	32.9	6,209	-5.2	30.5
비주거용 부동산[2]	4,000	8.9	22.3	4,394	9.9	22.0	4,638	5.6	22.8
기타토지[3]	3,632	5.3	20.2	3,799	4.6	19.1	3,863	1.7	19.0
기타비금융자산[4]	3,999	5.2	22.3	4,381	9.6	22.0	4,693	7.1	23.0
순금융자산(B)	530	-11.6	3.0	812	53.3	4.1	978	20.3	4.8

주: 1) 주거용 건물 및 부속토지
   2) 비주거용 건물 및 부속토지
   3) 구축물 부속토지, 농경지, 임야, 문화오락용토지, 기타
   4) 토목건설, 설비자산, 지식재산생산물, 재고자산 등
자료: 한국은행 ECOS(2024.3.4.)

국민대차대조표는 제도부문별로는 가계(비영리단체 포함), 금융법인, 비금융법인, 일반정부 등 국내부문과 국외부문으로 구분되는데, 2022년말 가계의 순자산은 11,237조원으로 전체(국내부문, 이하 동일) 순자산의 55.1%를 차지하고 있다.[46] 부동산의 경우 가계가 8,379조원으로 전체 부동산(14,710조원)의 57.0%를 차지하며, 주택은 전체(6,209조원)의 92.2%가 가계(5,728조원)에 해당된다.

---

46 비금융법인, 금융법인, 일반정부는 2022년말 기준 전체 순자산의 각각 16.6%(3,392조원), 2.5%(509조원), 25.7%(5,242조원)를 차지하고 있다. 국외부문은 자금순환통계의 국외부문과 같으며 비거주자의 입장에서 기록된다. 국내부문의 순금융자산과 국외부문의 순금융자산은 원리적으로 부호가 반대이며 규모는 일치한다. 실제로는 기초자료와 작성방법 등이 달라 꼭 일치하지는 않는다. 국내부문의 금융자산과 금융부채 잔액은 국외부문의 금융부채 및 금융자산 잔액과 차이가 있다.

2022년말 우리나라의 가계의 비금융자산은 8,576조원으로 이 중 대부분이 부동산(8,379조원)이며, 금융자산은 2,660조원이다.

/ 우리나라 가계의 자산 구성 /

	2020년말			2021년말P			2022년말P		
	금액 (조원)	전년 대비 증가율 (%)	비중 (%)	금액 (조원)	전년 대비 증가율 (%)	비중 (%)	금액 (조원)	전년 대비 증가율 (%)	비중 (%)
국민순자산(A+B)	10,518	13.1	100	11,554	9.9	100	11,237	-2.7	100
비금융자산(A)	8,036	11.6	76.4	8,879	10.5	76.8	8,576	-3.4	76.3
부동산	7,860	11.8	74.7	8,688	10.5	75.2	8,379	-3.6	74.6
주택[1]	5,384	14.1	51.2	6,093	13.2	52.7	5,728	-6.0	51.0
비주거용 부동산[2]	848	10.1	8.1	891	5.1	7.7	936	5.1	8.3
기타토지[3]	1,628	5.6	15.5	1,704	4.6	14.7	1,714	0.6	15.3
기타비금융자산[4]	176	4.6	1.7	191	8.4	1.7	197	3.3	1.8
순금융자산(B=C-D)	2,482	18.1	23.6	2,675	7.8	23.2	2,660	-0.6	23.7
금융자산(C)	4,533	13.8	-	4,927	8.7	-	4,988	1.2	-
금융부채(D)	2,051	9.1	-	2,252	9.8	-	2,328	3.4	-

주: 1) 주거용 건물 및 부속토지
    2) 비주거용 건물 및 부속토지
    3) 구축물 부속토지, 농경지, 임야, 문화오락용토지, 기타
    4) 토목건설, 설비자산, 지식재산생산물, 재고자산 등
자료: 한국은행 ECOS(2024.3.4.)

우리나라의 가계 순자산에서 부동산이 차지하는 비중은 2022년말 기준 74.6%로 여타 국들에 비해 높은 편이며, 가계 총자산에서 차지하는 금융부문의 비중은 36.8%로 주요국들에 비해 낮은 편이다.

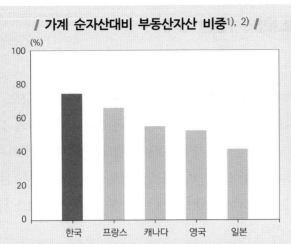

／ 가계 순자산대비 부동산자산 비중[1], [2] ／

주: 1) 우리나라는 2022년, 일본은 2020년, 그 외 국가는 2021년 기준
    2) 국가별로 비금융자산(특히 토지자산)의 추계방법상 차이가 있을 수 있음
자료: 한국은행 ECOS, OECD, 일본 총무성, 영국 통계청

／ 가계의 총자산 구성[1] ／

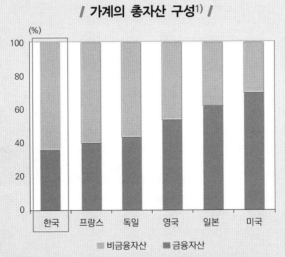

■ 비금융자산   ■ 금융자산

주: 1) 우리나라는 2022년. 프랑스, 영국, 미국은 2021년, 독일, 일본은 2020년 기준
자료: 한국은행 ECOS, OECD, 영국 통계청, 일본 총무성, FED

각 국가의 경제성장 및 발전 정도를 평가하기 위하여 GDP 규모, 성장률과 함께 흔히 사용되는 지표가 1인당 GNI이다. GDP 혹은 GNI는 한 국가의 경제규모를 파악하는데 유용하나 국민들의 평균 생활수준을 측정하는 데에는 적합하지 못하다. 국민들의 평균 생활수준을 알아보기 위하여 일반적으로 사용되는 지표는 1인당 GNI이다.[47] 1인당 GNI는 명목 GNI를 총인구로 나눈 것으로 국제 비교를 위해 보통 미 달러화로 나타내고 있다.[48]

/ 우리나라의 1인당 GNI 변화 /

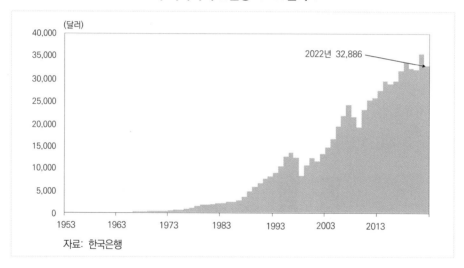

자료: 한국은행

---

[47] 1인당 GNI가 크다고 하여 가계의 후생수준이 높다는 것은 아니다. GNI에는 가계뿐만 아니라 기업과 정부의 소득도 포함되어 있기 때문이다. 가계의 구매력을 나타내는 지표로는 1인당 PGDI를 사용할 수 있다.

[48] 시장환율, 구매력평가환율 등 적용 환율, 당해년 기준 혹은 3개년 평균 기준 등 환율적용 방법 등에 따라 차이가 다소 발생한다.

1인당 GNI는 경제성장 경로뿐만 아니라 국내외 물가수준, 환율 등에 영향을 받는다. 명목 GNI는 명목 GDP에 명목 국외순수취요소소득분의 변화를 반영한 것으로 명목 GNI를 원/달러환율로 나누면 미 달러화 표시 명목 GNI가 되며 이를 총인구수로 나누면 미 달러화 표시 1인당 GNI가 된다. 명목 GDP는 실질 GDP에 GDP 디플레이터를 곱한 것과 같다.

$$1인당 \ GNI(달러) = \frac{명목 \ GNI(달러)}{인구수}$$

$$= \left[\frac{명목 \ GDP(원화) + 명목 \ 국외순수취요소소득(원화)}{원/달러환율} \right] \times \frac{1}{인구수}$$

$$= \left[\frac{실질 \ GDP(원화) \times GDP \ deflator + 명목 \ 국외순수취요소소득(원화)}{원/달러환율} \right]$$

$$\times \frac{1}{인구수}$$

우리나라의 1인당 GNI는 2022년 32,886달러이다.[49] 우리나라의 1인당 GNI는 1970년 258달러 정도였으나 급속한 경제성장으로 크게 높아지면서 1994년 1만달러를 상회하였으며 2006년 2만달러, 2017년도에는 3만달러를 넘어섰다.[50] 우리나라의 1인당 GNI 순위도 1970년에는 130위 정도였으나 급격하게 상승하여 10위 수준에 이르고 있다.

---

49 한국은행 보도자료 『2021년 국민계정(확정) 및 2022년 국민계정(잠정)』(2023.6.2.) 기준으로 작성하였다.
50 2017년 31,734달러 → 2018년 33,564달러 → 2020년 32,004달러 → 2021년 35,523달러

우리나라의 1인당 GNI 순위 변화[1]

연도	1인당 GNI (미 달러화 기준)	순위[2]	대상국가 수[2]
1970	258	129 (30)	187 (50)
1975	613	118 (30)	187 (54)
1980	1,699	86 (25)	187 (55)
1985	2,427	73 (19)	187 (60)
1990	6,602	55 (14)	210 (70)
1995	12,522	46 (13)	210 (74)
2000	12,179	47 (12)	210 (77)
2005	19,262	45 (13)	212 (81)
2010	23,118	44 (13)	212 (83)
2015	28,814	39 (11)	212 (88)
2020	32,004	35 (11)	212 (91)

주: 1) 우리나라는 당행 공표치(한국은행 ECOS 2023. 12. 1. 기준), 타 국가는 UN 공표치 기준

2) ( ) 내는 인구 1,000만명 이상 국가 기준 순위 및 대상국가 수

자료: UN, ECOS

우리나라의 1인당 GNI가 1만달러에서 2만달러, 2만달러에서 3만달러에 이르는 데에는 각각 12년(1994년 → 2006년), 11년(2006년 → 2017년)이 소요되었다. 1인당 GNI 3만달러 달성은 경제 총량으로 선진국에 진입하였다는 의미로 볼 수 있다. 2017년 기준으로 전세계 국가 중 37개국(UN 발표 기준, 한국 제외)이 3만달러를 상회하였다.[51, 52]

---

51 2018년에는 39개국, 2019년에는 38개국이 3만달러를 상회하였다.

52 UN 발표에 따르면 2017년 기준으로 1인당 GNI가 3만달러를 넘는 국가는 총 37개국(한국 제외)이며, 인구 5천만명 이상 국가(28개국)로 한정 시 6개국만이 상회하였다. 우리나라는 2006년 처음으로 2만달러를 넘어선 이후 11년만인 2017년에 3만달러를 상회하면서 일본(1992년), 독일(1995년), 미국(1997년), 영국(2002년), 이탈리아(2004년), 프랑스(2004년)에 이어 세계에서 7번째로 30−50클럽(1인당 GNI 3만달러, 인구 5천만명 이상)에 가입되었다. 우리나라에 앞서 30−50클럽에 포함된 국가들의 달성 기간(2만달러 → 3만달러)은 국가별로 상이하나 평균 9.7년이 소요되었다. 우리나라의 경우는 11년으로 글로벌 금융위기로 인해 평균보다 다소 긴 기간이 소요되었다.

1994년 1인당 GNI가 1만달러를 넘어선 이후 1인당 GNI의 증가는 경제성장과 물가상승(GDP 디플레이터 기준)에 주로 기인하였으며[53] 원화 약세와 인구 증가는 마이너스 요인으로 작용하였다.

/ 1인당 GNI 증감률의 요인별 기여도 /

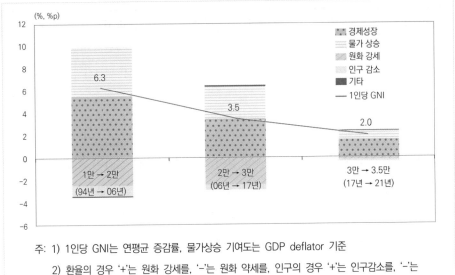

주: 1) 1인당 GNI는 연평균 증감률, 물가상승 기여도는 GDP deflator 기준

2) 환율의 경우 '+'는 원화 강세를, '–'는 원화 약세를, 인구의 경우 '+'는 인구감소를, '–'는 인구증가를 의미

3) 기타는 요소소득수취 등임

자료: 한국은행 ECOS(2023.12.1.)

우리나라의 1인당 GNI 5만달러 달성과 관련하여 UN 통계(2019년 수치까지 공표) 기준으로 인구 1천만명 이상 국가 중 1인당 GNI 5만 달러를 달성한 국가는 네덜란드, 미국, 스웨덴, 영국, 캐나다, 호주 등 6개국이다.[54] 3만달러 기록 이후 5만달러를

---

53 GDP 디플레이터는 우리나라 기업이 생산한 모든 재화 및 서비스의 부가가치 가격을 의미하는데 이는 기업이 동일한 생산활동을 통해 얻게 되는 부가가치의 크기로 기업 채산성(수익성) 지표로 볼 수 있다. GDP 디플레이터는 각 산업의 부가가치를 통해 산출되므로 기술구조 혹은 생산성 변화에 영향을 받으며, 국내물가뿐만 아니라 수출물가도 포함하고 있기 때문에, GDP 디플레이터 상승이 순수하게 국내물가 상승 요인만을 반영하는 것은 아니다.

54 인구 1천만명 이하 국가 중에는 조세회피처라고 알려진 모나코, 유럽국가인 노르웨이·스위스, 산유국인 카타르 등 총 19개국이 5만달러를 달성하였다.

달성하는 데에는 4년(네덜란드)에서 16년(스웨덴)까지 소요되었는데 5만달러 달성
이후 미국은 지속적인 증가세를 보인 반면, 네덜란드, 영국 등은 등락을 보이면서
4만달러 수준으로 떨어지는 모습을 나타내기도 하였다.

❙ 1인당 GNI 5만달러 달성 주요국 및 달성 기간[1] ❙

네덜란드	미국	스웨덴	영국	캐나다	호주
4년	14년	16년	5년	7년	6년
('03 → '07)	('97 → '11)	('91 → '07)	('02 → '07)	('04 → '11)	('04 → '10)

주: 1) 3만달러 달성 시점 기준

자료: UN

증감요인을 살펴보면 미국, 스웨덴과 같이 상대적으로 긴 시간이 소요된 국가들은
경제성장과 물가상승이 주요 요인이었던 반면, 네덜란드, 영국, 캐나다, 호주 등 단기
간에 5만달러를 달성한 국가들의 경우 자국통화 강세의 영향이 상대적으로 컸으며,
이후 네덜란드(2015~2017년), 영국(2008~2019년), 캐나다(2014~2019년) 등은 자국
통화가 약세로 반전되었을 때 5만 달러를 하회하기도 하였다.

❙ 주요국의 1인당 GNI 변화('91~'19) ❙

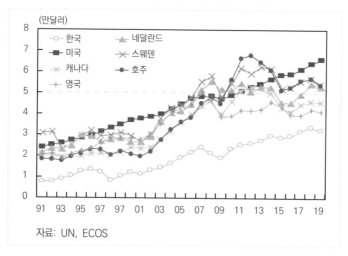

자료: UN, ECOS

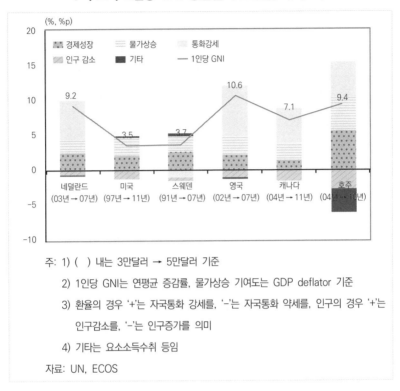

/ 주요국 1인당 GNI 증감률의 요인별 기여도 /

(%, %p)

범례: 경제성장, 물가상승, 통화강세, 인구 감소, 기타, 1인당 GNI

- 네덜란드 (03년 → 07년): 9.2
- 미국 (97년 → 11년): 3.5
- 스웨덴 (91년 → 07년): 3.7
- 영국 (02년 → 07년): 10.6
- 캐나다 (04년 → 11년): 7.1
- 호주 (04년 → 10년): 9.4

주: 1) ( ) 내는 3만달러 → 5만달러 기준
　　2) 1인당 GNI는 연평균 증감률, 물가상승 기여도는 GDP deflator 기준
　　3) 환율의 경우 '+'는 자국통화 강세를, '-'는 자국통화 약세를, 인구의 경우 '+'는
　　　　인구감소를, '-'는 인구증가를 의미
　　4) 기타는 요소소득수취 등임
자료: UN, ECOS

　　미국 등 주요국의 1인당 GNI 5만달러 달성 경험으로 미루어 볼 때 향후 우리나라의 5만달러 달성 가능성은 경제성장과 안정적인 물가상승에 크게 좌우될 것으로 보인다. 저출산에 따른 생산가능인구 감소 등으로 구조적인 성장률 저하가 우려되는 가운데 총요소생산성의 개선이나 경제활동참가율의 제고 등으로 노동투입 감소가 상쇄되지 않을 경우 5만달러 달성 시기가 지연되거나 달성이 어려워질 수 있다.[55] 아울러 과도한 인플레이션이 장기간 지속된다면 성장의 제약요인으로 작용하여 달성 가능성이 낮아질 것이다. 5만달러의 성공적 달성을 위해서는 총요소생산성과 자본 및 노동 측면에서 각각 체계적으로 성장잠재력을 확충하고 효과적인 경제정책의 실시로 물가뿐만 아니라 금융·외환시장에서의 안정을 유지해 나갈 필요가 있다.

---

55 우리나라의 경제활동참가율(15세~64세 기준)은 2021년 69.0%로 OECD 평균 72.4%에 비해
　　여전히 낮은 수준이다.

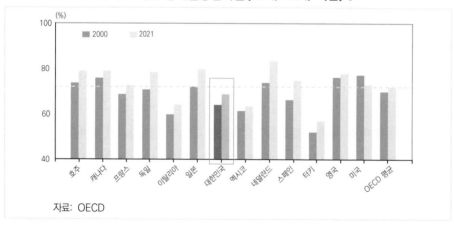

❚ 주요국의 경제활동참가율(15세~64세 기준) ❚

(%)

■ 2000   ■ 2021

호주 캐나다 프랑스 독일 이탈리아 일본 대한민국 멕시코 네덜란드 스페인 터키 영국 미국 OECD 평균

자료: OECD

참고 III-4

일본 등 주요국이 1인당 GNI 5만달러를 달성하지 못한 이유

일본, 독일, 이탈리아 및 프랑스는 1990년대 초·중반과 2000년대 중반에 1인당 GNI 3만달러를 기록하였지만 아직 5만달러에는 이르지 못하고 있다.[56] 이는 거품경제 붕괴, 유로지역 국가채무위기 등으로 경제성장세가 약화된 데 주로 기인한다. 일본 등은 3만달러 달성 후 경제성장의 1인당 GNI 증감률 기여도가 연평균 0.0 ~1.3%p 수준에 그쳐 미국(3만달러 → 5만달러 달성기간 기준 2.1%p), 스웨덴(2.6%p)에 비해 저조하였다. 일본은 1990년대 후반 거품경제 붕괴 이후 가속화된 저출산과 고령화, 독일은 통일 이후 2000년대 초반 구조적 경기침체, 이탈리아와 프랑스는 2010년대 초반 유로지역 국가채무위기 등으로 상대적으로 미약한 경제성장세를 보였다. 경제성장세 둔화 이외에도 독일, 이탈리아 및 프랑스의 경우 자국통화 약세가, 일본은 물가하락(GDP 디플레이터 기준)이 1인당 GNI 감소 요인으로 작용하였다. 글로벌 금융위기 이후 유로지역 국가채무위기 등으로 2000년대 후반부터 유로화가 약세 추이를 보였으며, 일본은 경기침체가 장기화 되면서 물가요인이 1인당·GNI 증감률에 대하여 마이너스 기여도 (-0.4%p)를 나타내었다.

---

56 노르웨이와 스위스는 각각 1995년, 1987년에 1인당 GNI 3만달러를 달성한 이후 증가를 지속하여 2019년 기준 노르웨이(인구수 538만명)는 77,578달러, 스위스(859만명)는 82,107달러를 기록하였다. 동 기간 중 1인당 GNI 증가 요인을 살펴보면 공통적으로 경제성장이 증가에 주로 기여한 가운데 노르웨이는 물가상승(GDP 디플레이터 기준)이, 스위스는 자국통화 강세가 또 다른 요인으로 작용하였다. 노르웨이는 1969년 북해 유전 발견 이후 원유, 천연가스 등 천연자원과 수산물 수출을 통해 꾸준한 성장세를 지속하였고, 스위스는 제약 등 고부가가치 제조업과 금융업을 기반으로 지속적인 경제성장을 이루었다. 노르웨이는 동 기간 중 주요 수출품인 브렌트유 가격 상승(연평균 9.9% 증가, 현물기준)에 따라 물가상승(GDP 디플레이터 기준)의 기여도가 컸으며, 스위스는 스위스 프랑이 글로벌 금융위기 이후 안전자산으로서의 수요가 높아지면서 강세를 나타내었다.

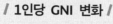

/ 1인당 GNI 변화 /

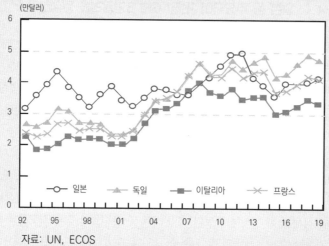

(만달러)

자료: UN, ECOS

/ 1인당 GNI 증감률의 요인별 기여도 /

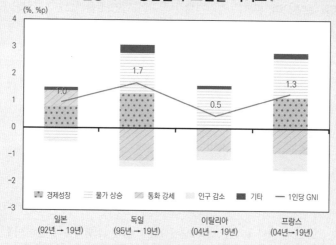

(%, %p)

경제성장　물가 상승　통화 강세　인구 감소　기타　1인당 GNI

일본 (92년 → 19년)	독일 (95년 → 19년)	이탈리아 (04년 → 19년)	프랑스 (04년→19년)

주: 1) ( ) 내는 3만달러 달성 시점부터 2019년 기준
　　2) 1인당 GNI는 연평균 증감률, 물가상승 기여도는 GDP deflator 기준
　　3) 환율의 경우 '+'는 자국통화 강세를, '-'는 자국통화 약세를, 인구의 경우 '+'는 인구
　　　감소를, '-'는 인구증가를 의미
　　4) 기타는 요소소득수취 등임
자료: UN, ECOS

4 금리와 경제성장

　통화정책은 완전고용, 물가안정, 국제수지 개선, 경제성장 촉진 등을 달성하기 위하여 중앙은행이 통화량과 이자율을 조절하는 정책이다. 통화정책 운영에는 여러 목표와 수단이 있을 수 있으나 중앙은행은 일반적으로 기준금리의 변화를 통하여 성장, 물가 등 거시경제에 영향을 미치게 된다.[57] 경기가 지나치게 확장되거나 물가가 급격히 높아질 경우 금리 인상을 통하여 경기 확대를 억제하고 물가 상승을 진정시키며, 반대로 경기가 위축되거나 물가 상승이 적정 수준보다 낮을 경우 금리를 인하하여 경기를 진작하고 물가 상승률을 적정 범위 내로 유지하려고 한다. 정책금리를 인상하거나 인하할 경우 금리경로, 자산가격경로, 환율경로, 신용경로, 기대경로 등을 통하여 경기가 조정되며 물가도 변동하게 된다. 정책금리를 인하할 경우 시장금리와 여수신금리 등이 하락하면서 소비 및 투자가 늘어나고 이에 따라 소득도 증가된다. 금리 인하는 채권과 대체 관계에 있는 주식이나 부동산 가격의 상승을 초래하고 자산가격 상승은 소비 및 투자 확대, 소득 증가로 연결된다. 금리가 환율에 미치는 영향은 명확하지 않다. 금리 인하시 대체로 채권시장의 경우 해외로 자금이 이전되면서 원화가치가 낮아지는 쪽으로 작용하는 반면 주식시장의 경우에는 주가 상승과 경기전망 개선으로 외화자금이 국내로 유입되면서 원화가치가 높아지는 효과가 있다. 아울러 은행 등 금융기관의 대출가용량이 늘어나고 담보가치가 높아지면서 대출이 확대되며 그 파급 효과가 실물경제로 확산되면서 소비 및 투자, 소득이 늘어난다. 금리 인하로 경기전망이 나아지고 인플레이션 기대가 형성되면서 소득이 증가하고 물가도 상승하게 된다.

---

57 통화정책의 목표로는 물가안정, 고용확대, 경제성장, 금융시장 및 제도의 안정, 이자율 안정, 외환시장의 안정 등이 있으며 이를 달성하기 위하여 정책금리 변경뿐만 아니라 공개 시장 운영, 재할인율 조정, 지급준비율 조정, 지급준비금 예치에 대한 이자지급 또는 보관표 부과, 양적완화 등의 정책수단을 사용한다. 현재 주요 국가들은 물가안정목표제를 채택하고 있으며 주로 정책금리 조정을 통하여 이를 달성하고 있다.

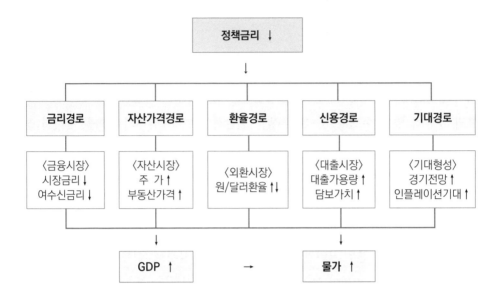

/ 금리 변화의 파급 경로 /

한국은행 분기 거시계량모형에 의하면 정책금리 인하로 금리가 25bp 낮아졌을 경우 BOK04 모형(추정대상기간 1990년 1/4분기~2004년 4/4분기)의 경우 GDP와 소비자물가가 1차 연도에 각각 0.09%, 0.06% 증가하였으나 최근 구축된 BOK20 모형(추정대상기간 2000년 1/4분기~2019년 1/4분기)의 경우에는 각각 0.06%, 0.03% 늘어나는 것으로 나타났다(황상필 등(2005), 박경훈 등(2020)).

참고 Ⅲ-5 **자산가격 변동이 거시경제에 미치는 영향**

주가 상승은 토빈의 q(=기업의 주식가치/실물자산의 대체비용)나 기업의 순자산가치 상승에 따른 기업대출 증가 등으로 기업의 투자를 확대하며, 가계 부(富)의 증가를 통하여 가계소비를 확대하고 가계의 유동성 증가로 내구재나 주택관련 지출을 확대한다.

❚ 주가 상승과 경제성장 ❚

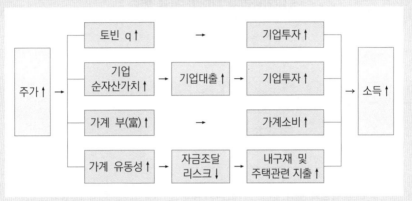

부동산가격 상승은 주택공급 증가로 총수요를 진작하고 가계 부(富)의 증가를 통하여 가계소비를 증가시키며 은행의 담보자산가치 증가와 이에 따른 금융기관의 대출여력 확대 등에 의해 기업의 투자를 촉진하는 측면이 있다.

❚ 부동산가격 상승과 경제성장 ❚

또한 주식이나 부동산 등 자산가격 변동은 심리 변화를 통해서도 경제성장에 큰 영향을 미친다.

참고 Ⅲ-6 **내외금리차 확대가 환율에 미치는 영향**

우리나라의 정책금리 변화로 내외금리차(= 국내금리 − 해외금리)가 확대될 경우 이로 인해 환율에 미칠 영향은 주식투자, 채권투자, 해외차입 등 세 가지 경로로 구분하여 살펴볼 수 있다(박찬호 등(2008)).

/ 내외금리차 확대와 환율 변화 /

자료: 박찬호 등(2008)

우리나라의 금리 인상으로 국내금리가 상대적으로 높아지면서 내외금리차가 확대되는 경우 대체로 우리나라의 경기전망이 악화되면서 국내 주식의 기대수익률이 낮아져 외국인의 주식투자자금이 유출되고 거주자의 해외주식투자는 늘어나는 모습이 나타나게 된다. 이는 외환수요의 증가를 가져와 원화가치가 하락하는 결과를 초래한다. 채권시장의 경우에는 국내 채권의 기대수익률이 상대적으로 높아지면서 외국인의 채권투자자금이 유입되고 거주자의 해외채권투자는 줄어들게 된다. 이 과정에서 외환공급이 늘어나고 원화가치는 상승하게 된다. 또한 국내금리가 해외금리에 비해 상대적으로 높을 경우 자산을 국내에서 운용하는 것이 더 유리해지므로 외은지점 본지점거래 유입 등 은행간 거래가 증가하고 자금의 해외차입도 늘어나게 된다.[58] 이에 의해 외환공급이 상대적으로 늘어나면서 원화가치는 채권시장에서의 유입 흐름과 마찬가지로 상승하게 된다.

과거 경험을 살펴보면 우리나라의 경우 외국인의 주식투자 비중이 채권투자 비중에 비해 크기 때문에 금리 인상으로 국내금리가 상대적으로 높아지면서 내외금리차가 확대된다고 하더라도 반드시 자본유입이 일어나지는 않았으며 이에 따라 원화가치도 항상 상승하는 것은 아닌 것으로 나타났다(박찬호 등(2008)). 정책금리 조정으로 내외금리차에 변동이 생길 경우 세 경로의 상대적 크기뿐만 아니라 경제여건이나 주요국의 통화정책 변화,[59] 투자행태, 투자목적 등 다양한 요인으로 인해 자본유출입, 나아가 환율의 향방에 각기 다른 모습이 나타날 수 있다(김수현(2018), 이명수 등(2018), 이승호(2023)).[60] 외국인 채권투자의 경우에도 투자주체나 투자목적, 국제금융시장 동향 등에 따라 세부적으로는 다른 모습이 전개될 수도 있다(김수현(2018), 권도현 등(2023)).[61, 62]

---

58 2004~2018년 중 국내 외은지점의 월별 재무상태표 자료를 이용하여 분석한 결과 국내 외은지점들은 본국의 금리가 1%p 상승할 경우 자기 총자산의 2.4%만큼 본부로부터의 차입을 줄이는 것으로 나타났다(윤영진(2018)).

59 내외금리차 자체보다 주요국의 통화정책 기조, 금리 변화 속도 등 통화정책의 방향성이 자본유출입과 환율에 더 영향을 미칠 수 있다.

60 이명수 등(2018)은 2000년 1/4분기~2016년 1/4분기 대상 분석 결과 정책금리 인상 시에는 주로 채권투자를 통해 자본이 유입되고 인하 시에는 주로 주식시장을 통하여 자본이 유입되는 모습을 보였다고 주장하였다. 이에 따르면 자본유출입은 금리수준별 및 시기별로도 차이를 보였다. 정책금리 수준이 낮아질수록 통화정책의 자본유출입에 대한 영향이 줄어들었으며, 글로벌 금융위기 이후 정책금리의 자본유출입에 대한 영향은 통계적으로 유의하지 않았다.

61 중앙은행이나 국부펀드 등 공공자금의 경우 투자다변화 목적으로 환헤지를 하지 않고 국내채

2000년 이후 원/달러환율과 한·미간 내외금리차 변화를 살펴보면 흐름이 일관적이지 않다. 2010년까지는 내외금리차가 확대된 경우 환율이 상승(원화가치 절하), 금리차가 축소될 경우 환율이 하락(원화가치 절상)하는 것으로 나타났다. 그러나 이러한 관계는 글로벌 금융위기 이후 주요국의 양적완화정책 및 우리나라의 정책금리 인상 등으로 금리차가 확대된 경우 다른 모습을 보이기도 한다. 특히 2014년 이후 내외금리차가 줄어들었으나 원/달러환율은 상승 흐름을 보이는 등 금리차와 환율이 같은 방향으로 움직이지 않는 것으로 나타났다(이아랑 등(2017)).[63]

/ 내외금리차와 자본유출입, 원/달러환율 /

내외금리차[1])와 자본유출입[2])

내외금리차[1])와 원/달러환율[3])

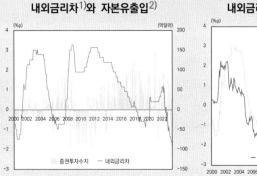

주: 1) 한국 정책금리 − 미국 정책금리
    2) 국제수지상 증권투자수지
    3) 종가, 월평균 기준
자료: 한국은행

권에 장기투자하는 반면 상업은행을 중심으로 한 민간의 경우 스왑거래를 활용한 차익실현 등을 목적으로 투자하며 매매빈도도 여타 주체에 비해 높은 경향을 보인다. 김수현(2018)에 의하면 은행자본은 내외금리차에 유의한 반응을 보이는 반면, 중앙은행, 국부펀드, 민간투자펀드 등 여타 투자주체의 자본은 반응이 유의하지 않은 것으로 나타났다.

62 권도현 등(2023)은 2022년 8월 이후 美 연준의 가파른 금리 인상으로 한·미 정책금리 역전에도 불구하고 외국인 채권자금은 순유입 되었는데 이는 단순히 금리차가 아닌 환헷지비용, 향후 금리 전망, 신용등급 등을 함께 고려할 때 투자유인이 충분하였기 때문이라고 하였다.

63 이아랑 등(2017)은 우리나라와 미국의 만기별 내외금리차를 이용하여 한·미간 내외금리차 곡선을 도출한 후 이로부터 각 시점별 곡선의 수준, 기울기, 곡률 등을 측정하고 이를 설명변수로 하여 외환시장에서 관측되는 환율기대(선·현물환율 차이)를 추정하였다. 그 결과 미 연준의 정책금리 인상 등으로 한·미간 금리가 축소되는 경우 원/달러 현물환율대비 선물환율이

하락하는 것으로 나타났다. 이는 단기 내외금리차 변동뿐만 아니라 기대인플레이션, 잠재성장률, 산출갭, 장·단기금리의 연계성 등을 반영하고 있는 장·단기금리 구조 변화도 환율의 움직임에 대하여 추가적인 정보를 제공할 수 있음을 의미한다.

⑤ 환율과 경제성장

원화의 對미 달러화 환율이 하락(이하 '원화 절상'으로 명칭)할 경우 기업채산성 악화, 소득의 해외유출 등을 통하여 국내경기의 개선이 제약되고 수출 둔화 및 수입 확대로 경상수지 악화가 초래된다. 좀 더 자세히 살펴보면 원화 절상은 수출경쟁력, 소비자구매력, 수입중간재가격이나 외자조달비용 등에 대한 변화를 통하여 국내경제에 그 영향이 파급된다. 원화가 절상될 경우 우리 수출품의 달러표시 대외가격이 상대적으로 높아지기 때문에 수출경쟁력이 악화되며 이로 인해 수출이 줄어들게 되고 기업의 채산성이 나빠진다. 이는 임금과 고용을 통하여 실질소득에 부정적인 영향을 미치고 생산과 소비, 투자를 위축시키는 효과가 있다. 반면 원화 절상은 소비자의 구매력 증가, 원화표시 수입재 가격 하락을 통하여 소비 및 중간재수입에 대한 유인을 제공함으로써 소비나 투자를 확대하는 측면도 있다. 종합적으로 볼 때 우리 경제에서 차지하는 수출입의 비중이 매우 높기 때문에 일반적으로 수출 둔화 및 수입 확대를 통하여 경제성장이 위축되게 된다. 기업채산성의 경우 원화 절상으로 수입중간재 투입비용이 줄어들어 기업수익이 개선되는 측면도 있지만 원화표시 수출대금 감소 등에 따라 전체적으로 기업수익이 악화될 가능성이 크다.

▌원/달러환율 하락의 경제성장 파급 경로 ▌

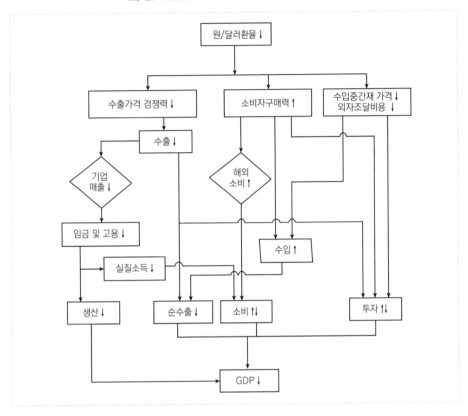

원화 절상과 소비, 투자의 관계를 좀 더 자세히 살펴보면 먼저 소비의 경우 원화 절상은 기업채산성 악화 및 수출 감소에 따른 가계소득 감소를 통해 소비를 위축시키지만 원화 절상으로 실질구매력이 높아지고 수입재가격이 국산재에 비해 상대적으로 하락하면서 해외소비가 늘어날 수 있어 전체적으로 소비가 증가될 수도 있다. 대체로 원화 절상으로 수입재 및 여행 등 해외서비스에 대한 소비는 늘어나지만 국산재 소비가 줄어들면서 전체적으로 소비는 감소하는 모습을 보여왔다. 그러나 해외소비에 대한 비중이 확대되고 있는 추세를 감안할 때 원화 절상으로 소비가 제약되는 효과는 점차 줄어들 것으로 예상된다.[64]

---

64 국민계정상 소비는 최종소비지출, 민간소비지출, 정부소비지출 등 여러 범주로 기록된다. 최종소비지출은 민간소비지출과 정부소비지출의 합이며, 민간소비지출은 가계 소비지출과 가계

원/달러환율 하락과 소비

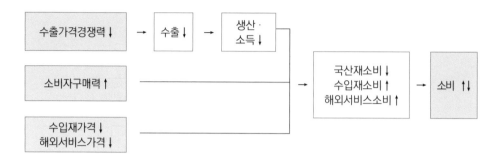

원/달러환율과 소비

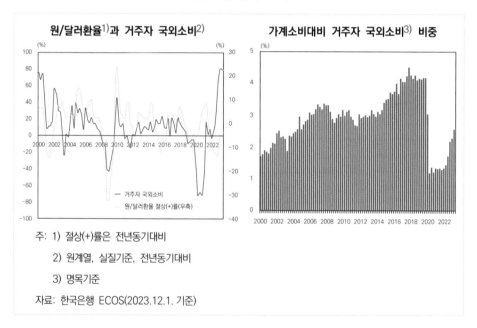

원/달러환율[1])과 거주자 국외소비[2])

가계소비대비 거주자 국외소비[3]) 비중

주: 1) 절상(+)률은 전년동기대비
   2) 원계열, 실질기준, 전년동기대비
   3) 명목기준
자료: 한국은행 ECOS(2023.12.1. 기준)

　　설비투자의 경우 원화 절상은 수출품의 가격경쟁력을 약화시켜 수출물량 감소를
초래하고 이는 설비투자를 위축시키지만 수입자본재 가격 하락과 기업의 외채원리금

에 봉사하는 비영리단체의 소비지출을 합한 것이다. 가계소비지출은 국내의 모든 가계 중 거
주자의 국내소비지출에 거주자의 국외소비지출을 합산한 것이다. 비거주자의 국내소비지출은
제외된다. 비거주자의 국내소비지출은 서비스수출(輸出), 거주자의 국외소비지출은 서비스수
입(輸入)으로 수출입 항목에 각각 계상된다. "<참고 I−4> 민간소비의 구성"을 참조하시오.

상환 부담 경감을 통해 설비투자를 증대시키는 효과도 있다. 설비투자에서 수입재가 차지하는 비중이 과거에 비해 높아지면서 원화 절상으로 설비투자가 제한되는 효과도 소비의 경우처럼 줄어들고 있는 것으로 보인다.[65]

∥ 원/달러환율 하락과 설비투자 ∥

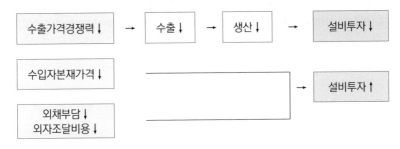

∥ 원/달러환율과 설비투자 ∥

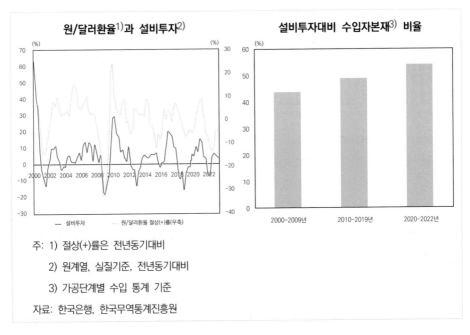

주: 1) 절상(+)률은 전년동기대비
2) 원계열, 실질기준, 전년동기대비
3) 가공단계별 수입 통계 기준
자료: 한국은행, 한국무역통계진흥원

---

65 수입자본재/설비투자 비율이 2000년대 들어와 40%대 중반에서 최근 50%대 중반 수준으로 점차 높아지는 모습이다.

전체적으로 원화환율 변화가 우리 경제에 미치는 영향은 우리 경제의 구조가 변하면서 과거에 비해 줄어든 것으로 보인다. 우리 경제는 외환위기 이후 수출경쟁력, 생산구조, 경제주체의 행태 등이 크게 변화하였다. 수출품목의 품질경쟁력 향상으로 수출이 가격요인보다는 세계경제 성장에 크게 의존하게 되었으며, IT 위주의 산업구조 변화로 수출이 고용 및 소득에 미치는 영향이 크게 약화되고, 외국 상품 및 서비스에 대한 접근성이 용이해져 상대가격 변화에 의한 수입의 변동성도 확대되었다.

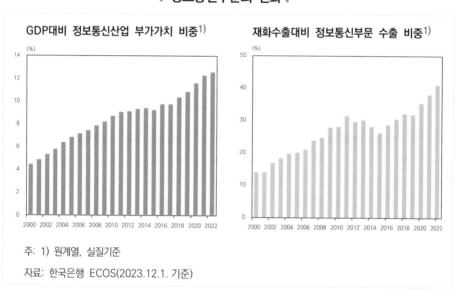

／ 정보통신부문의 변화 ／

주: 1) 원계열, 실질기준
자료: 한국은행 ECOS(2023.12.1. 기준)

이와 같은 경제구조의 변화는 환율 변동이 수출입 및 내수에 미치는 영향력에 변화를 가져왔다. 원화 절상으로 가격경쟁력이 약화되더라도 품질경쟁력을 확보한 주종 품목의 수출은 큰 영향을 받지 않아 전체 수출에 미치는 부정적 영향이 줄어들었다. 또한 수출의 고용 및 소득 유발효과 약화로 원화 절상이 수출의 감소를 통해 국내 고용 및 소득에 미치는 영향이 크지 않아 소비나 투자에 미치는 부정적 영향이 축소되고, 원화 절상에 따른 상대가격 변화로 해외소비, 수입자본재 투자가 증가하면서 수출 둔화, 소득 감소로 인해 소비나 투자가 제약될 가능성 일부 상쇄하는 효과를 야기하였다.[66]

한국은행 분기 거시계량모형에 의하면 원/달러화 환율이 1% 하락하였을 때 BOK04 모형(추정대상기간 1990년 1/4분기~2004년 4/4분기)의 경우 GDP와 소비자물가가 1차 연도에 각각 0.07%, 0.08% 낮아졌으나 BOK12 모형(추정대상기간 2000년 1/4분기~2012년 4/4분기)의 경우에는 둘 다 0.03% 낮아지는 것으로 분석되었다(황상필 등(2005), 손민규 등(2013)). 최근에는 그 효과가 더 줄어들었을 것으로 보인다. 신현송(2023)은 글로벌 가치 사슬 내에서는 달러 가치가 떨어졌을 때 금융여건 개선으로 운전자금 조달이 쉬워지면서 교역량이 오히려 늘어날 수 있다고 하였다.[67]

---

66 원화 절상이 설비투자 및 민간소비를 증가시킨다고 하더라도 수입자본재 투자 및 해외소비 증가에 기인할 경우 국내경제에 미치는 영향은 단기적으로는 크지 않을 것이다. '수입자본재 투자' 증가는 '상품수입(輸入)' 증가로, '해외소비' 증가는 '서비스수입(輸入)' 증가로 서로 상쇄되므로 당기의 GDP 증가 효과는 없게 된다. 다만 중장기적으로 해외소비는 국내 경제에 부정적 영향을 미칠 가능성이 있다. 수입자본재투자의 경우 중장기적으로는 국내 생산 및 고용을 유발하는 2차 효과가 있어 GDP 증가에 기여할 수도 있다. 해외소비 등 소득의 국외유출이 우리 경제에 미치는 영향에 대해서는 "<참고 III-9> 소득의 국외유출이 우리 경제에 미치는 영향"을 참조하시오.

67 신현송은 2023년 2월 1일, 한은·대한상공회의소 개최 제1회 공동세미나에서 발표한 '세계경제와 국제무역의 전망'이라는 주제의 기조 연설에서 2008년 금융위기 이후 탈세계화가 진행되었으며 수출 등 세계교역량을 좌우하는 것은 글로벌 공급망 악화 여부가 아닌 달러화 등 금융여건의 개선 여부라고 설명하고 "달러인덱스가 하락하면 세계교역량이 늘어나고 한국의 수출증가율 역시 높아지는 등 逆의 관계에 있으며, 2021년 공급망 차질이 가장 심했던 때 한국 수출은 가장 선전했고, 2022년 가을 달러화가 빠르게 강세를 보이자 수출이 감소했다."라고 언급하였다. 제조업은 공급망과 중간재가 큰 역할을 하는 산업인데 이를 위해선 운전자금이 뒷받침되어야 하며 제조업 총자산 중 운전자금이 차지하는 비중이 35~50%에 달한다는 것이다.

소비의 서비스화 및 서비스소비의 글로벌화

　급격한 경제성장으로 우리나라의 소득수준이 높아지면서 소비의 서비스화 및 서비스소비의 글로벌화가 빠르게 진전되고 있다. 가계 국내소비에서 서비스소비가 차지하는 비중(명목, 기간 중 연평균)이 1970년대 30% 정도에서 2010년대 들어 60%에 근접하는 수준으로 상승하였으며, 경제 자유화·개방화, ICT 발달 등으로 서비스교역이 활발해지면서 GDP 대비 서비스교역 비중(명목)도 동 기간 기준 6% 정도에서 13% 수준으로 높아졌다.

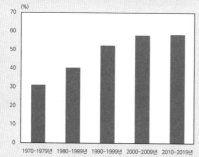

∕ 국내소비대비 서비스소비 비중[1] ∕

주: 1) 명목기준
자료: 한국은행 ECOS(2023.12.1. 기준)

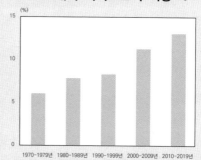

∕ GDP대비 서비스교역 비중[1] ∕

주: 1) 명목기준
자료: 한국은행 ECOS(2023.12.1. 기준)

　또한 소득이 늘어난 상위소득 계층을 중심으로 관광, 유학 및 연수 관련지출 등 해외서비스에 대한 소비지출이 빠르게 증가하고 있다. 이에 따라 가계소비중 해외소비 비중도 점차 높아지는 모습이다.[68]

---

68 2020년경 해외소비 비중 하락은 코로나19의 영향이다.

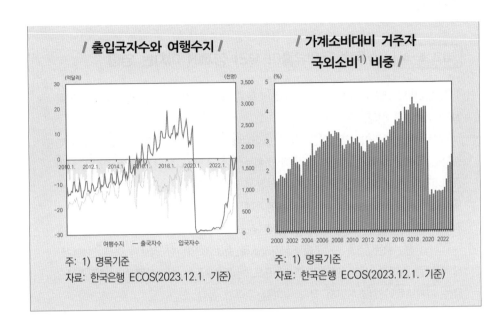

| 출입국자수와 여행수지 | 가계소비대비 거주자 국외소비[1] 비중 |

주: 1) 명목기준
자료: 한국은행 ECOS(2023.12.1. 기준)

주: 1) 명목기준
자료: 한국은행 ECOS(2023.12.1. 기준)

참고 Ⅲ-8   소득의 국외유출이 우리 경제에 미치는 영향

　해외소비와 해외직접투자를 중심으로 소득의 국외유출이 우리 경제에 미치는 영향을 살펴보기로 한다.

　해외소비가 증가할 경우 민간소비는 늘어나게 되나 차감 항목인 서비스수입(輸入) 증가로 서로 상쇄되므로 당기 GDP에 미치는 영향은 거의 없다고 할 수 있다. 다만 중장기적으로 해외소비는 국내 경제에 부정적 영향을 미칠 가능성이 있다. 일정한 소득수준 하에서 해외소비의 증가는 대체관계에 있는 국내소비를 감소시키고 서비스수지 악화를 초래한다. 이와 같은 국내소비 감소 효과는 국내 재화에 대한 수요 감소 → 기업 생산활동 위축 → 고용 및 가계소득 축소의 악순환 경로를 통해 연쇄적으로 확산될 소지가 있다. 가계의 후생수준도 단기적으로는 상승하겠으나 중장기적으로는 가계소득이 감소하면서 점차 낮아질 우려가 높다.

/ 해외소비 증가가 경제에 미치는 영향 /

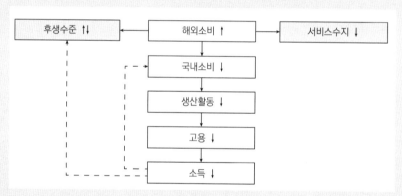

　해외직접투자의 경우도 국내투자 감소를 통하여 우리나라 경제에 부정적인 영향을 미칠 가능성이 있으며 이에 대한 연구가 다수 있었다.

　내국인의 해외직접투자 증가분은 국내 설비투자에 포함되지 않으므로 그 자체로는 곧바로 GDP의 변동을 야기하지는 않지만 시차를 두고 국내 설비투자, 수출, 생산, 고용 등에 영향을 미치게 된다. 국내총저축이 일정한 상황에서 해외직접투자 증가는 일차적으로 대체관계에 있는 국내투자 감소를 유발하고 이로 인한 국내생산과 고용의 위축을 야기한다. 그렇지만 해외 진출기업이 국내 모기업으로부터 핵심부품이나 소재 등 조달 물량을 증가시킬 경우 오히려 국내 생산, 고용 및 수출 등이 확대되고 국내 투자에도 긍정적인 영향으로 작용할 수 있다. 반면 국내 모기업의 수출물량 대체 및 저가 물품의 역수입 증가로 이어질 경우 우리 경제에 더 큰 부담으로 작용할 소지도 있다.

/ 해외직접투자 증가가 경제에 미치는 영향 /

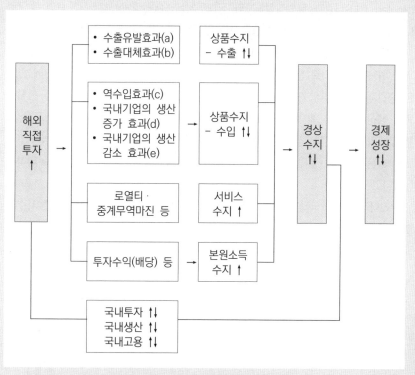

(a) 경로: 해외법인이 국내로부터 자본재나 중간재를 조달하는 경로
(b) 경로: 해외법인이 현지판매, 제3국 수출 등으로 국내수출을 대체하는 경로
(c) 경로: 해외법인의 생산품을 국내에서 역수입하는 경로
(d) 경로: 국내기업의 생산 증가로 수입이 증가하는 경로
(e) 경로: 해외법인의 생산 증가로 국내기업의 수입이 감소하는 경로

　　과거 연구결과를 살펴보면 김현정(2008)은 전산업을 대상으로 한 1990~2006년 분기시계열자료 분석 결과 해외직접투자가 국내투자를 구축하지 않은 것으로 보고하였다. 또한 제조업 13개 업종패널자료(1990~2005년)를 이용하여 분석한 결과 해외직접투자는 개도국을 중심으로 국내투자와 보완관계에 있는 것으로 나타났다고 주장

하였다. 선진국의 경우 지역적으로 멀리 떨어져 있는 데다 현지 부품조달이 용이한 반면, 개도국의 경우 상대적으로 거리가 가깝고 자본재 등의 현지조달 애로가 있기 때문이다. 특히 외환위기 이후 국내생산과 수직적 연관성이 높은 전기전자 등 高기술업종을 중심으로 보완관계가 뚜렷해진 것으로 분석하였다.

전봉걸 등(2015)은 2000년대 후반의 패널자료를 이용한 합동자료 회귀분석 (Pooled OLS) 결과 해외직접투자와 국내투자는 正(+)의 상관관계를 보인 것으로 보고하였다. 다만 다른 분석 방법을 사용한 결과에서는 관계가 명확하지 않았다.

경상수지와의 관계에 대하여 박동준 등(2012)은 2006~2010년 해외법인 경영성과를 이용한 패널자료 분석 결과 해외직접투자 확대 시 현지법인이 해외생산에 필요한 중간재 등을 국내 기업으로부터 조달하는 수출유발효과가 뚜렷한 동시에 현지법인의 생산 및 매출 확대에 따라 국내제품의 수출이 감소하는 수출대체효과도 있어, 두 효과가 상쇄되면서 상품수지에 미치는 영향은 유의하지 않은 것으로 분석하였다. 또한 상품수지에 로열티 및 배당금 수입까지 포함한 경상수지에도 영향이 유의하지 않았다고 보고하였다.

우리나라의 해외직접투자는 2000년대 중반 이후 크게 늘어나면서 직접투자수지도 순유출을 나타내고 있다.

❘ 우리나라의 해외직접투자 ❘

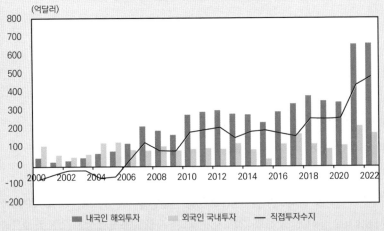

자료: 한국은행 ECOS(2023.12.1. 기준)

해외직접투자 규모가 꾸준히 확대되고 배당 등 직접투자소득 수입도 늘어나고 있다는 점을 감안할 때 해외직접투자는 우리 경제에 일정 부분 긍정적으로 작용하고 있을 것으로 보인다.

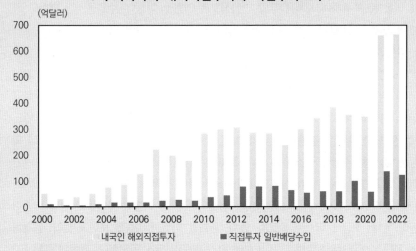

/ 우리나라의 해외직접투자와 직접투자소득 /

(억달러)

내국인 해외직접투자　　■직접투자 일반배당수입

자료: 한국은행 ECOS(2023.12.1. 기준)

환율이 소비자물가에 미치는 영향

환율이나 수입물가의 변화는 직간접적으로 국내 소비자물가에 영향을 미친다. 환율의 변화는 수입재의 원화표시 가격변화를 통하여 소비자물가에 직접적으로, 총수요 변동 등을 통하여 시차를 두고 간접적으로 영향을 미친다. 수입물가의 변화도 국내 물가에 큰 영향을 미치는데 파급 시차 및 효과는 품목에 따라 상이하다.

환율이 소비자물가에 미치는 영향을 살펴보기에 앞서 결제통화별 수출입 비중을 살펴보면 우리나라의 수출입 결제의 대부분이 달러화로 결제되고 있다. 수출의 경우 우리나라 수출의 80% 이상이 달러화로 결제되며 유로화, 엔화가 다음을 차지하고 있다. 원화의 비중도 2% 정도이다. 달러화 결제비중은 달러화 결제가 대부분인 반도체, 정보통신기기 수출 증감에 따라 소폭 변동하고 있으며, 유로화의 경우 對EU 화공품, 승용차 수출을 중심으로 6% 내외에서 등락하고 있다. 원화의 경우 2017년 역대 최고치인 3%를 달성하였으나 2018년 對이란 제제 이후 비중이 줄어들었다.

수입의 경우 80% 정도가 달러화로 결제되며 엔화 비중이 줄어들고 원화 비중이 높아지면서 최근 들어서는 유로화, 엔화, 원화가 비슷한 비중을 보이고 있다. 달러화는 최대 수입결제통화이며 유가 변화에 따라 비중이 다소 등락한다. 원화의 경우 EU 및 미국産 승용차와 이란産 원유의 원화결제수입, 유로화의 경우 반도체 제조장비, 승용차 등의 수입에 좌우되어 비중이 다소 변동하는 모습이다.

/ **주요 결제통화의 수출입 비중** /

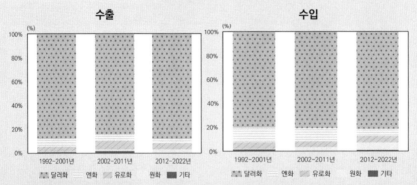

자료: 한국은행 ECOS(2023.12.1. 기준)

환율이 소비자물가에 미치는 영향을 살펴보면 원/달러환율이 상승할 때 소비재의 경우 원화표시 수입물가 상승 → 소비자물가 상승, 원자재나 자본재의 경우 원화표시 수입물가 상승 → 생산자물가 상승 → 소비자물가 상승 경로를 통하여 소비자물가에 영향을 미친다. 아울러 경제주체의 기대심리 변화, 자산가격 변동, 국산품과 수입품 간의 상대가격 변화를 통하여 총수요와 총공급에 영향을 줌으로써 소비자물가에 그 효과가 시차를 두고 파급된다.

환율 상승은 교역재 비중이 100%에 달하는 수입물가의 경우 모두 전가되는 반면, 교역재 비중이 상대적으로 낮은 소비자물가의 경우 여러 유통단계를 거치게 되어 상대적으로 작은 영향을 미친다. 환율 변동이 소비자물가에 미치는 파급효과는 인플레이션 기대심리 완화, 세계화 진전에 따른 국내외 경쟁 심화 등으로 과거에 비해 줄어든 모습이다.

한국은행 거시계량모형에 의한 환율의 물가 파급 효과 (원/달러환율 1% 하락시)

BOK 모형	BOK04		BOK12	
분석대상기간	1990년 1/4분기 ~2004년 4/4분기		2000년 1/4분기 ~2012년 4/4분기	
소비자물가 파급효과[1]	1차연도	1, 2, 3차 연도 평균	1차연도	1, 2, 3차 연도 평균
	0.08%	0.10%	0.03%	0.05%

주: 1) (충격발생 후 물가 - 충격발생 전 물가)/충격발생 전 물가 ×100

한편 수입물가 상승이 국내 소비자물가로 전이되는 파급 시차 및 효과는 품목에 따라 상이하다. 소비재나 원자재 품목 중 원유, 천연가스 등의 경우 큰 시차 없이 바로 영향을 미치나, 농림수산품, 중간재, 자본재의 경우 기업의 비용상승 반응 정도, 가격 변동에 수반되는 비용(menu cost), 경쟁 등으로 파급시차가 상당히 길어진다.[69]

수입물가(품목별)의 소비자물가에 대한 파급시차

수입물가 품목	원유	천연가스	농림수산품	중간재, 자본재
파급시차	저	→		고
소비자물가 관련 제품	석유류	도시가스	가공식품 및 외식서비스	석유류 제외 공업제품

---

69 이광원 등(2022)은 수입물가 상승의 최종재 가격(output price) 전가는 중간재보다 원자재 수입물가 충격에 주로 기인하며, 원자재 중에서도 곡물 등 농수축산품 충격의 영향이 원유 등 광산

환율이 수출가격에 미치는 영향

환율 변동이 수출가격에 미치는 영향을 환율의 수출가격 전가(exchange rate pass-trough)라고 한다. 해외통화에 대하여 자국통화로 표시된 환율이 상승하게 되면 그만큼 해외로 수출되는 상품의 가격을 하락할 여지가 생긴다.

주요 수출입 결제통화인 원/달러환율을 사용하여 설명해 보면 달러표시 수출가격은 원화표시 수출가격을 환율로 나눈 것과 같다.

$$p^* = p/er$$

　　단, p^* 및 p는 각각 달러표시와 원화표시 수출가격, er은 원/달러환율

이를 로그(log)로 나타낼 경우

$$\ln p^* = \ln p - \ln er$$

이 된다. 여기서 원화표시 수출가격은 생산비용과 기업의 마크업(markup) 이윤을 비롯한 다양한 요인들에 의해 결정된다. 그런데 원화의 달러가치가 변할 경우 원화표시 생산비용이 영향을 받을 수 있으므로 생산비용(μ)이 환율의 함수라고 할 수 있으며, 기업의 마크업 이윤(m)도 환율에 대한 기업의 가격설정 전략에 따라 달라질 수 있으므로 환율의 함수라고 가정해 볼 수 있다. 이때 생산비용과 마크업 이윤이 환율에 대한 선형함수라면, 즉

$$\ln p = f(\ln \mu,\ \ln m, \cdots)$$
$$\ln \mu = f(\ln er, \cdots) = \beta_0 + \beta_1 \ln er + \cdots$$
$$\ln m = f(\ln er, \cdots) = \tau_0 + \tau_1 \ln er + \cdots$$

　　단, μ는 생산비용, m은 마크업 이윤

따라서

$$\ln p = f(\ln er, \cdots) = \alpha_0 + \alpha_1 \ln er + \cdots$$

품에 비해 더 크고 오래 지속된다고 분석하였다. 또한 단기적으로 수입물가 하락 시보다 상승 시, 상승폭이 작을 때보다 클 때 가격전가 정도가 더 높은 비대칭성, 비선형성을 발견하였다.

그러므로 달러표시 수출가격은 다음과 같이 나타낼 수 있다.

$$\ln p^* = f(\ln er, \cdots) - \ln er = \alpha_0 + \alpha_1 \ln er + \cdots - \ln er \qquad (1)$$

위 식에서 환율에 대한 탄성치 $(\alpha_1 - 1)$이 환율의 수출가격 전가율이 된다. 만약 환율이 변화더라도 원화표시 수출가격에 변화가 없다면, 즉 $\alpha_1 = 0$이라면 환율의 수출가격 전가율은 -1이 되어 완전전가 된다. 원/달러환율이 상승할 때 달러표시 수출가격이 그만큼 하락하고, 환율이 하락할 때 수출가격이 그만큼 인상된다는 의미이다. 반면 환율 변화에 따른 원화표시 수출가격 변화가 1이라면, 즉 $\alpha_1 = 1$이라면 원/달러환율 변화에 관계없이 달러표시 수출가격이 변화하지 않는다는 것이다. 이는 기업이 환율변화 충격을 자체적으로 생산비용이나 이윤율 변화를 통하여 흡수한다는 의미이다. 현실에서 환율 전가율은 0에서 -1 사이에 있다고 할 수 있다. 기업이 시장점유율을 중시(pricing to market)하는 전략을 사용할 경우 생산비용이나 이윤율을 낮추어 충격을 완화할 수 있는 반면, 중간재투입의 수입의존도가 과거에 비해 높아지면서 환율 변동을 흡수하기가 어려워질 가능성도 있다. 이밖에 결제통화의 구성이나 수요의 가격탄력성 등도 전가 정도에 영향을 미칠 수 있다.

환율의 수출가격 전가율은 실증분석을 통하여 살펴보게 되는데 기본 추정식 (1)뿐만 아니라 환율 상승기와 하락기에 수출가격의 전가행태가 달라지는지, 위기 등을 계기로 기업의 행태에 변화가 발생하였는지, 환율의 변화폭에 따라 반응 정도가 달라지는지, 산업별로 차이가 있는지 등을 통계적 기법을 이용하여 검증한다.

김준태 등(2004)은 오차수정모형 등 다양한 통계기법을 이용하여 1980년 4월~2003년 8월 기간을 대상으로 이를 분석하였으며 그 결과 수출 비중이 크게 높아진 IT 품목을 중심으로 환율의 가격전가율이 낮아진 것으로 추정하였다. 또한 국내기업들이 1995년 이전에는 환율이 하락할 때 수출가격을 인상하였으나 이후에는 수출시장 점유율을 확보할 목적으로 이윤율의 축소를 통하여 환율 하락의 충격을 자체 흡수함으로써 수출가격을 거의 인상하지 못하였다고 주장하였다. 류현주(2013)는 1985년 1/4분기~2012년 4/4분기 기간을 대상으로 분석하였다. 이에 의하면 중간투입의 수입의존도가 상대적으로 낮았던 외환위기 이전(1985~1995년)에는 환율 전가도가 높은 가운데 특히 환율 하락 시에 전가도가 유의하게 높은 뚜렷한 비대칭성을 보였으나, 중간투입의 수입의존도가 높아진 외환위기 이후(1999~2012년)에는 환율 전가도가 낮아진 데다 비대칭성이 사라지고 환율이 일정 수준을 넘어 대폭 변동할 경우에만 반응하는 비선형성을 나타냈다.

황광명 등(2015)은 1980년 1/4분기~2015년 1/4분기 중 자료를 이용, 기간을 5개 구간으로 나누어 분석하였다. 그 결과 환율 전가 수준이 2000년대 들어 차츰 줄어들었으며, 특히 글로벌 금융위기 이후 크게 하락하였다고 하였다. 또한 패널분석을 통하여 내수 비중이나 중간재 투입 비중이 높을수록 전가 정도가 낮아지고, 시장점유율을 유지하고자 환율 변화에 따른 가격조정에 소극적인 행태를 보였다고 언급하였다.

1991년 이후 원/달러환율과 수출물가(달러표시), 수입물가(원화표시)의 변동 추이를 살펴보면 수출가격 변동이 수입가격 변동보다 작은 데다 환율보다도 작은 변동폭을 보이고 있다. 이는 환율 변동이 수출입 가격에 완전 전가되지 않고 부분적으로 전가될 가능성을 시사한다. 한편 최근 들어 수입가격은 환율보다 변동이 확대된 모습도 보였다.

/ **원/달러환율**[1]**과 수출입가격 변동** /

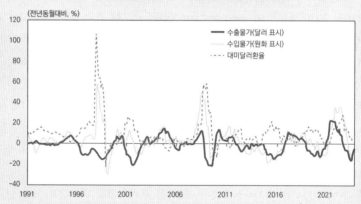

주: 1) 종가기준
자료: 한국은행 ECOS(2023.12.1. 기준)

6 유가와 경제성장

유가 상승은 여러 경로를 통해 거시경제에 영향을 미치게 된다. 유가 상승은 제조원가 상승을 통해 국내 물가를 상승시키며 이는 실질소득 감소에 의한 소비 위축, 이자율 상승(피셔효과)에 따른 소비 및 투자 축소, 수출가격 상승에 의한 수출 둔화 등을 통해 경제성장에 그 영향이 파급된다. 유가 상승에 대해 기업이 제품가격 인상이 아닌 임금, 고용이나 투자 조정을 통해 대응하게 되면 내수 및 생산 위축이 곧바로 초래되며, 유가 상승이 세계 경제성장 둔화를 통해 세계수입수요 축소를 유발할 경우 수출에 한층 부정적인 영향을 미칠 수도 있다. 또한 유가 상승이 기대인플레이션을 자극하는 경우 실제 가격이 상승하기 이전 단계에서도 비용 인상을 통해 내수 위축을 야기할 우려가 있다.

/ 유가 상승의 경제성장 파급 경로 /

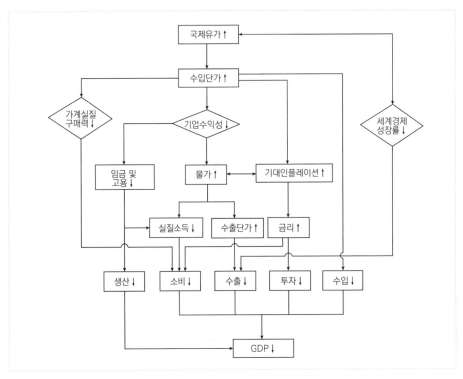

유가 상승과 소비

　유가 상승은 기업의 생산비 상승을 통한 공급충격(supply shocks)으로 작용할 뿐만 아니라 '물가 상승 → 실질소득 감소 → 소비 감소' 등 지출충격(demand shocks)으로서의 파급 영향도 크다. 지출 측면에서 볼 때 에너지가격 상승은 처분가능소득 감소(discretionary income effect), 불확실성 증대(uncertainty effect), 운영비용 증가(operating cost effect) 등을 통하여 소비를 직·간접적으로 감소시킨다.

　유가 상승으로 처분가능소득이 감소할 경우 유류 등 에너지소비는 대체로 에너지가격에 비탄력적이므로 유가 상승은 유류 부문에 대한 지출을 직접적으로 증가시키고 이는 여타 재화 및 서비스에 대한 소비를 구축한다. 불확실성 증대와 관련하여 향후 에너지가격 변동에 대한 불확실성이 높아질 경우 내구재 소비 및 당장 불필요한 소비를 미래로 연기하게 된다. 예비적 동기에 의한 저축이 늘어나면서 현재 소비를 감소시키는 것이다. 또한 유가 상승으로 운영비용이 증가할 경우 에너지 사용과 보완재 성격을 지닌 재화 및 서비스에 대한 소비, 예를 들어 자동차 등에 대한 소비도 감소한다.

／ 유가 상승이 소비에 미치는 영향 ／

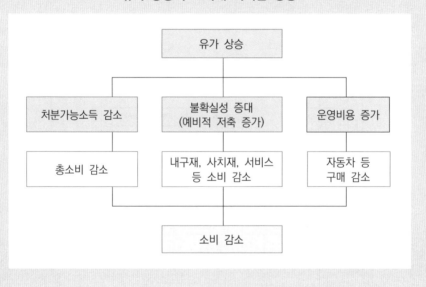

소비 감소는 생산 및 고용 감소, 산업 간 구조조정에 따른 추가적 실업 증가 등으로 가계의 구매력을 더욱 약화시키고 소비를 한층 위축시킨다. 유가 상승에 의한 일차적인 소비 감소는 추가적인 생산 및 고용 감소를 유발하며 노동과 자본이 '비에너지산업 → 에너지산업', '에너지 이용 비효율적 산업 → 에너지 이용 효율적 산업'으로 이동하는 과정에서 마찰적 실업이 증가하면서 구매력이 다시 축소되게 된다.

유가가 상승할 경우[70] 소비자물가 편제대상인 석유류 제품가격(휘발유, 등유, 경유 등)은 곧바로 직접적인 영향을 받게 되나 기업의 연료비 상승, 경제주체의 기대인플레이션 상승 등을 통해 시차를 두고 간접효과도 유발된다. 유가 상승이 국내물가를 상승시키는 정도는 기업이 제조원가 상승을 판매가격에 어느 정도 전가하는지에 따라 달라질 수 있다. 기업들은 기업 수익성, 국내경기, 제품수요의 가격탄력성, 노동시장 상황 등을 종합적으로 고려하여 원가상승 부담의 자체 흡수, 일부 또는 완전 전가 여부를 선택한다. 석유제품을 원료·에너지로 사용하는 제품이나 서비스 가격도 이에 따라 높아지며 석유류 제품가격 상승이 지속될 것으로 예상될 경우 인플레이션 기대심리가 높아지면서 시차를 두고 물가상승 압력이 가중될 수 있다.

∥ 유가 상승의 소비자물가 파급 경로 ∥

	석유제품		주요 용도	비고
국제유가 ↑ →	휘발유 ↑	→	승용차 연료비 ↑	직접효과
	등유 ↑	→	난방비 ↑	직접효과
	경유 ↑	→	수송비 ↑	직접효과, 간접효과 (교통요금 ↑)
	중유 ↑	→	발전비용 ↑	간접효과(전기요금 ↑)
	나프타 ↑	→	석유화학연료비 ↑	간접효과(제품가격 ↑)
	제트유 ↑	→	비행기 연료비 ↑	간접효과(항공료 ↑)

경제주체의 기대인플레이션 ↑ → 제품·서비스 가격 상승

---

70 국제유가 변동은 큰 시차없이 수입원유가격에 반영된다.

유가가 상승할 경우 교역조건이 악화되고 수입액이 수출액보다 더 크게 증가하면서 경상수지 흑자폭이 축소된다.[71] 수출입물량에 큰 변화가 없다는 전제하에 국제유가가 10달러 상승하면 석유관련 수지 적자폭이 연간 약 90억달러 확대되면서 동 금액만큼 경상수지가 악화된다. 최근 우리나라의 원유 및 석유제품 수입물량은 14억배럴 정도이며 석유제품 수출물량은 5억배럴 정도이다. 따라서 유가 상승분이 모두 전가된다고 할 경우 유가가 10달러 상승하면 원유 및 석유제품 수지는 약 90억달러 정도 나빠지게 된다.

/ 원유 및 석유제품 수출입 /

(금액: 억달러, 물량: 백만배럴, 단가: 달러/배럴)

품목		2018	2019	2020	2021	2022	5년 평균 ('18~'22년)
원유수입액		803.9	702.5	444.6	670.1	1,059.6	736.2
	물량(A)	1,116.3	1,071.9	980.3	960.1	1,030.8	1,031.9
	단가	72.0	65.5	45.4	69.8	102.8	71.1
석유제품 수입액		223.3	188.8	146.2	262.7	303.5	224.9
	물량(B)	341.6	352.1	347.4	392.3	367.1	360.1
석유제품 수출액		430.1	381.3	229.0	359.2	609.4	401.8
	물량(C)	531.6	522.1	468.5	446.6	497.0	493.2
원유 관련 순수입물량 ((A+B)-(C))		926.3	902.0	859.1	905.9	900.9	898.8

자료: 관세청, Petronet

산업구조 변화 등으로 인한 석유의존도 변화는 유가 변동이 기업 수익성이나 생산 및 고용에 미치는 정도에 큰 영향을 미치며 수출의존도가 높은 나라의 경우 유가 급등의 원인에 따라 충격의 크기가 달리 나타날 수 있다.

우리나라의 경우 유가 상승이 거시경제에 미치는 영향은 과거에 비해 많이 약화되었다. 전력·가스·수도산업 부문의 석유의존도가 크게 낮아진 데다 생산비중이 높은 제조업과 서비스업도 석유의존도가 줄어들었다.

---

71 우리나라는 원유 등을 수입하여 이를 정제한 후 1/3 정도를 재수출하고 있다.

<h2 style="text-align: center;">／ 산업별 석유의존도 ／</h2>

(%)

	1980년		1990년		2000년		2010년		2019년	
	생산 비중	석유 의존도	생산 비중	석유 의존도	생산 비중	석유 의존도	생산 비중	석유 의존도	생산 비중	석유 의존도
제조업	48.9	6.1	48.0	3.6	48.7	3.8	48.5	4.3	41.7	3.4
전력가스수도	2.0	74.7	1.6	24.2	2.2	13.0	2.3	6.0	2.2	5.1
서비스업	31.4	13.4	33.8	10.3	37.8	6.8	40.7	7.6	47.6	4.9
전산업	100.0	9.1	100.0	5.8	100.0	4.8	100.0	5.3	100.0	4.0

자료: 한국은행 산업연관표

또한 대체에너지(천연가스, 원자력 등) 개발 등으로 전체 에너지 소비에서 석유가
차지하는 비중이 크게 하락하였다.

<h2 style="text-align: center;">／ 에너지별 소비 비중 ／</h2>

(%)

	1980년	1990년	2000년	2010년	2020년
석 유	61.1	53.8	52.0	39.6	37.7
천연가스	-	3.2	9.8	16.3	18.8
석 탄	30.1	26.2	22.3	29.2	24.7
원 자 력	2.0	14.2	14.1	12.1	11.7

자료: 에너지경제연구원 「에너지수급통계」 1차 에너지 공급

참고 Ⅲ-12 | **유가 상승에 대한 우리 경제의 반응 변화**

투입산출표를 이용하여 유가 상승이 국내물가에 미치는 영향을 분석해 보면 석유제품의 가격 상승이 각 부문 물가에 미치는 파급효과의 크기가 거의 대부분의 산업에서 하락하는 모습이다. 석유제품가격 상승이 물가에 미치는 영향은 전산업 기준 최근 들어 1980년 대비 절반 수준으로 줄어들었다.

* 국내 석유제품의 가격상승이 각 산업부문에 미치는 가격파급의 효과는
$$\dot{P}^d = (I - A^d)^{-1} A^{ds} \dot{P}^d_s = \alpha \dot{P}^d_s \text{에 의해 산출}$$

　　단, $\dot{P}^d$: 석유제품을 제외한 여타 부문의 가격변동률 벡터

　　　　A^d: 국산투입계수 행렬

　　　　A^{ds}: 석유제품을 제외한 여타 부문의 석유제품 투입계수 벡터

　　　　$\dot{P}^d_s$: 석유제품의 가격변동률 벡터

석유의존도 하락으로 산업 전체의 석유제품 중간투입 비중이 낮아지면 가격파급계수(α)도 하락하며, 이는 유가 상승의 제품가격에 미치는 영향력이 감소함을 의미

▮ 석유제품가격 10% 상승의 가격파급효과 변화 ▮

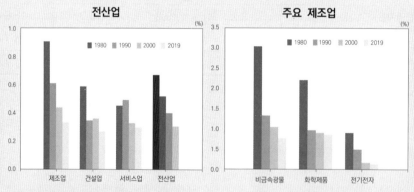

자료: 한국은행 산업연관표

경제규모 확대를 고려할 때 국제유가 상승에 따른 경상수지 악화 정도도 크게 축소되었다. 유가가 배럴당 10달러 상승하는 경우 원유 및 석유제품 가격의 변동에 따른 수출입차 변화는 1970년대 연평균 12억달러에서 최근 90억달러 수준으로 확대되었으나, 명목 GDP 대비 비율은 1970년대 4.4%에서 최근 0.5% 정도로 크게 낮아졌다.

* 원유수요의 가격비탄력성을 반영하여 국제유가가 상승하여도 수출입물량에는 변화가 없다는 전제하에 수출입차(=가격변화 × 수출입물량차)를 시산

│ 국제유가 10달러 상승 시 석유관련제품 수출입차 변동 효과(기간 중 평균) │

		1970~1979년	1980~1989년	1990~1999년	2000~2009년	2010~2017년	2018~2022년
수출입차 변동(억달러)		11.8	22.2	65.2	78.1	84.3	89.9
對명목 GDP 비율(%)		4.4	1.8	1.5	0.9	0.6	0.5
원유 및 석유제품 물량	수입(백만bbl)	124.2	242.7	801.0	1,060.5	1,286.3	1,392.0
	수출(백만bbl)	6.5	20.3	149.2	279.3	442.9	493.2

자료: 한국은행, 관세청, 석유공사

산업구조 변화분만 아니라 시장경쟁 심화, 통화정책에 대한 신뢰성 제고 등도 유가상승 충격 반응의 완화 요인으로 작용하였다. 시장경쟁이 심화되면서 수요가 미약할 경우 유가 충격을 가격으로 전가하지 않으려는 경향이 확대되었으며, 통화정책에 대한 신뢰성 제고 등으로 유가 급등이 인플레이션 기대심리를 자극하는 정도도 과거에 비해 줄어들었다(Ferguson(2006)).

한편 유가 급등이 공급측 요인에 의한 경우 대개 세계 경제성장률 둔화를 초래하여 수출이 한층 크게 위축되나, 수요측 요인에 의한 경우 가격 상승에 따른 충격이 세계수입수요 증대로 어느 정도 상쇄 가능하다. 또한 환율의 변동 방향에 따라 유가 변동이 국내 물가에 미치는 영향이 상쇄되거나 확대될 수도 있다.

유가 상승과 세계경제

유가는 전쟁·지정학적 리스크 등 공급요인과 세계 경제성장 등 수요요인에 의해 주로 결정된다. 이밖에 투기적 요인, 주요 결제통화인 美달러화의 가치 변동 등도 유가 결정요인으로 작용한다.

/ 유가 결정요인 /

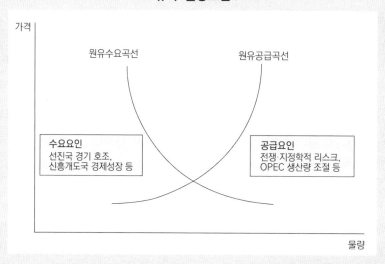

유가 상승이 세계경제에 미치는 영향은 유가 충격이 어떤 요인에 의해 주도되었는지에 따라 상이하다.[72] 공급 제약이나 투기적 요인에 기인할 경우 이는 경제에 대한 외생적인(exogenous) 충격으로 세계경제 성장에 부정적 요인으로 작용한다. 즉 유가 변동과 경제성장 간에 負(-)의 상관관계가 발생한다. 반면 수요증가에 기인하는 경우 이는 세계경제 성장세 확대에 따른 내생적인(endogenous) 반응으로 유가 상승과 함께 세계교역량이 증가하며 세계경제 성장은 확대된다. 즉 유가 변동과 경제성장 간에는 正(+)의 상관관계가 있다. 또한 수요요인에 기인하여 유가가 상승하더라도

---

72 지정구 등(2016)은 DSGE 모형을 이용하여 2000년 이후 유가 변동이 중·단기적으로는 투기·예비적 수요충격에 의해 상당 부분 설명되며, 산업수요충격 및 원유공급충격은 유가의 추세적 변동에 기여하고 있는 것으로 분석하였다.

생산성 향상이 수반될 때에는 전반적인 제품가격 하락을 통해 물가 상승 부담이 완화될 수 있다.

유가 상승 충격이 세계경제에 미치는 영향

요인 (원유시장)	내용	세계경제		비고 (세계생산물시장)
		성장	물가	
공급	전쟁·지정학적 리스크 등	↓	↑	공급 ↓
수요	세계생산성 향상[1]	↑	↓	공급 ↑
	세계수요 확대	↑	↑	수요 ↑
기타	투기적·예비적 수요 등	↓	↑	공급 ↓

주: 1) 선진국의 경우 성장세 확대는 수요증가에 주로 기인하지만 후진국 및 개발도상국의 경우 생산성 향상에 크게 기인

한편 신흥개도국을 중심으로 한 생산성 향상, 에너지 이용의 효율성 제고, 노동시장의 유연성 증가, 물가안정에 대한 신뢰성 확보 등으로 유가 상승 충격이 세계경제에 미치는 영향은 과거에 비해 점차 줄어들고 있는 것으로 보인다.

유가 상승 충격의 세계경제에 대한 영향 변화

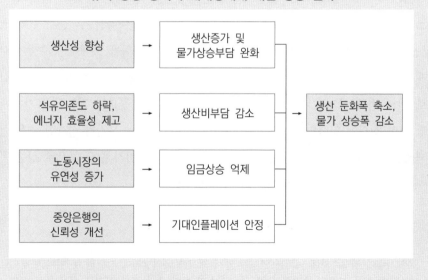

유가 상승은 국내소득의 해외 유출(leakage)을 의미하는 것으로 소득 유출은 단기적으로는 가계나 기업, 정부가 소득, 수익 또는 세수 등의 변화를 통해 분담하게 되나 장기적으로는 실질소득의 감소를 통해 가계가 모두 부담하게 된다. 기업은 장기적으로 일정 마진(영업이익)율을 유지하려는 경향이 있기 때문에 제조원가 상승에 따른 부담을 가격 인상이나 고용 및 임금 조정을 통해 가계에 완전히 전가할 수 있다. 정부는 단기적으로 세수의 변동을 통해 분담하나 정부의 부채변동은 궁극적으로 가계의 조세부담으로 나타나게 된다. 또한 기업이 유가 상승 부담을 수출가격의 인상을 통해 대응하는 경우 해외로도 일부 전가될 수 있지만 품질경쟁력이 높지 않은 상황이라면 전가에 한계가 있다. 결국 유가 상승은 강제적으로 국내 가계소득을 산유국으로 이전하는 것이기 때문에 산유국에 대한 수출 호조 등으로 거시경제 성과가 크게 악화되지 않는다고 할지라도 소득 유출만큼의 후생 감소는 불가피하다.

한국은행 거시계량모형 BOK20에 의하면 유가가 10% 상승할 경우 1차연도에 GDP는 0.05% 낮아지고 물가는 0.20% 상승하며 경상수지는 27.5억달러 정도 악화되는 것으로 나타났다(박경훈 등(2020)).[73] 그런데 BOK20과 같은 연립방정식 모형은 유가 충격이 어디에서 비롯되었는지를 감안하지 못하는 측면이 있다. 앞서 살펴본 대로 유가 급등의 원인에 따라 충격의 파급 효과는 달리 나타날 수 있다. 유가 급등이 공급측 요인에 의할 경우 대개 세계 경제성장률의 둔화를 초래하여 수출이 더욱 크게 축소되나, 수요측 요인에 의할 경우 가격상승에 따른 충격이 세계수입수요 증대로 어느 정도 상쇄될 수 있기 때문이다. 유가 충격의 구분이 가능한 유가 DSGE 모형 분석 결과에 의하면 일반적으로 글로벌 수요충격으로 유가가 상승할 경우 우리 경제성장률이 높아지는 반면 원유 공급충격 및 투기·예비적 수요 등으로 상승할 경우 성장률은 낮아지는 것으로 나타났다(지정구 등(2016)).

---

73 유가 상승이 경상수지에 미치는 영향에 앞서 제시한 90억달러에 상당히 못 미치는 것으로 나타났는데, 이는 모형의 충격이 유가 10% 상승인 데다 충격 부가 시점도 이전 모형인 BOK12의 2011년 배럴당 약 106달러에 비해 절반 수준으로 낮아진 2016~2018년 중 약 55달러를 대상으로 하였기 때문이다(박경훈 등, 2020).

7 교역조건 변화와 경제성장

교역조건(terms of trade)이란 수출품과 수입품의 교환비율로 한 나라가 한 단위 상품수출로 벌어들인 외화로 수입할 수 있는 상품의 양, 즉 수출품과 수입품의 수량적인 교환비율을 의미한다. 교역조건은 수출가격과 수입가격의 비율로 산출되는데 수출가격 등락률이 수입가격 등락률보다 높으면 교역조건이 개선되고 반대의 경우에는 교역조건이 악화된다. 철강을 수입해 자동차를 생산하여 수출하는 단순한 경제를 가정해 보자. 수입품, 즉 철강의 가격이 변하지 않은 상황에서 수출가격, 즉 자동차 1대 가격이 10% 상승하는 경우 이를 수출하여 얻은 소득으로 수입할 수 있는 철강은 기존보다 10% 증가한다. 수입물량의 증가는 자동차 생산을 확대하여 가계의 자동차 구매를 늘리거나 수출을 증진시킬 수 있다. 이처럼 교역조건의 개선은 일반적으로 생산이나 소비 확대 등을 통하여 개인이나 국가 전체의 후생 수준에 긍정적인 영향을 미치게 된다.

한국은행에서는 매월 수출입 금액지수, 수출입물량지수와 함께 교역조건지수를 공표하고 있다. 교역조건지수에는 순상품교역조건지수와 소득교역조건지수가 있다.

순상품교역조건지수란 수출상품 1단위 가격[74]과 수입상품 1단위 가격 간의 비율로 수출 1단위로 수입할 수 있는 상품의 양을 보여준다.

$$\text{순상품교역조건지수} = \frac{\text{수출상품 1단위 가격지수}}{\text{수입상품 1단위 가격지수}} \times 100$$

소득교역조건지수는 수출입상품의 가격변동이 수출입물량에 미치는 영향을 반영하지 못하는 순상품교역조건의 한계를 보완해 주는 지표로 수출총액으로 수입할 수 있는 상품의 양을 의미한다. 즉 수출금액을 수입물가로 나눈 것을 지수화한 것으로 이는 순상품교역조건지수에 수출물량지수를 곱한 것과도 같다.

---

74 한국은행에서는 통관시차를 반영한 '시차적용 수출물가지수'를 이용하여 산출한다. 예를 들어, 어떤 품목의 계약시점부터 실제 통관까지 소요되는 시간이 평균 2개월 정도일 경우 1월 통관금액을 전년 11월 수출물가지수로 나누어 작성한다. 수입상품 가격의 경우도 마찬가지이다.

$$\text{소득교역조건지수} = \frac{\text{수출금액지수}}{\text{수입상품 1단위 가격지수}} \times 100$$

$$= \frac{\text{수출상품 1단위 가격지수} \times \text{수출물량지수}}{\text{수입상품 1단위 가격지수}}$$

$$= \frac{\text{순상품교역조건지수} \times \text{수출물량지수}}{100}$$

/ **순상품교역조건과 소득교역조건** /

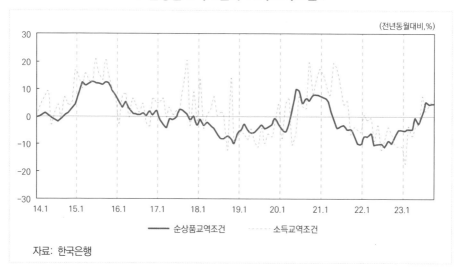

자료: 한국은행

우리나라의 교역조건은 수출입에서 비중이 높고 가격변동성이 큰 원유, 반도체 등의 가격 등락에 큰 영향을 받고 있다. 수출가격의 경우 반도체의 영향이 매우 크며, 수입가격은 원유가격 동향에 크게 좌우된다.

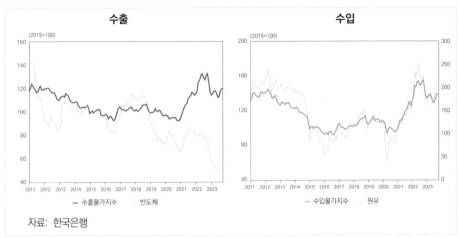

｜ 수출입물가지수 ｜

수출

(2015=100)

수입

(2015=100)

— 수출물가지수　　⋯ 반도체

— 수입물가지수　　⋯ 원유

자료: 한국은행

　앞서 교역조건의 개선은 일반적으로 생산이나 소비 확대 등을 통하여 개인이나 국가 전체의 후생 수준에 긍정적인 영향을 미치게 된다고 하였다. 그러나 수출품의 가격이 올라 교역조건이 개선되더라도 수출품의 글로벌 가격경쟁력이 약화되어 수출금액이 줄어들면서 오히려 명목소득뿐만 아니라 실질소득을 감소시킬 수도 있다. 교역조건 변동이 경제성장에 미치는 영향은 수출가격과 수입가격 중 어느 쪽에서 비롯되었는지에 따라 그 크기와 방향이 달라질 수 있다(김배근(2002)).

　수입가격 상승으로 교역조건이 악화되는 경우에는 소비와 투자뿐만 아니라 가격경쟁력 저하로 수출물량이 줄어들면서 경제성장도 위축되게 된다. 반면 수출가격이 하락하여 교역조건이 악화되는 경우에는 일차적으로 소비와 투자가 위축되지만 수출품의 가격경쟁력이 높아져 수출물량이 늘어나므로 수출물량이 반응하는 정도에 따라 소비, 투자에 대한 종합적인 영향이 달라지면서 경제성장이 진작될 수도, 위축될 수도 있다.

　자세히 살펴보면 국제유가 상승 등으로 수입가격이 올라 교역조건이 악화되는 경우 수입가격의 상승은 기업의 제품 생산비용을 증가시키고 이를 제품가격에 전가할 경우 물가가 오르게 된다. 물가가 오르면 가계의 실질소득이 줄어 소비가 줄어들고 제품의 경쟁력이 약화되면서 수출물량이 줄어들게 된다. 따라서 경제성장이 위축된다. 제품가격에 전가하지 않을 경우에도 기업의 생산에 대한 부가가치가 줄어들고 이에 따라 가계소득과 기업이윤이 줄어들면서 경제성장이 위축되는 결과를 초래한다.

수입가격 상승에 따른 교역조건 악화와 경제성장

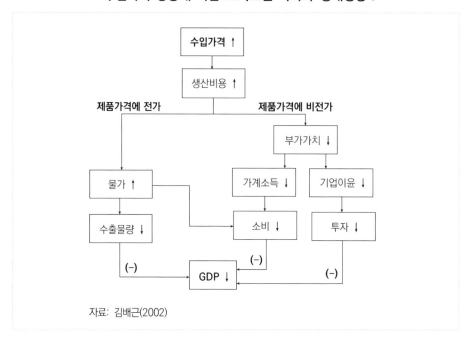

자료: 김배근(2002)

다음으로 수출가격이 하락하여 교역조건이 악화되는 경우 수출가격 하락은 가격
경쟁력 제고로 수출물량을 증가시킨다. 그런데 경제성장은 수출물량의 증가 정도를
감안하여야 하므로 수출이 가격에 어느 정도 반응하는지에 따라 최종적으로 위축될
수도, 확대될 수도 있다. 수출품의 가격탄력성이 1보다 작은 경우에는 수출물량은 증
가하더라도 수출액이 감소하고 부가가치가 감소하면서 가계소득과 기업이윤이 줄어
든다. 이에 따라 소비와 투자도 위축된다. 전체 경제성장에 긍정적으로 혹은 부정적
으로 작용할지는 소비나 투자가 줄어드는 정도와 수출물량이 늘어나는 정도에 따라
달라지게 된다. 반면 수출품의 가격탄력성이 1보다 크다고 한다면 수출물량이 크게
늘어나면서 수출액이 증가하고 부가가치, 가계소득, 기업이윤 모두 개선되면서 소비
와 투자도 증가한다. 전체적으로 경제성장은 확대된다.[75]

---

75 특히 반도체의 경우 수출가격이 하락할 때 수출물량이 비선형적으로 증가하는 모습이 관찰된다.

▮ 수출가격 하락에 따른 교역조건 악화와 경제성장 ▮

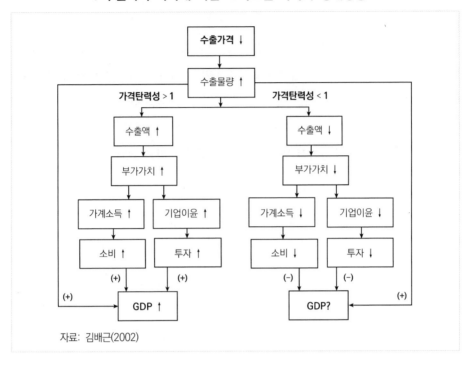

자료: 김배근(2002)

▮ 수출가격과 수출물량의 관계 ▮

컴퓨터, 전자 및 광학기기 (반도체 포함)

반도체

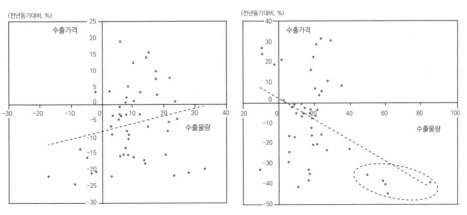

자료: 한국은행

김배근(2002) 등은 교역조건이 우리나라 경제성장에 미치는 영향을 모형 구축을 통해 실증적으로 분석하였다. 분석 결과 수출가격이 하락하여 교역조건이 악화될 경우 소비와 투자는 위축되지만 수출물량이 늘어나 GDP는 증가하는 반면, 수입가격의 상승으로 교역조건이 악화될 경우에는 내수뿐만 아니라 수출물량도 줄어들어 GDP가 감소하는 것으로 나타났다(김양우 등(1993, 1997), 김배근(2002)).

❙ 수출입가격 변화가 경제에 미치는 파급 효과 ❙

	BOK92		BOK97		김배근(2002)	
	GDP	GDP 디플레이터	GDP	GDP 디플레이터	GDP	GDP 디플레이터
수출가격 하락	–	–	–	–	(+)	(–)
수입가격 상승	(–)	(+)	(–)	(+)	(–)	(+)

교역조건과 경제성장 분석을 위한 연립방정식 모형 구성 예시

교역조건 변화가 소비, 투자, 수출입 등 경제성장에 미치는 영향은 다음과 같은 연립방정식 모형을 구축하여 살펴볼 수 있다.[76]

연립방정식 모형은 4개의 정의식과 소비, 투자 등 5개의 국민계정상 지출항목에 대한 방정식, 소비자물가 등 4개의 가격변수에 대한 방정식 등 총 9개의 행태식으로 구성해 볼 수 있다.

〈정의식〉

① 명목 GDP(Y) = 실질 GDP(y) × GDP 디플레이터(p)

② 실질 GDP(y) = 소비(c) + 투자(i) + 수출(x) − 수입(m) + 기타(oth)

③ 개인순가처분소득(YH) = ah × 명목 GDP(Y)

    − 명목 GDP 대비 개인 순가처분소득 비율은 외생적으로 주어진다고 가정

④ 기업영업잉여(YK) = ak × 명목 GDP(Y)

    − 명목 GDP 대비 기업 영업잉여(ak)는 외생적으로 주어진다고 가정

〈국민계정상 지출항목〉

① 소비(c) = f(개인순가처분소득(YH)/소비자물가(pc),

                 보유주식(WE)/소비자물가(pc), 금리(r), …)

    − 소비는 개인 순가처분소득 및 부(富)의 효과를 반영하기 위한 보유주식, 금리 등의 함수로 설정

② 투자(i) = f(기업 영업잉여(YK)/투자디플레이터(pk), 금리(r), …)

    − 투자는 기업 영업잉여와 금리 등의 함수로 설정

③ 수출(x) = f(외국의 수입수요(mf), 국내수출가격(px)/해외수출가격(pxf), …)

    − 수출은 외국의 수입수요와 수출상품의 대외경쟁력(수출품의 상대가격) 등에 의해 설명

④ 수입(m) = f(소비(c), 투자(i), 수출(x),

                 환율(e) × 수입가격(pm)/GDP 디플레이터(p), …)

    − 수입은 최종수요와 국내물가와 수입물가 간의 상대가격 등에 의해 설명

    − 수입가격은 외생적으로 주어진다고 가정

⑤ 기타(oth) = f(실질 GDP(y), …)

---

76 김배근(2002)을 참조하여 구성하였다.

〈가격변수〉

① 소비자물가(pc) = f(단위노동비용(ulc), 환율(e) × 수입가격(pm), …)
  – 소비자물가는 단위노동비용과 수입품 가격 등의 함수로 구성

② 투자디플레이터(pk) = f(단위노동비용(ulc), 환율(e) × 수입가격(pm), …)
  – 투자디플레이터는 단위노동비용과 수입품 가격 등의 함수로 구성

③ 수출가격(px) = f(단위노동비용(ulc)/환율(e), 수입가격(pm), …)
  – 수출가격(달러표시)은 생산비용 및 마크업 이윤율 간의 관계로부터
    도출. 마크업 이윤율은 외생적으로 주어진다고 가정

$$px = (1 + mk) \times AC/e$$

    단, mk: 마크업 이윤율, AC: 평균비용, e: 대미달러환율

④ GDP 디플레이터(p) = f(소비자물가(pc), 투자디플레이터(pk),
                단위노동비용(ulc), 환율(e) × 수출가격(px),
                환율(e) × 수입가격(pm), …)
  – GDP 디플레이터는 지출항목에 영향을 주는 물가들로 구성

가격변수들에 영향을 미치는 수입물가를 소비재, 중간재, 자본재 등으로 세분하여 각 방정식을 설정할 수도 있다. 상기 모형을 오차수정모형(error correction model) 등을 이용하여 추정한 다음 수출가격 및 수입가격 충격이 미치는 영향을 분석하면 교역조건 변화가 경제성장에 미치는 영향을 실증적으로 파악할 수 있다.

연립방정식 모형은 루카스 비판(Lucas Critique)에 취약하고 충격의 성격에 대한 구분이 어렵다는 한계 등이 있으나 시계열의 공동 변화(comovement), 인과관계 등을 이용하여 한 변수가 여타 변수에 미치는 영향을 쉽게 파악할 수 있는 장점이 있다.

8 경제성장과 고용

  일반적으로 경제가 성장하면 고용은 늘어나게 된다. 다만 경제성장이 고용에 미치는 영향은 경제에 발생한 충격이 무엇인가에 따라 전체적으로 혹은 산업 부문별로 달라질 것으로 예상할 수 있다.

  예를 들어 원/달러환율 상승은 일차적으로 재화와 서비스의 수출입 가격변동을 통해 수출을 증가시키는 반면, 수입을 감소시키며 이는 수출 증대에 따른 소득 증가와 국내 재화 및 서비스의 상대가격 하락 등을 통해 국산재에 대한 소비와 투자도 늘리게 된다. 이러한 내외수요의 변화는 관련 국내산업의 생산 및 고용 변동을 유발하게 된다. 수출 증가, 국산 소비재 및 자본재에 대한 수요 증가는 관련 산업의 생산 및 고용 증가를 유발하는 반면 수입자본재를 이용한 투자 감소는 해당 산업의 생산 및 고용 위축을 초래한다.

/ 원/달러환율 상승의 생산 및 고용 파급 경로 /

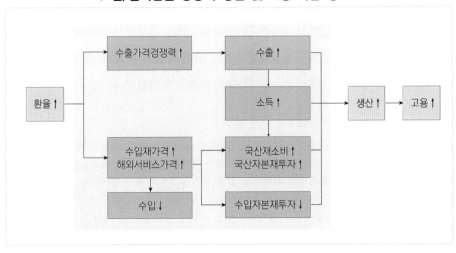

환율 상승이 고용에 미치는 효과는 충격의 영향이 어느 부문으로 전파되는가에 따라 달라질 수 있다. 환율 상승으로 비교역재에 비해 교역재인 제조업의 생산 및 고용이 대체로 더 크게 변동하는데 제조업의 고용증대 효과가 점차 낮아지고 있는 데다 고용유발효과가 크지 않은 IT 산업을 중심으로 수출이 확대된 점 등이 환율의 고용에 대한 영향을 약화시키는 요인으로 작용할 수 있다. 또한 설비투자 중 수입자본재 투자의 비중이 높아지면서 투자수요 감소에 따른 생산 위축이 확대되어 고용 증가를 제약할 소지도 있다.

이처럼 경제성장이 고용에 미치는 영향은 경제에 발생한 충격이 무엇인가에 따라 그 크기와 내용이 달라질 수 있다.

충격의 성격과 무관하게 산업연관표의 일부분을 구성하는 고용표를 활용하여 경제성장과 고용 간의 관계를 살펴보면 국산품 수요가 10억원(당해년 경상가격 기준) 발생할 경우 해당 상품을 포함한 전산업에서 직·간접적으로 유발되는 전업환산(FTE; full-time equivalent) 취업자 수를 나타내는 취업유발계수는 점차 줄어들고 있는 것으로 나타난다.[77]

취업유발계수는 취업자 수를 생산액으로 나눈 취업계수에 생산유발계수를 곱하여 산출한다. 취업계수는 산출액 10억원 생산에 소요되는 전업환산 취업자 수로 노동생산성과 역(逆)의 관계가 있다. 생산유발계수는 어떤 상품의 수요가 1단위 발생하였을 때 이를 충족하기 위해 해당 상품을 만드는 부문을 포함한 모든 부문에서 직·간접

---

[77] 고용표는 산업연관표의 부속표로 산업별 생산활동에 참여한 노동량 측정을 위한 통계이다. 이 통계에 포함되는 취업자는 통계청의 고용통계와 달리 전업환산(FTE; full-time equivalent) 기준으로 작성된다. 통계청 고용통계의 취업자는 취업자와 실업자의 합인 경제활동인구의 구성항목으로 매월 15일이 포함된 1주간에 1시간 이상 일한 사람을 기준으로 한다. 여기에는 동일 가구의 가구원이 운영하는 농장이나 사업체의 수입을 위하여 주당 18시간 이상 일한 무급가족종사자도 포함된다. 또한 직업 또는 사업체를 가지고 있으나 일시적인 병 또는 사고, 연가, 교육, 노사분규 등의 사유로 일하지 못하고 일시 휴직한 사람도 취업자로 분류된다. 고용표의 취업자는 순수 임금근로자에 자영업자와 무급가족 종사자를 합한 점에서 경제활동인구의 취업자와 범위가 유사하지만 전업환산 기준이라는 점에서 차이가 있다. 전업환산 기준의 취업자 수는 근로자가 제공하는 근무시간을 전업 근로자의 연간 평균 근로시간으로 나누어 산정한 인원으로서 근로기간뿐만 아니라 근로시간까지 감안하여 노동량의 크기를 측정하는 방법이다.

적으로 유발되는 생산액의 크기이다. 노동유발계수는 고용유발계수와 취업유발계수로 구분되는데 고용유발계수는 피용자(임금근로자) 기준이며 취업유발계수는 피용자뿐만 아니라 자영업자와 무급가족종사자를 포함한다는 면에서 차이가 있다. 고용계수와 취업계수도 같은 관계이다.[78, 79]

/ 연도별 고용관련 효과[1] /

(명/10억원)

	2010년	2011년	2012년	2013년	2014년	2015년	2016년	2017년	2018년	2019년
취업유발계수	13.8	12.6	12.5	12.5	12.6	11.4	11.2	10.6	10.1	10.1
고용유발계수	9.7	8.9	8.8	8.9	9.1	8.3	8.2	7.7	7.4	7.4
취업계수	7.3	6.7	6.6	6.6	6.7	6.3	6.2	5.9	5.6	5.6
고용계수	5.1	4.7	4.7	4.7	4.8	4.6	4.5	4.3	4.1	4.1

주: 1) 2015년 이후는 2015년 기준 산업연관표(실측표), 2010~2014년은 2010년 기준 산업연관표(실측표)를 바탕으로 작성

고용관련 계수는 생산설비의 기계화·자동화 등으로 인한 노동생산성 향상으로 경제가 성장함에 따라 낮아지는 경향이 있다. 그러나 고용표에서 제공하는 고용관련 계수는 노동투입량(전업환산 기준)을 명목산출액으로 나눈 비율로 매년 물가상승률 등 가격 요인에 영향을 받는다. 따라서 계수의 하락을 모두 고용창출효과의 하락으로 해석할 수 없으며 가격요인을 제거하고 투입구조 및 생산구성의 변화 등 추가적

---

78 국산투입계수표 A^d로 계산된 생산유발계수 $(I-A^d)^{-1}$를 이용한 노동유발계수는 다음과 같이 구해진다.

국산거래표의 수급균형식 $A^d X + Y^d = X$

단, X는 산출액 벡터, Y^d는 최종수요벡터

여기서 $X = (I-A^d)^{-1} Y^d$이다.

노동계수 l은 각 부문별 노동자수 벡터 L을 산출액 벡터 X로 나눈 $l = L/X$이다. 노동계수 벡터를 대각행렬인 $\hat{l}$로 바꾸고 산출액 벡터 X를 곱하면 $L = \hat{l}X$가 된다. 따라서 최종수요에 의해 유발되는 노동자수인 $L = \hat{l}(I-A^d)^{-1} Y^d$가 되며 노동계수 $\hat{l}$에 생산유발계수 $(I-A^d)^{-1}$를 곱한 $\hat{l}(I-A^d)^{-1}$이 노동유발계수가 된다.

79 우리나라의 경우 농업과 음식점, 숙박 등의 개인서비스 부문에서는 무급가족종사자와 자영업자 비중이 크기 때문에 이들 계수들의 차이도 크게 나타난다.

인 요인 분석이 필요하다는 점에 유의할 필요가 있다.[80]

취업유발계수를 산업별로 살펴보면 2019년 기준 전산업 취업유발계수는 10.1명이지만 부문별로 농림수산품 25.0명, 서비스 12.5명, 건설 10.8명, 광산품 8.9명, 공산품 6.2명 순으로 나타났다. 서비스 취업유발계수는 12.5명으로 공산품의 경우인 6.2명의 두 배 수준이다.

산업 부문별 취업유발계수

(명/10억원)

	2015년	2016년	2017년	2018년	2019년
농림수산품	24.5	23.8	23.2	23.7	25.0
광산품	8.4	9.1	9.7	9.2	8.9
공산품	7.2	7.0	6.5	6.2	6.2
소비재제품[1]	12.2	11.8	11.7	11.2	11.1
기초소재제품[2]	5.4	5.6	5.1	4.8	4.8
조립가공제품[3]	6.5	6.2	5.7	5.5	5.5
제조임가공 · 산업용장비수리	13.7	13.6	12.8	12.0	12.2
전력 · 가스 · 수도및폐기물	4.1	4.4	4.2	4.1	4.3
건설	12.6	11.8	11.2	11.0	10.8
서비스	14.5	14.1	13.5	12.8	12.5
도소매및운송	17.7	17.2	16.8	16.0	15.5
생산자서비스[4]	9.7	9.6	9.2	8.7	8.6
사회서비스[5]	14.9	14.7	14.1	13.4	12.9
소비자서비스[6]	22.7	21.6	20.8	19.5	19.1
기타	12.8	13.3	12.8	11.5	11.3
전산업	11.4	11.2	10.6	10.1	10.1

주: 1) 음식료품, 섬유 및 가죽제품, 목재 및 종이 · 인쇄, 기타 제조업제품

　　2) 석탄 및 석유제품, 화학제품, 비금속광물제품, 1차 금속제품, 금속가공제품

　　3) 컴퓨터 · 전자 및 광학기기, 전기장비, 기계 및 장비, 운송장비

　　4) 정보통신 · 방송, 금융 · 보험, 부동산 · 임대, 전문·과학 및 기술서비스, 사업지원서비스

　　5) 공공행정 및 국방서비스, 교육서비스, 보건 및 사회복지서비스

　　6) 음식 및 숙박서비스, 문화 및 기타서비스

---

80 고용관련 계수는 "서비스업 취업유발계수가 12.5명으로 고용창출 능력이 제조업 6.2명의 약 2배 수준임"과 같이 산업 간 비교하는 데 더 의미가 있다.

한편 2019년 중 우리나라 주요 산업의 취업유발계수는 선박 8.2명, 자동차 7.4명, 석유화학제품 5.6명, 철강제품 4.4명, 반도체 2.1명 등이다.

❚ 주요 산업의 취업유발계수 ❚

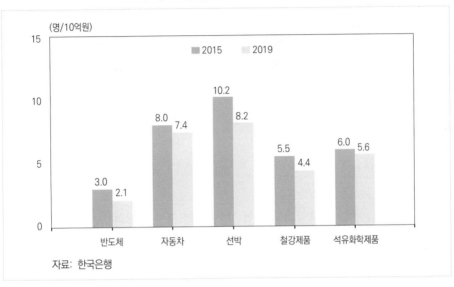

자료: 한국은행

다음으로 최종수요항목별 취업유발인원을 살펴보기로 한다. 최종수요항목별 취업유발인원은 소비, 투자, 수출 등 최종수요의 각 항목이 생산과정에서 직간접적으로 유발한 취업자 수를 의미한다. 앞서 산출한 취업유발계수에 최종수요의 각 항목을 곱하여 산출한다.

2015년 이후 최종수요 10억원당 취업유발인원을 살펴보면 소비, 투자, 수출 순으로 크게 나타났다. 2019년 중 최종수요 10억원당 취업유발인원은 소비 12.2명, 투자 9.9명, 수출 6.9명이다.

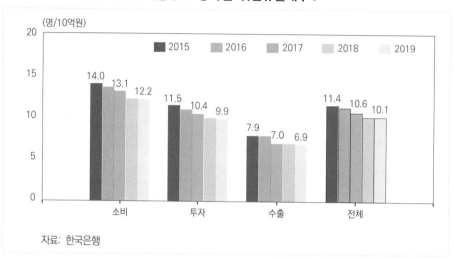

∥ 최종수요 항목별 취업유발계수 ∥

(명/10억원)

자료: 한국은행

한편 최종수요에 의해 유발되는 취업유발인원의 구성을 살펴보면 2019년 기준 소비가 57.2%로 가장 높다. 소비의 취업유발계수가 큰 데다 최종수요에서 차지하는 소비의 비중이 더 크기 때문이다.

∥ 최종수요 항목별 취업유발 구성 ∥

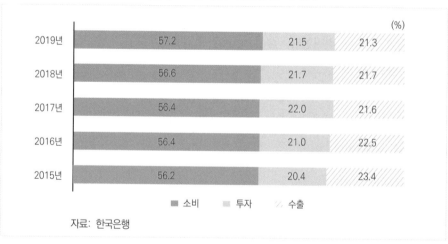

자료: 한국은행

참고문헌

강환구·김도완·박재현·한진현 (2015), "우리경제의 성장잠재력 추정 결과", 한국은행 조사통계월보(2015. 12월)

강환구·정승렬·김현수 (2014), "글로벌 경제모형(BOKGPM) 개발 결과", 한국은행 조사통계월보(2014. 2월)

강희돈·박양수 (2007), "한국은행 동태적 최적화 모형(BOKDSGE)의 개요", 한국은행 조사통계월보(2007. 9월)

권도현·신술위 (2023), "한-미 금리 역전 심화에 따른 외국인 자금유출 가능성 점검", 국제금융센터 Issue Analysis(2023.7.27.)

권지호·김도완·지정구·김건·노경서 (2019), "우리나라의 잠재성장률 추정", 한국은행 조사통계월보(2019. 8월)

권태현 (2020), 「산업연관분석」, 도서출판 청람

김도완·양시환·이상협 (2018), "소비습관(habit formation) 변화와 시사점", 한국은행 조사통계월보(2018. 4월)

김도완·한진현·이은경 (2017), "우리 경제의 잠재성장률 추정", 한국은행 조사통계월보(2017. 8월)

김민수·박양수 (2013), "소규모 개방경제의 특성을 고려한 중립적 실질금리 추정 및 변동요인 분석", 한국은행 경제분석 제19권 제4호

김배근 (2002), "교역조건 변동이 경제성장에 미치는 영향", 한국은행 조사통계월보(2002. 5월)

김수현 (2018), "한국채권시장의 해외자본 우출입 결정요인", 한국은행 BOK 경제연구 제2018-44호

김양우·장동구·이긍희 (1997), "우리나라의 거시계량경제모형-BOK97", 한국은행 경제분석 제3권 제2호

김양우·최성환 (1993), "우리나라의 거시계량경제모형-BOK92", 한국은행 조사통계월보(1993. 2월)

김웅·김수현 (2012), "유가변동 요인별 파급효과 분석 및 한국은행 글로벌 거시경제모형

(BOKGPM) 재구축", 한국은행 조사통계월보(2012. 5월)

김인섭 · 김성환 (1998), "국제수지 개편의 주요 내용과 1997년 중 국제수지동향", 한국은
행 조사통계월보(1998. 5월)

김준태 · 김용환 (2004), "환율변동의 수출입가격 전가행태 분석", 한국은행 조사통계월보
(2004. 3월)

김지연 · 정규철 · 허진욱 (2022), "장기경제성장률 전망과 시사점", KDI 경제전망(2022년
하반기)

김한준 · 조새롬 · 김동찬 (2021), "경제 텍스트 데이터를 활용한 키워드 분석방안 연구", 한
국은행 국민계정리뷰(2021. 제1호)

김현정 (2008), "해외직접투자와 국내투자의 관계 분석", 한국은행 경제분석 제14권 제1호

류현주 (2013), "비용측면을 고려한 환율변동의 수출가격전가 분석", 한국은행 조사통계월
보(2013. 8월)

손민규 · 김대용 · 황상필 (2013), "한국은행 분기거시계량모형(BOK12) 재정모형 구축 결
과", 한국은행 조사통계월보(2013. 6월)

박경훈 · 임현준 · 노현서 (2020), "한국은행 거시계량모형(BOK20) 구축 결과", 한국은행
조사통계월보(2020. 8월)

박동준 · 김현태 · 최영준 (2012), "해외직접투자의 경상수지에 대한 영향 분석", 한국은행
조사통계월보(2012. 6월)

박양수 · 김도완 · 연승은 · 최창훈 (2014), "금융중립적 잠재GDP 및 GDP갭 추정", 한국은
행 조사통계월보(2014. 4월)

박양수 · 장영재 · 구자현 · 김현수 (2013), "GDP갭 추정의 불확실성과 통화정책", 한국은행
조사통계월보(2013. 4월)

박찬호 · 김아름 (2008), "내외금리차와 환율간 관계분석", 한국은행 조사통계월보(2008. 2월)

배병호 · 유진혁 · 지정구 (2018), "경제전망 및 정책분석을 위한 BOKDSGE 모형 개선 결
과", 한국은행 조사통계월보(2018. 1월)

서범석 · 이영환 · 조형배 (2022), "기계학습을 이용한 뉴스심리지수(NSI)의 작성과 활용",
한국은행 국민계정리뷰(2022. 제1호)

윤영진 (2018), "외은지점을 통한 은행자본 유출입 : 한국의 사례", 한국은행 BOK 경제연
구 제2018-23호

이광원, 이은송, 이재운 (2022), "수입물가 상승의 산업별 가격전가 분석—원자재 수입물가
를 중심으로", 한국은행 조사통계월보(2022. 8월)

이동진·한진현 (2017), "금융·실물지표를 활용한 경제성장률 팬차트 작성", 한국은행 조사통계월보(2017. 1월)

이명수·송승주 (2018), "통화정책이 자본유출입에 미치는 영향 : 행태방정식 분석", 한국은행 BOK 경제연구 제2018-46호

이승용·남선우·전현정 (2014), "우리나라의 금융상황지수 작성 및 유용성 평가", 한국은행 조사통계월보(2014. 1월)

이승용·한민 (2007), "GDP갭의 인플레이션에 대한 영향력", 한국은행 조사통계월보(2007. 11월)

이승윤·이은경·한진현 (2017), "기계학습과 혼합주기 모형을 활용한 단기전망시스템", 한국은행 조사통계월보(2017. 5월)

이승호 (2023), "한·미간 금리차 역전 현상 및 영향에 대한 소고", 자본시장연구원 자본시장포커스 제2023-14호

이아랑·권도근·고경환 (2017), "한·미간 내외금리차 곡선과 환율기대간 관계", 한국은행 조사통계월보(2017. 3월)

이현창·정원석 (2016), "거시경제 불확실성 측정," 한국은행 조사통계월보(2016. 3월)

전경배·강창구 (2008), "연쇄시계열의 성장기여도 계산방법", 한국은행 국민계정리뷰(2008. 제4호)

전봉걸·이현진 (2015), "국내기업의 해외직접투자가 국내투자에 미치는 영향: 기업단위 자료를 이용하여", 한국은행 경제분석 제21권 제1호

정원석·이이수·정희완 (2016), "불확실성 확대의 경제적 영향 분석", 한국은행 조사통계월보(2016. 5월)

정원석·장준호·김철주 (2021), "코로나19를 감안한 우리경제의 잠재성장률 재추정", 한국은행 BOK 이슈노트 제2021-22호

지정구·배병호 (2016), "유가 DSGE 모형 구축 및 유가변동의 경제적 영향 분석", 한국은행 조사통계월보(2016. 11월)

지정구·배의환 (2020), "감염병 확산 모형을 이용한 경제전망", 한국은행 조사통계월보(2020. 6월)

지정구·한경수 (2016), "재정정책 분석을 위한 신케인지언 모형 구축 결과", 한국은행 조사통계월보(2016. 2월)

최병재·김대용·안수아 (2013), "BOK 거시경제모형시스템의 VAR 모형블록 구축 결과", 한국은행 조사통계월보(2013. 11월)

최병재 · 한진현 (2014), "월별자료를 이용한 예측조합에 의한 GDP 예측", 한국은행 조사
통계월보(2014. 10월)

최영준 · 권오익 (2018), "기업 가격설정형태의 이질성과 통화정책에 대한 시사점", 한국은
행 조사통계월보(2018. 5월)

황광명 · 이예일 (2015), "우리나라의 수출가격에 대한 환율전가 결정요인 분석", 한국은행
조사통계월보(2015. 8월)

황상필 (2020), "글로벌 경제환경 변화와 경제모형의 미래", 서울대 경영대학원(2020. 12월)

황상필 · 문소상 · 윤석현 · 최영일 (2005), "한국은행 분기 거시계량경제모형의 재구축", 한
국은행 조사통계월보(2005. 5월)

황상필 · 박양수 · 최강욱 (2006), "한국은행 거시계량투입산출모형의 개요", 한국은행 조사
통계월보(2006. 9월)

한국은행 (1998), 「IMF 신기준에 의한 개편 국제수지통계 해설」, 한국은행 조사제2부(1998.
5월)

한국은행 (2000), 「한국경제의 계량경제모형」, 한국은행

한국은행 (2009), 「연쇄가중 경제성장률 이해」, 한국은행

한국은행 (2016), 「우리나라 국제수지통계의 이해」, 한국은행

한국은행 (2019), 「알기 쉬운 경제지표해설」, 한국은행

한국은행 (2020), 「우리나라의 국민계정체계」, 한국은행

한국은행 (2023), 「경제전망보고서」, 한국은행

한국은행 (2023), 「알기 쉬운 경제지표해설」, 한국은행

Basistha, A. and C. R. Nelson (2007), "New Measures of the Output Gap Based on the
Forward-looking New Keynesian Phillips Curve," *Journal of Monetary Economics*
54, pp. 496-511.

Benes, J., Clinton, K., Garcia-Slatos, R., Johnson, M., Laxton, D., Manchev, P.
and T. Matheson (2010), "Estimating Potential Output with a Multivariate
Filter," IMF *Working Paper* WP/10/285.

Blanchard, Olivier (2018), "On the Future of Macroeconomic Models," *Oxford
Review of Economic Policy*, Vol. 34, No. 1-2, pp. 43-54.

Bloom, N. (2014), "Fluctuations in Uncertainty," *Journal of Economic Perspectives*,
Vol. 28(2), pp. 153-176

Burgess, S., E. Fernandez-Corugedo, Groth, C., Harrison, R., Monti, F.,

Theodoridis, K. and M. Waldron (2013), "The Bank of England's Forecasting Platform: COMPASS, MAPS, EASE and the Suite of Models," *Bank of England Working Paper*, No. 471.

Dieppe, A., Georgiadis, G., Ricci, M., Robays, I. V. and B. van Roye (2018), "ECB-Global: Introducing ECB's Global Economic Model for Spillover Analysis," *Economic Modelling*, No. 72.

ECB (2008), "Accounting for Recent and Prospective Movements in HICP Inflation : the Role of Base Effects", ECB, Monthly Bulletin, December 2008

Eichengreen, Barry (2017), "The Age of Hyper-Uncertainty", Social Europe.

Engle, Robert F. and Clive W. J. Granger (1987), "Cointegration and Error Correction: Representation, Estimation and Testing," *Econometrica* 55(2), pp. 251-276.

Ferguson, Roger W. (2006), "Monetary Credibility, Inflation, and Economic Growth," *Cato Journal*, Vol. 26, No. 2.

Gervais, O. and M. A. Gosselin (2014), "Analysing and Forecasting the Canadian Economy through the LENS Model," *Bank of Canada Technical Report*, No. 102.

Gilboa I, Postlewaite A. W. and D. Schmeidler (2008), "Probability and Uncertainty in Economic Modeling", *Journal of Economic Perspective* 22(3), pp. 173-188.

Knight, Frank H. (1921), *Risk, Uncertainty, and Profit*, Boston, Neew York: Houghton Mifflin.

Kuttner, K. N. (1994), "Estimating Potential Output as a Latent Variable," *Journal of Business & Economic Statistics* 12(3).

Laubach, T. (2001), "Measuring the NAIRU: Evidence from Seven Economies," *The Review of Economics and Statistics* 83(2), pp. 218-231.

Laubach, T. and J. C. Williams (2003), "Measuring the Natural Rate of Interest," *The Review of Economics and Statistics* 85(4), pp. 1063-1070.

Levine, R. (2005), "Finance and Growth: Theory and Evidence," In P. Aghion and S. Durlauf(eds.), *Handbook of Economic Growth*, 1B, The Netherlands: Elsevier.

Lucas, Jr., R. E. (1976), "Econometric Policy Evaluation: A Critique," *The Phillips Curve and Labor Markets*, Cambridge-Rochester Conference Series on Public Policy, Vol. 1, pp. 19-46.

Lucas, Jr., R. E. (2003), "Macroeconomic Priorities," Presidential Address to the American Economic Association, Washington, D.C., January 4.

Patton, A. J. and A. Timmermann (2011), "Predictability of Output Growth and Inflation: A Multi-Horizon Survey Approach", *Journal of Business Economics and Statistics* 29(3), pp. 397-410.

Rajan, R. G. and L. Zingales (2004), "*Saving Capitalism from the Capitalists: Unleashing the Power of Financial Markets to Create Wealth and Spread Opportunity*," Princeton, NJ: Princeton University Press.

Tödter, Karl-Heinz (2011), "The Carry-over Effect and its Value in Forecasting Annual Growth Rates", *Review of Economics*, August 2011.

Turner, Adaur (2017), "*Between Debt and the Devil: Money Credit, and Fixing Global Finance*", Princeton University Press.

국내총생산(GDP), 국제수지(BOP)의 이해와 경제분석

초판발행	2024년 7월 30일
지은이	황상필·최정태
펴낸이	안종만·안상준
편 집	이혜미
기획/마케팅	정연환
표지디자인	BEN STORY
제 작	고철민·김원표
펴낸곳	(주)**박영사**
	서울특별시 금천구 가산디지털2로 53, 210호(가산동, 한라시그마밸리)
	등록 1959. 3. 11. 제300-1959-1호(倫)
전 화	02)733-6771
f a x	02)736-4818
e-mail	pys@pybook.co.kr
homepage	www.pybook.co.kr
ISBN	979-11-303-2016-8 93320

정 가   20,000원